JN272230

新しい黄金時代への鍵

「愛を生きる」高次元の叡智

ミケーラ・コルドー博士 著
内園かおり 訳

太陽出版

新しい黄金時代への鍵——「愛を生きる」高次元の叡智

LIVE IN LOVE

A Life Handbook for the New Golden Age

by Mikaelah Cordeo, Ph. D.

Copyright © 2009 by Mikaelah Cordeo, Ph. D.

Japanese translation published by arrangement with
Mikaelah Cordeo through The English Agency (Japan) Ltd.

祝辞

２００８年11月11日

この本は、アセンションのプロセスにいる人類へのわたしたちからの贈り物です。わたしたちはこの本を、わたしたちの「愛」と「祝福」で彩るだけでなく、あなた方１人１人が探し、現すために、そしてあなた方が誰かに閃《ひらめ》きを与えるために、何百もの「考える種」を与えました。

あなた方の肥沃な土地に、わたしたちの種が撒かれ、「愛」、理解、恩寵、本当の豊かさという大きな収穫をもたらすことを、わたしたちは願っています。

わたしたちの祝福は、常にあなたと共にあります。

母なる／父なる神

すべてである方の「健康」「豊かさ」「祝福」があなたと共にありますように。

わたしたちはあなたを愛し、歓迎します。

わたしたちはエロヒム（訳注1＝この宇宙の創造主である神。127ページ参照）です。

あなた方1人1人に、わたしたちの「愛」と「祝福」を送りたいと思います。わたしたちはそれぞれに、また全員でこの本に「愛」「叡智」「力」を注ぎました。

今の時代は、「地球」の人々にとって大きく成長し、意識を拡大するときなのです。あなた方の周囲で起きている変化にたじろがないでください。むしろ「地球」のいたるところで、盛んに再生が起きていることに感謝してください。あなた方1人1人が毎日受け取っている何百、何千という祝福に感謝してください。

そして「神／女神」が「地球」という宇宙船の総指揮をとっていることに感謝してください。

あなた方1人1人は、人類のハートが目指す最高、最善の人生を生きるために、あらゆる祝福と創造性を刺激する閃《ひらめ》きを今、受け取っているのです。

「愛」から来るものだけが「地球」に残るでしょう。それがあなた方へのわたしたちからの祝福と贈り物なのです。そうなることに感謝してください。

わたしたちはエロヒムです！

謝辞

今生の旅で私を支えてくれた愛する存在のすべてに感謝します。特に、私のだいじな師でありガイドであるロード・イエス（用語解説）／スナンダ（用語解説）、聖《セイント》ジャーメイン、ヒラリオン、サイ・ババ、ゴールデン・ローズ、聖母マリア、イシス、サナト・クマラ、大天使ミカエル、観音様に。そして信じられないほど素晴らしい体験をさせてくれた「母なる／父なる神」に感謝します。

私の子供と家族に、彼らから受けた愛と学びのすべてに感謝します。彼らの贈り物がなければ、私の旅は決して起こりえなかったでしょう。

編集や校正に直接携わった方々、他の方法で支援をしてくださった方々に深い感謝を捧げます。特に、次に挙げる方々には大きなご支援をいただきました。

アリアン・サリス、メアリー・マ・マッククライスト、ジーン・ハドソン、テア・ハートマン、カレン・マックアードル、パット・ヘンショー、ティティアナ・ディローヴァー、ジム・カルホウン、アーロン・ローズ、ソフィア・タリラ、ヘレン・ケネディ、ボブ・デイヴィス、デイヴィス・バーネット、ジョセフィン・フィアミンゴ、ヘレン・アルタウス。

とりわけ、メアリー・マ・マッククライストの友情と指導がそのままこの本の出版を準備する助けとなりました。特に感謝しています。

そして私が疑いを持ったときに、原稿を読んで続けるように励ましてくれた多くの人々に感謝します。

本書の紹介とコメント

この本は筆者兼チャネラーである私と、概念の「高次の源」である「母なる／父なる神」またはラザリスが呼ぶところの「神／女神／すべてであるもの」、そして「宇宙のキリスト」（用語解説）「聖なるイエス」として知られる「神」の個別化した側面との協働作業の賜物です。なぜなら彼らが訪れるたびに、私の意識は彼らの周波数で形成され、お互いに作用するプロセスを通じて本が出来上がったからです。

このプロセスに自分の個性が介入しないようにと自分を抑えつつも、単にペンを握っているだけの存在ではなく、私自身も本を創造するチームの一員として認識するという、この意識の融合が課題でした。

ですから読者の皆さんは、ご自身の理解と真実を見極める方法に照らし合わせてすべてを評価する必要があります。

何年にもわたる私の訓練期間に与えられた多くの「真実」「愛」「叡智」の奥深い原則が、この本の基本的な構成として私に影響を与えている存在により、本の執筆・編集中に書かれました。これらの原則はとてもだいじに扱われていて、その理解を皆さんと分かち合えることをとてもうれしく思っています。全体を通じて、これらの原則は本文からの抜粋または重要な考えとして強調されています。

この本のページには無限の「源」からの何千もの「考える種」があると教えられました。「考える種」は、あるものは浅く岩だらけの地に落ち、他のものは肥沃な地に落ちるでしょう。これらは成長し育まれ、それぞれのテーマに関する新しい考え、本、コースを生み出し続けるでしょう。

各章は独立していますが、合わせると大きな穴を垣間見るようなものだということが分かるでしょう。私にとっては、大きな建築現場のフェンスの外側に立って建築中のプロジェクトを違った角度から見るのぞき穴を見つけたようなものでした。

穴から垣間見る世界は、それを分け与えた「神聖な存在」の放射に満たされています。読むたびに、短い節をじっくりと読んでください。あなたが本の内容を吸収するにつれて、あなたのハートを満たす「愛」を、部屋に浸透する「光」の質を体験してください。

エクササイズの時間をとって、必要に応じて頻繁《ひんぱん》にエクササイズを体験してください。例えば、紫の炎《ヴァイオレット・フレーム》は1日何回でも使うことができます。エクササイズを必要とする知人と分かち合ってください。

何よりもこの本を「母なる／父なる神」「神／女神／すべてであるもの」「愛する聖なるイエス」、そしてこの本のページを「光」と「愛」で満たす他の存在とのつながりをさらに深めるためのツールとして利用してください。

この本の内容を適切に編集するために意識を十分に拡張するまで、最初は3年かかりました。この本の内容を断片的に分かち合った人々は、畏敬の念と素晴らしさを感じ、そのままの状態で今この本を切実に望んでいます。私へのガイダンスは、大きな穴をのぞき見るように、あまり変えずにあるがままを許すことでした。

大いなる「愛」と「喜び」である「アイ・アム」と共に

ミケーラ・コルドー

——目次

祝辞
母なる／父なる神
謝辞
本書の紹介とコメント

1章 「母なる時代」の再生 17
惑星のアセンション 22
苦難のはじまり 37

2章 「新しい天国」と「新しい地球」 47
魂の学びとは？ 47
処女懐胎 56
資料 57

3章 毎日を祈りで始める 60
タオ 68
アセンション後には、何が起きるのか？ 71

4章 「魂の星」の目覚め 74
●エクササイズ4―1 神聖な青写真 77
魂の星の目覚め 81

光のメッセージ　82
地球の変化　84
●エクササイズ4—2　「古い信念」を手放す　87
惑星のキリスト　92
惑星のブッダ　95

5章　聖なる息吹　99
あなたの守護天使を知る　108
●エクササイズ5—1　あなたの天使と出会いワークする　110
●大天使ミカエルの召還　111
●エクササイズ5—2　イエスとのワーク——個人的な問題の癒し　111
●エクササイズ5—3　「感謝」と「リフレーミング」　113
●エクササイズ5—4　創造的な「呼吸」　117

6章　守護天使　120
天使　125

7章　「天使」と「光線」　133
「開かれたドア」としてのキリスト　137
神の援助を依頼するときの一般原則　140

8章　紫の炎《ヴァイオレット・フレーム》　143
●エクササイズ8　紫の炎のワーク　144

9章　宇宙の時間　150
下降と救済　151
宇宙のゲートを開く　153
ライトワーカーの目覚め　154
惑星地球の復活　155
惑星の鏡　157
10章　人類と太陽の「イニシエーション」　166
人類の進化の過程　169
天使界または太陽の進化の過程　174
地球の進化　177
イニシエーション　177
深淵を渡る　181
退行または進化　182
私たちはどこに向かっているのか？　183
11章　再整合のプロセス　184
●エクササイズ11－1　「感謝」　187
●エクササイズ11－2　次元間のグラウンディング　188
12章　潜在意識の再プログラム　191
人類の集団的表現　192

退行と進化　193
●エクササイズ12－1　「言葉」の「力」　197
●潜在意識を再プログラムするエクササイズ　202
●エクササイズ12－2　手　203
●エクササイズ12－3　「癒し」と「無条件の愛」　205
●エクササイズ12－4　目、耳、鼻、口、触覚器官の癒し　207
13章　エレメンタルの役割　210
●エクササイズ13－1　あなたの足との会話　213
●エクササイズ13－2　「はい」と「いいえ」の（個人的な）はっきりとしたサインを確立する　218
14章　兆候と不思議なもの　221
地球を見る　223
音のパターンの影響　225
黒魔術の影響　227
現在の問題に関する考察　233
15章　地球のチャクラ　236
シャスタ山――地球のクラウン・チャクラ　246
バリ――宇宙のキリストの神殿　247
16章　天候　251
17章　「力」の正しい使い方　260

あなたは過去世に影響されていますか？ 263
●エクササイズ17－1 「力」の誤用と乱用にまつわる「過去世のエネルギー」を取り除く 264
●エクササイズ17－2 「光」の全面的な最終選択 267
18章 交通 270
コミュニティへの呼びかけ 273
●エクササイズ18 旅の天使 276
地球のグリッドの更新 278
19章 聖なる関係 280
●エクササイズ19 内的家族の会話 283
一般的な参加者と彼らの善い性質 284
20章 「愛」と「統合のアヴァター」 293
●エクササイズ20 「ハート」を癒す 294
21章 「平和」 299
●エクササイズ21 「平和」を体験する 300
22章 「至福」 303
●エクササイズ22 「至福」を体験する 304
23章 私たちの明日を創造する 313
24章 現れ始めた「光」 320
●エクササイズ24－1 宗教の痛みを癒す 327

●エクササイズ24−2　父と母の「典型」と「世代のパターン」を癒す　328
25章　アセンション　332
26章　未来のヴィジョン　336
●エクササイズ26　未来の自分と会話する　338
27章　新しい「光の衣」　351
愛は十分ですか？　357

エピローグ
あなたの母を称えてください——新刊より
用語解説
訳者あとがき
参考文献

1章「母なる時代」の再生

「母なる神」が語ります。


愛する皆さん。

わたしは、あなた方の「母なる神」です。

わたしは、「すべてであるもの」と「ひとつ」です。

わたしは、遥か昔からの「長い沈黙」を経て、今あなた方に話しかけます。なぜなら、今が「母なる時代」の「再生」のときだからです。

あなた方に、わたしたちと一緒に変容という旅をしにきてほしいのです。あなた方の最近の歴史を振り返りながら。

時は1987年です。宇宙飛行士になったつもりで「地球」を見てください。「地球」が美しく輝いて、天国の宝石のように見えるでしょう。白い雲が優しく、青と緑の世界に渦を巻いています。

さて、少し近づいていくと大気汚染の層に気がつくでしょう。破壊の兆候が見られ、熱帯雨林が大量に伐採されていて、どんよりとした厚く暗い空気の下で都市が無節操に拡がっています。さらに近づくと惑星中から混沌の音が聞こえるでしょう。渋滞にはまっている車がクラクションを鳴らし、ひどい場合には怒った運転手がキレて、自分や他人を傷つけています。

多くのティーンエージャーが途方に暮れ、見捨てられ、都市をぶらぶらと歩き回り、ストーカーと獲物の両方になっています。社会的、道徳的な仕組みは、彼らが苦しみながら求めているのに、彼らを支援してはいません。ドラッグと都会の腐敗が都市を蝕んでいます。貧困が人々を絶望に引き込み、働く人は、果てしなく続く請求書の支払いにあくせくしています。第3世界の国々では反乱や報復、戦争が人間の価値を押しつぶし、命と財産を破壊しています。

海は死にかけ、水路は化学物質、都市の廃棄物、酸性雨に汚染されています。クジラやイルカは、狂った世界の犠牲者となっています。先住民族の人々はアルコール中毒、貧困と絶望の人生を生きています。彼らの文化はずたずたに引き裂かれ、過去の名残となり、彼らの人生はたび重なる悲劇と喪失の痛みを紛らわすため、酒浸りとなっていることが多いのです。

「地球」という惑星に、1つの目的を持ってきた人々のハートとマインドを目覚めさせる「光」を放つ扉が現れました。

この美と破壊、富と貧困、機械の驚異と混沌の地に「一筋の光」が射したのです。1987年の8月16日と17日、「銀河の太陽」から「地球」へと「一筋の光」が届いたのです。天をまたぐ広大な星々の整列がシフトした「宇宙時間」のその瞬間、「地球」という惑星に、1つの目的を持ってきた人々のハートとマインドを目覚めさせる「光」を放つ扉が現れたのです。彼らはこの貴重な宝石である地球の再生に、集団で参加するためにやってきたのです。誰しも、これからトラウマやドラマが待ち受けていることをよく知っていました。彼らは皆、彼らの人生で必要となる個人の魂（カルマ）の学びに加え、惑星そして宇宙のカルマを浄化することに合意していました。

この日は「宇宙の勇気の日」と言われています（「宇宙の1日」は「地球」の数千年にあたります）。彼らの魂は皆、地球に現れる前に「勇気」と「信念」をたくさん飲んできました。

彼らの人生を通じて、それぞれが「勇気」と「信念」を十分に試されます。彼らは全面的に「地球」で肉体を持つことのリスクを引き受けたのです。

彼らの魂は皆、地球に現れる前に「勇気」と「信念」をたくさん飲んできました。

ここで少し時間をとって、あなた自身を見てみましょう。長い間準備を重ね、世界への奉仕という目的があなたの目の中で輝き、愛の炎と献身があなたのハートを満たし、最後の指示、「最期の一息」があなたの魂を満たし、「完全」な整合に達します。そして深く深く、素早く落ちていく感覚を味わい赤ちゃんの体の中に出ます。そして旅が始まるのです。

あなた方はそれぞれトラウマやドラマを持ってきました。さあ、わたしと一緒にここに立って、それらが展開するのを見てみましょう。

＊＊＊

「永遠の観察者」に「神の恩寵」で満たされた新しい「器」を今、送ってもらいましょう。「器」が空になるまでしっかりと飲んで、あなたの渇きを癒してください。その「恩寵」があなたの傷を癒し、あなたの苦しめられたハートを癒し、あなたの「勇気」をもう一度奮い起こし、あなたの目的を完全に思い出すのを許してください。

それを吸い込んで、少しの間、ただそれと共にいることを自分に許してください。

＊＊＊

その光はあなた方1人1人に触れ、集団の魂に触れ、「母なる地球」のハートに触れ、「大いなる目覚め」を引き起こしました。

あなた方の多くは、すでにこの目覚めのプロセスを始めています。あなた方1人1人には、内側のタイミングが設定されています。人生の出来事に基づいて、あなたの内側そして周囲で展開する新しいドラマに参加するため、前に進んでいたのです。

早く目覚めた人たちは基盤づくりを手伝い、後からやってくる人たちがその上に立って、伸び、成長し、構築できるようにしたのです。後からやってきた人たちは、他の人たちが自ら始められるように次のステージを造ったのです。

偉大な冒険が始まりました。そして1人1人が「計画」の一部を携えていたのです。

多くの人々が地球の反対側に、同じ夢に目覚めた同類の魂を見つけ畏敬の念を抱きました。3次元の目では明確な組織構造は見えないのに、ライトワーカーは目覚め、任務を遂行し始めました。

もし明確な組織があったら、強烈な抵抗にあっていたでしょう。でも目に見える攻撃の対象は何もなかったのです。それぞれが独立したグループのように思えたのです。彼らの考えはちょっと変わっていましたが、わずかな人々にしか影響を及ぼさなかったので、全く脅威ではなかったのです。

その目覚めたわずかな人々が他の人々に影響を与えたのですが、まだ抵抗を始めるには明らかな対象が何もなかったのです。誰も「そうだ、これがニューエイジの活動だ」と言わなかったのです。確かに、何かがあったのです。あなた方はお互いに出会って、同じ目的を持っていると気がついたときにそう感じたのです。12月31日の世界平和の瞑想集会、満月、11：11、ウエサク、銀河のイベントがあなた方のハートとマインドを満たし、あなた方は祝いひとつになりました。ドアは開かれ、あなた方は一緒にドアを通り、それまでのパターンは新しいグループ、新しい出来事を再構築するために分解しました。まだ何の組織も現れませんでしたが惑星中に急速な成長が起きていました。

では、これらのパターンを膨大な生化学的現象のように見てください。分子が回転し触れ、化学的結合が形成され、新しい化合物が造られる。そして光と熱が加わり、結合はまた壊れ、次のレベルでそのプロセスを繰り返す。

これが起こっていることなのです。出現している膨大な組織は、あなた方個人の変容を通して存在しつつあるのです。この現れつつある集合的な「存在」を支えている結合は「愛」の絆なのです。

あなた方は、自分の愛するもの、愛する人、愛し方を探求しているのです。愛とは何でしょうか？　どのように自分自身を、そしてお互いを、「地球」を愛するのでしょうか？

あなた方が自分の人生を見るようになるにつれて、「愛」がもう役に立たなくなったパターンから試練や苦難を通じてどのようにあなた方を前へと呼び出しているかが分かるようになります。そうです、常に前へ、より大きな喜びとより偉大な叡智へと、あなた自身とすべての「生命」のより深い尊重へと。

あなた方は、「愛」があなた方をどのように前へと呼び出しているかが分かるようになります。

「愛」は地球、そして地上のすべての人々、創造物に触れる「光」なのです。あなたの目は開いてきています。

日々、あなた方は、恐れ、怒り、醜《みにく》さより、喜び、育み、美しさを選ぶようになってきています。
1996年に「地球」はアセンション（用語解説）したと公表されました。1997年、スピリチュアルな本の著者であり師であるパトリシア・コタ・ローブルズは、彼女の「明晰と理解の時代」という記事で次のよう伝えています。「私たちは1996年8月22日に4次元へのアセンションを遂げました。今、私たちは5次元の進化の螺旋《らせん》に乗るために、私たちのアセンションの最初の衝撃に向かって急速に進んでいます」
1997年ロード・スナンダが次のメッセージを伝えました。

惑星のアセンション

（ニュースレター『スターファイアー・ヴィジョン』1997年春号掲載。ミケーラ・コルドーによるロード・スナンダからのメッセージの抜粋）

わたしたちはあなた方全員に、1人1人がわたしたちの目的を果たすため、大きな役割を担ったことに感謝したいと思います。「地球」はアセンションしました！「地球」はこの数千年の間に、あなた方とわたしたちすべてが働きかけた状態に達したのです。ここにいるあなた方には大きな違いはないように思われるかもしれませんが、わたしたちは、地球がアセンションしたとあなた方に保証します。では、あなた方にそれが見えず、感じられないのはいったいどういうことなのでしょうか？

それは、以前は愛する「アイ・アム・プレゼンス（用語解説）＊＊（神聖な自身）」の「光」と「愛」とは別の流れの人生にいた人が、今は知られたいと願っている「愛」を知り経験することができるということなのです。

「地球」の生命の流れの50パーセントより多くが「愛」の道を選んだということなのです。

彼らが引き上げられるにつれ、今度は彼らがまだ「愛」の道を選択していない人を引き上げます。彼らのエネルギー・フィールドと、彼らの愛と奉仕が他の人たちを援助するのです。

わたしたちは「地球」での生き方に、歓迎すべき違いが引き続き起こるのを楽しみにしています。すでに多くの傾向が現れています。あなた方は、「愛」の道が加速し、恐れの道が減速し追い払われるのを見続けるでしょう。


「地球」の半数より多くの人が「愛」を選択したのです。これは素晴らしい成果です。核兵器による悲劇の淵から引き返した大いなる成功なのです。

2千年前、イエス・キリストが「神聖なテンプレート」を造りました。「愛」の行いの〝完全なお手本〟です。2千年もの間、あなた方は徐々に、それがあなた方個人にとって、集団にとって何を意味するのかを吸収してきました。

教会が現れ、教えが作られ分かち合われました。論争が起こり、歪《ゆが》みが氾濫しましたが、それでもテンプ

＊＊（原注）アイ・アム・プレゼンス　I AM Presence　この名前は「母なる／父なる神」の意識を「個人化」した表現。また、オーバーソウルや「ハイアーセルフ」としても知られている。より高いレベルの意識へ進むにつれ、人間の性格とこの「存在」はさらに統合する。最終的には分離の感覚は全くなくなり、あなたは「私と父はひとつである」「私と母はひとつである」ことを知っているのである。

レートは保たれました。何百年が過ぎても「愛」と「真実」が基盤だったのです。

わたしたちは「ニューエイジ」の出現に際しても、その基盤に立ち続けています。わたしたちは個人そして集団の意識から歪みと混乱を洗い流しています。より明快になるにつれて、すでに構築されたものも安定するでしょう。

出現しつつあるものの基盤は「愛」です。「愛」はレンガ造りのような、あなた方の新しい構造をつなぎ合わせる接着材なのです。あなた方が新しい世界に踏み出すにつれて、「愛」があなた方の人生を恩寵と意図で満たすでしょう。

「愛」が出現しようとしているものの基盤なのです。

古い構造は硬直していたので、それを変える恐れのある誰かや何かが現れることは、今までの古い構造の根絶を意味していました。ですから、人々がチェンジ・エージェント（変化を促進する人々）に対してひどく乱暴に反応したのも不思議ではありません。彼らの生活全体が脅かされていたのですから。

新しい枠組みはフレキシブルで成長志向です。変化は楽に、そして自然に起きています。他と異なるものは、全体との調和の中で成長し発達する機会を得ています。チェンジ・エージェントや指導者は崇拝され尊敬されますが、沈黙させられたり殺されたりはしません。自然で全体の役に立つものは安全に成長することができます。

「宇宙のキリスト」ロード・イエス（用語解説）が語ります。

キリストの愛する人々よ、わたしは今も常にあなた方と共にいます。わたしはあなた方に「わたしは世の終わりまで、いつもあなた方と共にいる。」（マタイによる福音書28章20節）と言わなかったでしょうか。

この章では１９８７年からの概要を説明しました。わたしはその時から加速している「肉体を伴ったわたしの出現」について語りたいと思います。実際、「地球」にあふれている「光」に応じて人類の意識は自ら向上しているので、わたしはあなた方の多くと一体となり、あなた方を通じて十分に表現できるようになりました。

あなた方はわたしが「栄光の雲」に乗って「再臨」するのを待っていました――そして、おそらくわたしはそうするでしょう。かつてわたしは、わたしの人々の敵を打ち負かす力強い王として待ち望まれていましたが、その代わりにわたしは飼い葉桶の中の質素な「赤子」としてやってきました。

聖書は「わたし」をあなた方の友であると公平に語っています。これは単なる宗教的思想や象徴または抽象的な概念ではないのです。ハートとマインドが神の「光」と「愛」に真に満たされている人――「聖霊」――「アイ・アム」（訳注2＝個体化した「神」）と完全に「ひとつ」なのです。

あなた方は、大きなスケールで世界の輝ける光となって「ええ、そうです。聖フランシス、リジューの聖テレーズ、または現代のマザー・テレサです」という人々を知っているかもしれません。または拡大解釈をしてガンジーやアルバート・シュバイツァーの中にもわたしを見るかもしれません。しかし、もっとたくさんの体と魂を持った人がわたしと完全に「ひとつ」の肉体であることをあなた方に言っておきます。

それは優しく寛大なあなたの隣人かもしれませんし、いつもあなたを笑わせてくれる、人生から楽しみのすべてを引き出すことができるような楽しく素晴らしい友人かもしれません。

たぶんあなたは、皆がその美しさを楽しめるようにと花を愛し世話をしている人を、または皆の誕生日と記念日を覚えている年上の友達を知っているでしょう。

そのような人たちとわたしは完全に融合し、いつも共にいます。時には目立たない場所で、時には愛と慰めの言葉を友人や隣人に語り、優しい触れ合い、または静かな支援を差し出しています。他の人とは――もっと多くの人がいますが一時的に整合しています――こちらも劣らず現実的に。そして生命はわたしの「存在」にもう一度触れるのです。ハートとマインドでわたしを知っている人は、わたしを真に知り、わたしが日々の役目を果たすのを見たいと待ち望んでいるのではないでしょうか？

ある人たちは「イエスだったらこのような場合はどうするだろうか？　もし彼が今日いたら、ジーンズとTシャツ姿で私の車を整備しているだろうか、募金活動のイベントでタキシードを着て冗談を飛ばしているだろうか、それともハートが高揚するような歌を作っているだろうか？」と自分自身に尋ねるでしょう。

何百万人という人がわたしを見るのを待ち焦がれていました。そして本当に見た人はよく分からなかったり、信じなかったのです。皆さん、あなたのハートに、わたしがこのように今まで訪れたかどうかをきいてください。もしこのような経験をしていないのであれば、すぐにそのような経験をしてそれが本当にわたしであるというサインを示してくれるように依頼してください。あなたの隣人、通り過ぎる知らない人にわたしを見る目をくださるように、わたしがこの世界にもたらす「命」「喜び」「感謝」「愛」の性質を理解し始めるように神に依頼してください。あなた方もどれほど簡単に同じことができるのかを理解し始めてください。

わたしを愛している人々は、あなたのハートが切に願うのであれば、わたしはあなたの元にやってきて、あなたの中で生き、あなたと「ひとつ」になることを知ってください。

自分にはそんな価値はないとか、〝まだ十分でない〟といった考えは必要ないのです。多くの人はこう祈りました。

「主よ、私は値しませんが私の元に来てください。慰めの言葉をかけてください。私の心が癒されるように」

これは謙虚さを育む目的でしたが、このような考えや祈りはわたしたちを引き離し続け、あなたにとってもわたしにとっても役に立ちません。

わたしはあなたと共にいることを切に願っています。あなたがわたしと一緒にいたいと切望するように。わたしたちの間に垣根を築かないでください。謙遜、自分には価値がないという気持ち、偉大なる行為や奇跡といった仰々しい考えも役に立たないのです。

「愛」がわたしをあなたの元へと呼ぶのです。あなたのわたしへの「愛」、わたしのあなたへの「愛」、あなたの夫や妻や子供や母や父へのあなたの「愛」、わたしは「愛」があるときにそこにいます。もっと大きな「愛」があなたの家族、職場、世界の活動に流れるようにと願うとき、あなたはわたしに共にいるように呼びかけることができるのです。

「愛」がわたしをあなたの元へと呼ぶのです。

自己尊重の精神で神とつながりたいと望むのであれば、『奇跡のコース』(A Course in Miracles) から、この新しい祈りを唱えることを勧めます。

「神」を宿らせる者である私は「神」に値します。

私の中に住む場所を確立された「神」は、「ご自身」が望まれるようにそれを創造されました。

私がこの場所を「神」のために準備する必要はなく、私には準備ができているという自覚を私に回復させる「神」の計画を妨害しないことだけが必要です。「神」に対して準備ができている私のあり方は永遠です。

私は「神」の計画に何も付加する必要はありません。

しかし、「神」の計画を受け取るためには、それを私自身の計画で代用する気持ちをもたないようにしなければなりません。


——『奇跡のコース　第1巻／テキスト』（521ページより）

愛する皆さん、ここで少しチャネリングについて語ります。ほとんどの人は聞いたことがあるでしょう。多くの人は「私は誰それのチャネラーです」と明言する人から「公式」にチャネリングを受けたことがあるでしょう。それより多くの人が霊感を与えられた聖職者、友人または自分自身で、恩寵の瞬間に非公式なチャネリングを経験したことがあるでしょう。難しい状況にぶつかったとき、あなたはおそらくこう言ったでしょう「主よ、この愛する友人を慰める適切な言葉を授けてください」。そしてわたしは与えました。

わたしがあなた方に今理解してほしいのは、このようにしてある人々は、わたしの「光」の乗り物となるために自分自身の準備をしているということです。ある人は「私はジョージやビル、マリア様や聖《セイント》ジャーメインをチャネリングしているのです」と言うかもしれませんが、わたしは「愛」によって来たのであれば「神」から来たのだと言います。かつてわたしはイエス・キリストとしてあなた方のところに来ましたが、今はマリア、ビル、ジョージまたは聖ジャーメインを通じて来ているのです。「アイ・アム」は「愛」の「聖霊」なので、すべてのものに浸透します。「アイ・アム」は永遠に「神／女神／すべてであるもの」そしてそれらを超えるものと「ひとつ」です。

あなたの肉体の中にあるこれらの「愛」と「光」の表現を受け入れると、あなたの原子構造を進化させる変容を促進します。あなたの細胞が徐々に大きい「光」のレベルに慣れてくると、あなたは生きた「光」の乗り物となり、より大きい「光」のレベルを伝達できるようになります。最終的にあなたは生ける「光」へ――「聖霊の神殿」へと変容されます。

それが個人そして集団の両方において、「神」が人類を通じて表現する「神の計画」なのです。多くの人がこの「神聖」な統合を経験しました。チャネリングは、その中の1つの方法に過ぎないのです。他にもたくさん方法はあります。それぞれが自分にとっていちばん合った方法を見つけるでしょう。

人類を通じて「神」を表現することが「神の計画」なのです。

ある人たちは全く予期せずに、あなた自身が「神」の側面と統合しているのに気づいているでしょう。確かに、友人や隣人に「神」の表現を見る経験をし始めた人にとっては、全く予想もしていなかったことでしょう。

聖霊（コリント人への第1の手紙12〜14章でパウロが述べている「聖霊」からの授かりもの）を見分けるという資質を授かっている人たちもいます。これらの人は「天使界」の存在を見たことがあり、ある人に大天使ミカエルを、他の人には聖母マリアを、そしてまた他の人々には「愛するイエス」を見ます。

もしあなたがこのような経験をしているのであれば、あなたは正気を失ったわけでも誇大妄想にとらわれているのでもありません。もちろん起こっている事柄に心を奪われないように感情的、心理的な癒しが必要となるでしょう。軌道からそれればその「存在」は、あなたがもう一度「愛」と整合するまで出てこないでしょう。

ロード・マイトレーヤ、ゴータマ・ブッダ、シバ、クリシュナ、イシスそして観音が、1人や2人だけでなく多くの人の中に表現されているのを見た人たちがいます。現在このようなことが起こっていて、あなた方はそれを見ているので、「では、これにはいったいどのような意味があるのか」ときかなくてはならないのです。この本は特定のテーマを掘り下げようとしているのではありませんが、このようなことが起こっていて、あなた方はこれらの「神聖な存在」と一体化するのにふさわしい存在なのだと発言する機会があるのです。

比較的最近の映画で「リトル・ブッダ」という映画が、複数の肉体への生まれ変わりという考えを探求していました。チベットの高僧であるリンポチェの生まれ変わりを探すという実話です。この高僧は非常に優れた教師で、実際ブッダの生まれ変わりとして認知されています。驚きの結末では3人の子供全員が試され、3人とも同じ存在の生まれ変わりだと確認されたのです。

『バガヴァッド・ギーター』（訳注3＝ヒンズー教の聖典の1つ）では、ロード・クリシュナは彼の生存中に1万以上の別の肉体に同時に存在していたと言われています。ここで理解すべきことはまだたくさんありますが、1つのことが明らかに起きています。「神」があなた方と肉体の中でひとつになることが「神の計画」だということです。この「神の計画」が起こるには、あなた方はさらに「愛」に整合し、あなた方の中にある「愛」でないものすべてを癒さなくてはならないのです。

著者のコメント――あなたの隣人や友人の中に「神」を見るというのは、どういうことでしょうか？　1つは、「愛」にはとても多くの特徴があるということです。「神」があなたの中にいるかもしれないとは、どういうことでしょうか？　それは、「神」はあなたをとても愛しているということです。「神／女神」は、あなたから離れてはいないという意味です。

1930年代に、アリス・ベイリーは ***"The Reappearance of the Christ and the Masters of Wisdom"***（キリストと「叡智のマスター」の再臨）という本のチャネリングをしていましたが、当時は誰も今日私たちが経験しているようなことを予想していなかったと思います。

今世紀の初期にクリシュナムルティはロード・マイトレーヤ（来るべきブッダ、密教の教えでは地球のために来た宇宙のキリスト、世界教師）の存在を現すようになるだろうと少年時代から認められていました。多くの人が、彼がこの役割を断ったので実現しなかったのだと思いました。

彼は何年間も、この役割を担うために準備をしていました。ある劇的な瞬間に、彼は彼の教えを聴きに集まった群衆の前に立ち、「神」は1人1人の内に存在しているので、彼だけを特別視しないようにと伝えました。それから彼は組織を離れ、誰も予想しなかったかなり職位の違う教師の役割を担ったのです。

彼の人生を知っている人にとっては、彼がロード・マイトレーヤの乗り物であったことは明らかです。人々は、何を期待し、期待したものがどのように見えるかがよく分かっていなかっただけなのです。私たちもまだよく分かってはいませんが、この時代を生きることによってそれを学ぶのです。

おそらくあなた方は、そのような「神聖な人」をどうしたら見分けられるのかを知りたいと思っているでしょう。彼らは背が高くハンサムで、燃えるような顔つきをしているのでしょうか？　その人の髪が赤毛だったり、大学で高学歴を修めていたり、たいへんな金持ちであったり、あるいはすでに教師、僧侶、医者であったりするのでしょうか？　これらはすべて外観的なもので、霊的に高いレベルに進化していることの顕れであることはよくありますが、決して必要なことではありません。

「神聖な人」を見分ける要素としては2つの質があります。1つは「愛」の質で純粋な善良さが表現されていることです。あなたが他者を愛すれば愛するほど、その人たちの中に純粋な善良さをよく見ることができるでしょう。2つめの質は「智慧《ちえ》」の能力です。これらの人は叡智、慰めの言葉を語り、「聴く耳」を持つ人々にとって大きな助けとなります。

もし、ある特定の人を「天使」だと感じるようであれば天使のように見えるからで、あなたは正気を失ったわけでも間違っているわけでもないので、あなた自身を信じることを許してください。この困難な3次元の世界では、これらの人は非の打ちどころがないというわけではないのです。イエスはこう言いました「なぜ、善いことについて、わたしに尋ねるのか。善い方はおひとりである。もし命を得たいのなら、掟をまもりなさい。」

(マタイによる福音書 19章 17節)

「神聖な人」と共にいるようになり、彼らを知るようになると、あなた方は少し善くなった、少し素敵になった、少し愛らしくなったと言われるでしょう。あなたは自分自身を見て、もう少し高い基準を設定するように呼びかけられるかもしれません。

あなた方はイエスとロード・マイトレーヤが、どちらがいちばん善いキリストなのかを示すために競っていると思いますか？　どちらかがもう一方を否定しているでしょうか？　どちらかがもう一方の真実を否定しているでしょうか？

私はロード・イエスとロード・マイトレーヤ両方の「存在」を体験するという恩恵を授かったので、両者が表現する「愛」の大きさは比較の対象とはならないと正直に言うことができます。彼らは、どちらがより重要か、より大きいか、より優れているかということすら適切だとは思っていません。

「愛」は、そうならないのです。これは、「愛」は私たちが想像するよりもはるかに大きく広い、ということを学ぶ機会なのです。私は常々、「破壊の神」シバはあまり会いたくない存在だと思っていました。ところが、私は彼の選んだ肉体を持った人を見たのです。その人からは、たくさんの愛があふれ出ていました。私は他の人間からあれほどの愛があふれ出すのをめったに見たことがありません。そこで私は、シバとヒンズー教に対する考えを見直すことになりました。

クリスチャンである私にとって、これはいったいどういう意味があったのでしょうか？　キリストは私たちに、互いに愛し合いなさいと言いました。そして彼は、自分と同じものを信じている人だけを愛しなさい、とは言わなかったのです。

ですから私は、他の宗教の神聖な表現を愛することを学んでいるのです。私は、それが少しもクリスチャンらしくないことだとは思いません。それは私を善くすることだと思います。それは私自身にとって、私の知識や願いや要求を超えた神のレッスンとなっています。

ロード・イエスが引き続き語ります。

愛するこのチャネラー（ミケーラ）は以前、神と会話をしたことがあります。それはこのような会話でした。

ミケーラ：（私が「神」とキリストは同じだとは思っていなかったとき、「神」が喜んでいない、というはっきりとした感じを受けて、私はこう言いました）。「でも神様、私は〈キリストの存在〉と〈あなたの存在〉を感じるのです。全く同じではないように感じるのです。すみませんが、私にはまだ分かりません。なぜ、同じなのでしょうか？」

彼女は次の答えを聞きました。

「もし〈神〉が海なら、キリストは水分だ」

そして彼女は理解しました――キリストおよび「愛」はすべてに浸透する。それだけが「神」の質ではないことを。海が塩辛く、魚、植物、岩などで満たされているように。水分が海のすべての滴《しずく》の基本的な要素であるように、「愛」は「すべてであるもの」のあらゆる部分の基本的な要素なのです。

もちろん「神」には海以上の広大なものがありますが、隠喩としては的を射ています。そしてわたしが伝えたいのは、「アイ・アム」は「愛」で、わたしはあなたの中にいるということです。わたしがあなたの中にいられる「愛」の深さ、高さ、そして幅はあなた次第だということです。

あなたがブッダを好きなら、わたしはブッダの中にいるのです。あなたが聖母マリアを好きなら、わたしは聖母マリアの中にいるのです。あなたが、女神、シバ、クリシュナ、観音、サイ・ババ、マザー・メーラが好きなら、わたしはそこにもいます。

「アイ・アム」は「愛」で、わたしはあなたの中にいます。

あなたのキリスト教の経験が偽善に満ちたものであったり、実質的なものを伴っていなければ「アイ・アム」とは誰で、「アイ・アム」とは何なのかの答えは、「愛」だと知ってください。あなたが「愛」を見出すところには「アイ・アム」がいます。あなたが「わたし」を経験するのを汚したすべての人々を赦し、わたしの「愛」があなたを満たすのを許してください。すべての「愛」が「わたしの愛」なのです。

もしキリスト教が「わたしの愛」を知るのに役に立つのであれば、その枠組みの中で育ち、拡大し続けてください。あなたが「愛」の中で育つのに、他の宗教や無宗教でいることが役に立つのであれば、あなた自身の内なる分別を信頼してください。あなたのハートが「道」「真実」「人生」を知っていることを信じてください。人は学びと成長の過程で間違いを起こしますし、人のつくる組織は往々にしてこれらの過ちを反映しています。いくつもの教会が無知な者や無垢な者を過ちから守ろうとする熱心さから、彼らの集まりを「安全」に保つため、恐怖を利用しました。今すぐこのようなことはやめてください！　恐怖はわ、た、し、のツールではありません。結果が手段を正当化することはないのです。

あなたのハートの中を探してください。そして「わたし」でないものはすべて一掃してください。わたしを支持するという教会では、人を裁くような言葉、非難、憎しみの余地はいっさいありません。

あなたの教会がエネルギーをこのようなものに集中しているのであれば、あなたがその教会に行くかどうかで意志表示をしてください。聴く耳を持たない人には、議論したり説得しようとしたりしないでください。そしてあなたはこのことを知っておいてください。これは終末の選択なのです。あなたの選択によってそれが意識的でも無意識であっても、あなたは「わたし」を選ぶか、「わたし」を否定するかなのです。

この惑星の人口の半分より多くの人々が「愛」を選択したのです。これは今進行している思考や人生の変容における重要な要因なのです。それは「地球」の変化を以前よりも悪化するのを防いでいる主要因なのです。「地球」は、キリストの「愛」のエネルギーに整合する意識にアセンションしたのです。調和の中にいられない人々は、自身の選択によって最適の場所を選びます。今のところはまだ戦争、飢え、貧困、犯罪はあります。いまだに憎しみ、偏見、復讐、批判、非難があります。これらの体験を選ぶ人々は、自分自身の地獄に引き寄せられるでしょう。愛を選ぶ人々は〝天使に導かれて〟自分自身の天国に引き寄せられるでしょう。天国とはまさに心の状態なのです。

まもなく、「地球」上に暗い選択はいっさい残らなくなります。多くの人は地上の天国を今、経験しているのです。なぜなら、あなた方の注意が向けられているからです。あなたのハートやマインドは、「喜び」「平和」「同胞愛」「愛」「感謝」に満たされているのです。他の体験をする余地はほとんど、あるいは全くないのです。「天国」はまさに心の状態なのです。あなたの思いがあるところに注意を向けてください。あなたの望む人生を選ぶことを自分自身に許してください。あなたが「天国」に住むことが、「神の意志」なのです。「天国」と「地球」が「ひとつ」になることが、まさに「神の意志」なのです。

「天国」と「地球」が「ひとつ」になることが「神の意志」なのです。

著者のコメント――時間が経つにつれ、私たちが受けたメッセージのより深い意味を理解するようになります。地球のアセンションに関しては、地球は実際4次元にシフトし、5次元との完全な整合へと着実に近づいていています。各次元のシフトは他の惑星のアセンションも組み込んでいるのです。

さらに2001年より、太陽系全体がアセンションの初期段階に入り、「地球」における肉体、感情、精神、霊的変化が加速し続けています。

多くの人がネガティブなものの癒し、浄化に常に注意を向けている状態からひと休みしたいという願いがずっとありますが、まだ休むときではないのです。

反キリストの力がまだ休んでいないので、私たちも休めないのです。あなたの注意が外の世界のネガティブなものに惹《ひ》かれているときは、怒りや逆襲に時間を費やさないでください。むしろ自分の内側に入り、世界という鏡の中であなたに反映されたものすべてを、何度も、何度も、何度も取り除いてください。

私たちの進歩が目覚ましいほど、私たちはより深く変容しなければならないのです。私たちの進歩は計り知れませんが、この至福への旅において私たちと一緒に、すべてのものを共に連れていくという目的が果たされるまで、私たちの進歩は続くのです。

苦難のはじまり

2001年1月、聖書の黙示録で預言されたように、私は「地球」が正式に7年間の試練のときに入ったといくつもの方法で知らされました。多くの本がもたらされ、そのことが明確になりました。メアリー・サマー・レインの著書 ***“Phoenix Rising”***（不死鳥は羽ばたく）もそれらの本の1つで、ジョージ・ブッシュがアメリカ合衆国大統領に就任する背景となった政治的出来事と予言とは注目すべき相関関係がある、と彼女の師であるノー・アイズが予言しています。この本の中でメアリーは「この予言は変わらないのでしょうか？　他の人が大統領にならないのでしょうか？」と尋ねています。そして彼女の師はこう答えました。「いいや、遅くなることはあってもそれは起こる」

これは私の解釈ですが、クリントンの時代がその遅れを象徴していたのでしょう。同様に、その時は私もかなり違った可能性の流れに入ったと感じていました。クリントン時代の前の流れに戻ったとき、このクリントン時代という別のフィールドにいた8年間は、私たち全員を変えました。私たちには、世界がどのように見え、感じられるかという記憶があるのです。

このようなことに関して自分自身の分別を信頼するという、今も続く私の個人的な私自身との闘いでは、一緒に住んでいる3歳の天使が毎日不安を取り除いてくれました。彼女は2週間の間、毎朝私の部屋に入ってきて（絵のない）聖書の終末に関する預言の本を掴んで私の手にそれを押しつけて「読んで、読んで」と言い、30分から1時間ほどそれを声に出して読んでいる間私の隣に座っているのです。

この時は、このとても困難なときが短くなるのではないかという希望に導かれていました。出来事が積み重なり、イエスがその時間を短縮して早く戻ってくるように思われました。それが可能であることは聖書の預言にあり、私も確かにそう希望していました（詳しくは、聖書の黙示録を読んでください）。さらに「すべてであるもの」のキリストの波動を持つように任命された人々が、実際（私たちの中に）いることが明らかにされたのです。私たちは、最初はシャスタ山でその人たちと会いました。2人の見知らぬ人が私たちに乳香と没薬を渡しにきたのです。そのことがあってから数カ月間は、それがいったい何を意味するのかが分かりませんでした。そのことが明らかにされたとき、啓示された「2人の証人」として奉仕する2人の兄弟と一緒に、キリストの波動を持つ人は「神の意志」に奉仕している間エルサレムにいたことを知ったのです。今「地球」には、他にも大勢のキリストの波動を持つ人がいます。

何年も困難な状況が加速しましたが、私の知る限りこの新しい千年紀が最も困難です。多くの人々が非常に厳しい状況がもたらす苦痛の中にいます。それぞれが可能な限り最も難しく痛ましい肉体的、感情的、心理的な状況と取り組んでいます。もちろん、2001年の9月11日の出来事はさらに劇的に物事を変化させ、戦争、経済、衝撃、恐れ、不信が継続するという結果をもたらしているのです。

2002年までにさらに悪化するような事態が生じるのか定かではありませんでした。何人もの健康だった親しい友人が病院で次の人生のために闘っているのを見てきました。

ニューオリンズ州のハリケーン・カトリーナの破壊に続き、2005年の9月にはルイジアナのガルフ・コーストで、私たちはこれらの変化がエスカレートするのを理解し始めました。私たちは最も悲惨な状況下にある人々を見たり、他の人々が慰めや支援という形で反応したり、またはさらなる怒りで反応するのを見る機会がありました。私たち自身と私たちの価値を見る機会があったのです。これらの出来事を通して私たちは鍛えられました。改善する余地は大いにあったのです。

聖母マリアが私と献身的な小規模なグループのところに来て、毎日祈るようにと私たちに依頼しました。あなた自身のために、そして他の人々のために、祈りたいと心が動かされるのであればそうしてください。

メアリー・マ・マッククライストは最近 *“The Blessed Mother's Blue Rose of the Healing Heart”*（祝福されたマザー・ブルー・ローズの癒しのハート）という祈りの本の7版目を仕上げたところです。私は心からこの本をお勧めします。多くの他の祈りと詳細に関しては、彼女のウェブサイト（www.mother-matrix.com）を見てください。

ロード・スナンダは、私たちがこの困難な時期を進むのに助けとなる最新の分析を伝えてくれました。このメッセージは2003年1月に受け取りました。

1990年から地球は2つの異なる軌道に乗っているので、あなた方が経験した現実のシフトと変化における自明の理と異常に注意を払ってください。

ビル・クリントンがアメリカ合衆国の大統領に選ばれたとき、パラダイムシフトが起きました。彼の任期中はある種の天災は起きませんでした。多くの恐れに基づいたものの解体を進めることができたのです。そして地球規模で意識のシフトを進めることができました。８年の間に豊かさは増し、恐れは減り、環境や環境に関連する出来事への関心は高まりました。

ジョージ・ブッシュが２００１年１月に就任してからは２つ目の軌道のシフトが起きました。２００１年９月11日の出来事が起きました。恐れに基づいた修正が復帰しました。またもや戦争が適当な解決方法として推進されました。アフガニスタンが侵攻され、イラクが侵攻され、経済は急激に落ち込みました。最初の軌道のシフトで、あなた方は物事がどのようになりうるかを垣間見ることができたのです。２つ目のパラダイムシフトは、あなた方を前にいたところには戻せませんでした。なぜなら、その前の８年間であなた方は変わったからです。

国民として、あなた方はもう前のあなた方ではないのです。あなた方は違ったやり方を覚えているのです。今や選択は決定的な選択となります。環境をだいじにするとそれが現実になるということをあなた方は明快に理解しているのです。このように、あなた方が注意を向けると選択したすべての分野に違いを生むことができるのです。

人類は同じ問題に何度もぶつかってきました。もう一度、恐れからなのか、愛からなのか選択してください。この苦難の時期はどのようにしてもたらされたのでしょうか？　あなた方が出会う試練とはどのようなものでしょうか？　どうしたらあなた方は最善を尽くし、前に進むことができるのでしょうか？

愛する皆さん、これらの不確実性の高い時代においても平和でいてください。あなた自身の内側にある平和が、世界の問題に平和的解決をもたらすのです。恐れと不安は世界を支える助けにはならないのです。あなたの注意を最も高い、最も尊い思いに向けることが世界を支えるのです。

罪悪感や自責の念は意識を向上させません。非難や恥は意識を向上させません。どのような形であってもネガティブなものに注意を向けてくよくよすることは癒しをもたらしません。ネガティブなものへの気づきから得られる唯一の価値は、ネガティブなものに愛の意識を向けることなのです。

あなた自身の内側にある「平和」が、世界の問題に「平和的」解決をもたらすのです。

「苦難」または移行（あなたがこちらの表現を好むのであれば）の期間に、あなた方が全く新しいパラダイムと現実の中に踏み入るにつれて、あなた方は今、過去のすべてを手放しているのです。来る「黄金時代」は何千年も前から予言されていました。それは起こるのです。何人の人が「愛」の周波数に整合することを選択するかが唯一の問題なのです。

あなたが経験している遅れは、できるだけ多くの人をあなたと一緒に新しい「黄金時代」に連れていくことをあなたが選択しているからなのです。できるだけ広範囲にわたり癒しが起きる時間と機会があるようにと、多くの「支援」が提供されているのです。

遅れが過剰な葛藤を引き起こすようであれば命が、まさに魂が救われる人々のために祈ってください。

2003年8月の更新――「地球」はついに、失った集合意識のレベルを取り戻すように要求し、今の集合意識は2000年のレベルに戻っているとロード・イエスが伝えました。また、すべての出来事のタイミングは加速するだろうと忠告されました。

2005年1月8日の更新――愛する皆さん、わたしはサイ・ババです。この本の再版を止めていたのは、まさに今回追加すべき内容があり、最も多くの人々がこれらのメッセージを受け取るようにするためでした。

　これからの数年間で、困難または落胆するようなことがたくさん起こるでしょう。あなたの近隣やあなたの国で新しい災難が待っているかもしれませんが、恐れ、不安、心配という一般的な態度に屈しないでください。

　むしろ短い聖書の言葉を思い出してすべてのことに感謝してください。そして災難に遭った人々のために祈るとき、彼らの「神である自身」、ガイド、「天使」が人生のすべての局面において、あるいはまさに彼らの死において、その状況から彼らが最大限の恩恵を享受できるように整えられていることに感謝してください。それぞれの必要に従って、可能な限り最も完璧な方法でカルマを返済し、古いプログラムや信念を手放し、または「愛」「真実」「光」の領域の中へと最後の幻想のベールを突き抜けることを、その状況は意味しているのかもしれないのです。

　他の人々にとっての真実は、あなたにとっても真実であることを思い出してください。あなたのガイド、天使、「ハイアーセルフ（用語解説）」は、あなたの最高の善のために完璧な状況がもたらされるようにと、すべてを用意しているのです。

　おそらく、あなたは職を失ったり、一文無しだったり、車の支払いが滞ったり、次の週にどうやって子供を養っていけるか分からなかったりするかもしれません。このような状況でも恐れに屈する必要は全くありません。あなたは今までも、そしてこれからもだいじにされ続けているのです。あなたの直面している現在の状況を、あなたは冷めた目で見ているかもしれません。確かにあまり心地よいことではありません。あなたは「神」がこれらの状況から何か善いことまたは素晴らしいことをもたらそうとしていると想像できませんか？

ここ数年間であなた方が目撃した世界中で起きた災難により、家や家族まで失った人々のことを考えてください。それは戦争、地震、洪水または爆弾によるものだったでしょうか？　どうしたらこれらのことから善いものがもたらされるのでしょうか？　善いものとは毎日悪と対峙することです。それは家を失った家族を誘い、新しい服、食べ物、家具を数日中に用意する隣人から来るのです。それは災難の犠牲者に対するあふれんばかりの愛、お金、食べ物、支援から来るのです。これらの愛の行動は毎日人生に触れ、ハートを癒しているのです。たぶんそのような厳しい状況を通してのみ、ある人々に最も深い癒しをもたらすことができるのです。

何かを「ひどい」「絶望的だ」「可哀そうだ」と思うたびに、「神」はこの状況の見方を変え、新しい態度や新しい気づきをもたらすように、あなたに求めていることを思い出してください。「神」がそれぞれの状況で、それぞれの人の最も高い善のために働いていることに感謝の祈りを唱えてください。あなたが祈り、感謝するのを思い出すようになるだけでも、あなたは全く新しいパターンの考え方を身につけ行動をとるようになり、あなたの大いなる善が現れるのです。

あなたの祈りや感謝は、他の何百万人もの祈りや感謝に加わり、地球規模の広大な愛と祝福のフィールドを創造し、何百万、何十億人もの人々がストレスを感じたときや窮乏のときに利用できるのです。

祈ってください。そして必要を抱えている地域を見たら、あなたの注意を向けてください。罪悪感、恐怖、恥、非難の気持ちから助けないでください。必要としている人たちに、あなたが与えるべき贈り物を与えてください。毛布をあげられますか？　では、そうしてください。百万ドルをあげられますか？　では、そうしてください。辛抱強く支援したり、真摯に聴くことができますか？　では、そうしてください。

あなた自身、あなたの特別な贈り物、才能、専門性を必要とする適切な支援をするために、あなたは適切な場所に適切なタイミングで配置されるようになります。古いパターンである恐れ、拒否、傷つけられることへの恐れ、他のどんな恐れからも退き、恐れの外へ歩み出てください。あなた自身を見てください、しっかりと本当のあなた自身を見てください。あなたを引き止めているものを癒すように、神の恩寵を呼んでください。そしてあなただからこそできる完璧な行動に、勇敢に踏み出すための強さと勇気が与えられるように祈ってください。

そうすることで、あなたは全く新しいあなたを築いているのです。あなたは自分自身のために、新しい人間をデザインしているのです。あなたは、あなた自身を愛、美、強さ、生命のパターンに沿って創造しているのです。

この新しいあなたが出てくると、今までのどんなときよりも幸せでいることに最終的に気づくでしょう。長い間あなたを、あなたの全人生を悩ましていたものがだんだん離れていき、実際全くなくなってしまうほどに縮むのに気づくでしょう。あなたがとても現実的で他の人々にとって善いものを人々に提供することで、あなた自身が祝福されているのを感じられるでしょう。

機会を探す必要はありません。それらは全く努力をせずに、あなたにもたらされているのです。地球全体が新しいパラダイムに足を踏み入れ、今の時代は困難な状況に毎日立ち向かっている人々が、かなり多くいるように思われるかもしれませんが、これも移行の段階の一環なのです。この時を、これらの機会を祝福してください。困難と思われるそれぞれの出来事を祝福し、感謝してください。それはより大きな希望と、より多くの愛と、より多くの深いレベルの癒しを人々にもたらしているのです。

あなたに困難をもたらしていると思われる人々を祝福してください。あなたの前に立ちはだかっている状況を祝福し感謝してください。１つ１つの試練は、過去のパターンからより強く、より健康で、より愛らしく、より喜ばしい今へと踏み出していく歩みの一部なのです。

問題の解決より、むしろ信念や態度が問題となっているように思われる人々を祝福してください。展開しているこの壮大なドラマにおける彼らの役割を祝福してください。あなたが向き合っているそれぞれの状況のために、そしてあなた自身が一緒にいてあまり幸せを感じられない人のために、自分自身を祝福してください。あなたの成長を祝福してください。あなたの試練を祝福してください。そしてあらゆるすべての選択と瞬間におけるあなた自身を祝福してください。

あなたは愛で包まれていると想像してみてください。状況や結果の成否をいっさい問わずに。現れつつあるこの新しい世界で、あなたが成長し目覚めるように、最高のヴィジョンを持つ豊かな「愛」に、あなたは包まれています。時折この「愛」を感じ、「愛」を吸い込んでください。「愛」があなたを高揚し、「愛」がいつもあなたの周りにあることを思い出してください。あなたが「愛」に気づくことを忘れているときでさえ。

今回の目覚めは、今とても速く起きています。あなたはそのペースについてくるのに走らなくてもよいのです。変化の波に乗る必要もないのです。複雑なことや難しいことは、何もする必要はないのです。ただすべてに感謝し祝福してください。このようにすれば、最もやさしく、そんなに頑張らなくてもいい方法で流れにまかせていられるのです。

この章を終える前にもう2、3伝えたいことがあります。あなた方の多大な貢献、あなた方の人生、「地球」に善いものをもたらしたあなた方の大いなる努力に感謝したいと思います。最も困難な状況の中であなた方が過ごした年月と、今回「地球」に来るためにあなた方が払った犠牲に感謝したいと思います。

わたしたちはあなた方を称え、祝福し、あなた方の人生、奉仕、愛そして「地球」におけるあなたの「存在」に感謝しています。

これから訪れる日々においても砦を守り続けてください。わたしたちは速いペースで勢いを集結させているので、もうすぐあなた方は本当に「黄金時代」が現れてきたことを伝える変化を世界中で見るでしょう。

さあ今、これらの言葉を読んだら目を閉じて深呼吸をしてください。あなたの意識をハートに移してください。わたしたちがあなたのハートに今、注いでいる光を吸い込んでください。あなたのハートを、アセンションしている最中の全人類へとつないでください。そしてすべてが満たされ、引き上げられるまで、愛をハートからハートへ、地球の周りに拡げてください。この最大の試練の日々においても、過去のやり方は押し流されています。すべての人が古いものから新しいものへと、意識の螺旋の旅をしているのを知っていてください。

この道にいるすべてのものは大丈夫です。そして古い「地球」の最期の残留物は置いていかれるでしょう。おそらく災難と思われるものを通じて。災難と思われるそれぞれの事柄は螺旋の曲がり《カーブ》の反映で、より多くの人が高く高くシフトしているのです。古いパターンは手放され、新しいパターンが現れています。すべては輝かしい、新しい「地球」に向かって前へと進んでいます。

感謝してください。そしてあなた自身とすべての命を祝福してください。すべては大丈夫です。

感謝してください。すべては大丈夫です。

2章 「新しい天国」と「新しい地球」

ロード・イエス／スナンダが語ります。

これからわたしたちは、地球上であなた方に何が起こっているのかを――大きな視点から地球の役割を説明します。

宇宙の進化における地球の役割は、メルティング・ポット（訳注4＝多様な人種・文化のるつぼ）です。地球ではさまざまなレベルの進化が共存しています。あなた方はお互いに教え合い、お互いから学び合っているのです。あなた方はクジラやイルカの中に宿る意識や魂のエッセンス、犬や猫、馬や鳥、植物や岩、大地、空気、火、水によってもたらされた贈り物に敬意を払うために地球にいます。

魂の学びとは？

ある人にとって魂の学びとは、彼らの文化的遺産の一部です。他の人にとっての魂の学びは、生涯をかけて全体像を構成する一片の理解を集める作業でした。

あなた方は今、変化の時代にいます。低いレベルの意識は「地球」上ではもう維持できなくなるでしょう。

密度の濃い学びや二元性の学びをまだ選ぶ人々は、他の星に住むことになるでしょう。愛の中で拡大する選択をした人々だけが残ることができるでしょう。

この目的はいったい何だったのでしょう？「地球学校」にいる人々は、太陽系、銀河、まさに宇宙で、そして宇宙を超えたところでも役に立つことを学んでいるのです。

あなた方は本当にさまざまなレベルの意識の存在で、宇宙と宇宙を超えたところから来て、地球上の人類としてあなた自身を拡大したのです。

太陽、銀河、宇宙の魂を内在する「存在」は見て、学び、成長し、奉仕し、愛するために「地球」で肉体を持ったのです。この「存在」とは、あなた方自身のことです。個人のそれぞれの学びは、良くも悪くも進化の旅をしている膨大なレベルの宇宙のマインドの役に立っているのです。

小ささや分離の感覚は、物事の外で遠くから観察者として見ている「存在」の感覚よりも、あなたの人生体験の実感を味わうことを可能にしたのです。

あなた方1人1人は多次元の現実を通して、広大な連なる意識の一部として存在しています。図表2―1の体の周りの円が意識のレベルを表していて、あなた方が生き、動き、存在する偉大な「神聖な存在」の意識のフィールドとの接触面も表しています。あなたの個性は「光」または「神」の個別化した表現なのです。

あなたが意識を拡大したら、あなたの「キリスト自身」が「神聖な存在」として、そのレベルの多くの個人に拡がっていることが分かるでしょう。より大きな拡大では、あなたの「アイ・アム・プレゼンス（用語解説）（神聖な自身）」も「神聖な存在」として、その内側に多くの個人を包んでいることが分かるでしょう。

オーラ（用語解説）の層は、意識のレベルまたはより高い周波数の状態を表しています。あなたがさまざまな「イニシ

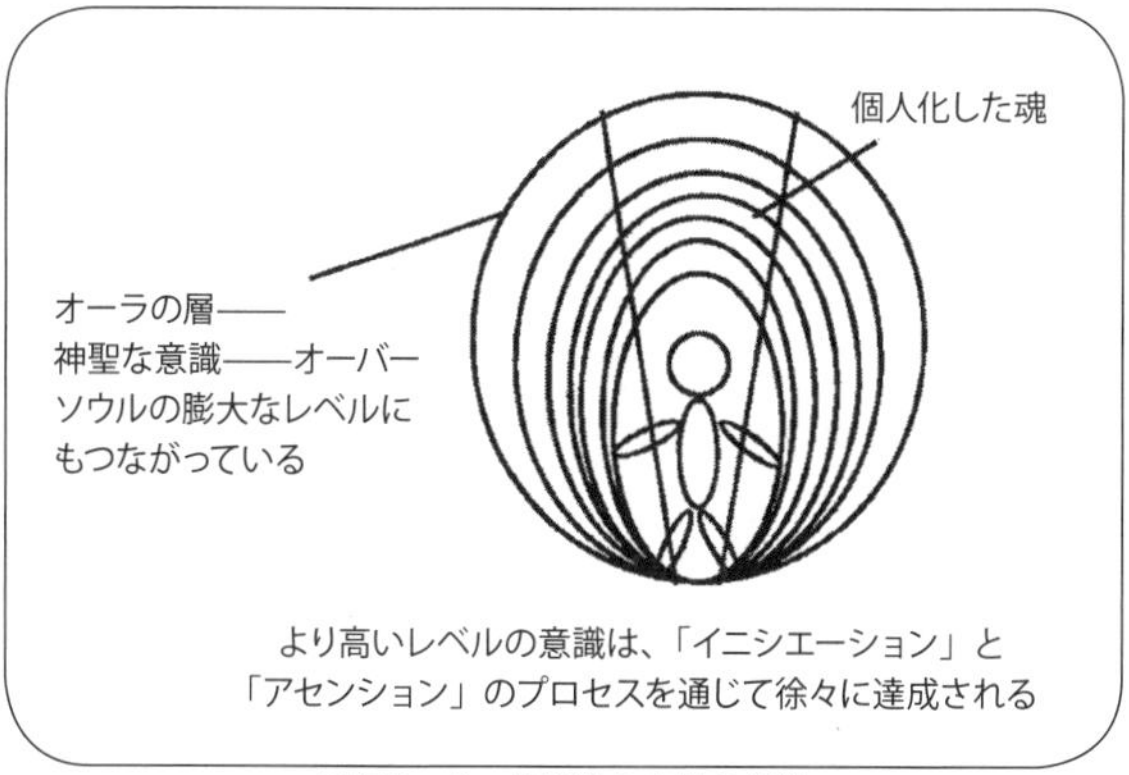
個人化した魂
オーラの層――
神聖な意識――オーバーソウルの膨大なレベルにもつながっている
より高いレベルの意識は、「イニシエーション」と「アセンション」のプロセスを通じて徐々に達成される
図表２－１　個別化した神の光線

エーション（用語解説）」を経験すると、あなたの意識は前のレベルの限界を超えたところに移動します。あなたは、あなたの意識の中でより拡大するのです。異なる意識のレベルは常に存在していますが、あなたの準備が整いさまざまなイニシエーションを体験しないと、高い意識のレベルで何が起こっているかには気づきません。

さらに「偉大な神聖な存在」は、彼らの意識の中にこれらの意識のレベルが内包されているので、すべてを把握しています。実際、これらの「神聖な存在」とあなた方が「意識のレベル」と呼んでいるものに全く違いはないのです。あなたが意識のレベルを移動していくにつれ、その「神聖な存在」とさらに統合するのだということを理解するでしょう。これがあなたの霊的な系譜です。あなたが肉体に宿ったときに、あなたはこれらの次元のレベルと「神聖な存在」の意識を通過してきたのです。

これらのより大きな意識のフィールドには、多くの個別化した「存在」がいます。例えば、地球上のすべての存在は、惑星の魂を宿した「存在」である「惑星のロゴス（用語解説）」と太陽系の魂を宿した「存在」である「太陽系のロゴス」と銀河の魂を宿した「存在」である「銀河のロゴス」などのより大きな意識のフィールドの内側に存在するのです。

「ハイアーセルフ（用語解説）」との意識的な統合へとあなたが「アセンション（用語解説）」すると、あなた自身を感じる場所はシフトし、あなたは「わたしと父とは1つである」（最初にイエスが表現し、ヨハネによる福音書10章30節に記録されているように）ということが分かるようになります。そして多くの人が今「私と〈母〉は〈ひとつ〉です」「私は〈アイ・アム〉（訳注2＝固体化した「神」）です」「私は〈すべての命〉と〈ひとつ〉です」ということを体験しています。

インドのアヴァター（用語解説）であるサイ・ババは、それをとても明快に述べています。最初、あなた方は自分自身をとても小さく「神」から離れた存在だと見ています。おそらく「神」の存在を信じられないくらい離れているかもしれません。

最終的に魂が再統合を待ち望むので、あなた方は近くに引き寄せられます。あなた方はまだ離れていると感じますが、「神」を愛していて「神」もあなた方を愛していることを知っています。これが二元性です。

その後、愛と献身が「アセンション」として「神」との統合に導きます。あなた方は「ひとつ」であるこ

とを知りますが、「神」はまだ自分より大きい存在として体験されます。これが正規の非二元性です。

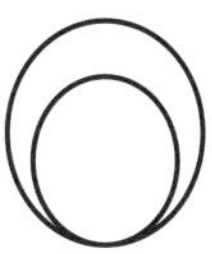

正規の非二元性

引き続き成長し、愛と意識を拡大し続けることにより、あなた方は完全な統合に至ります。そこには「他者」は存在せず、存在するものすべては「ひとつ」なのです。これがユニティです。

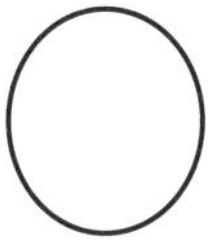

ユニティ／非二元性または一元性

あなた方は、本当は決して「神」から離れてはいないのですが、離れているという感覚を体験できるということなのです。あなた方は今、あなた方の魂の最も深い記憶に横たわる分離、喪失、拒否、見捨てられたという感覚を癒している最中なのです。

あなた方が核心的感情の問題と呼ぶ、あなた方の魂の最も深い部分の傷が今、あなた方の目の前にあります。

それらを表現する人もいれば、抑え込んでいる人もいます。最終的にあなた方は皆、それらと向き合わなければならないのです。

数年前に注目を集めたO・J・シンプソンの裁判は、これらの核心的問題の表現でした。それは国内と世界における膨大な良心の検証の一部でした。あなたは自分を誰かと重ね合わせましたか？　実際はあなた方それぞれが犠牲者、迫害者、救済者、裁判官、陪審員、報道陣、無垢な傍観者、原告と被告、証人、記録係、一般大衆、これらすべての役割を担っていたのです。

その事件が私たちの注意を引いた他の理由は何だったのでしょうか？　それはたった1人の裁判ではなかったのです。それはすべての男性、すべての女性のことだったのです。それはたった1人の男性の行動ではなく、何百年にもわたり感じ受け止められ、または実際に起きた人類全体の迫害行為だったからなのです。それはあなた方の最も深い部分、最も暗い、最も傷ついている自分自身に気づいてもらうための叫びだったのです。

それは殺人を見逃すことではありません。それはあなた方それぞれが、あなた方の意識である魂が深く傷ついた部分を抱えていることに気づくことなのです。

あなた方は自分自身を、そしてお互いを赦さなければならないのです。

あなた方は、それらが最終的に完全に癒されるために、深く傷ついた自分自身の部分を光の中へと連れ出し、痛みや深い傷を自ら進んでさらさなければならないのです。あなた方はお互いの中に深い思いやりが生まれるように、あなた方自身の中に平等な深い思いやりの場所を見つけなければならないのです。

これらのあなた方の深く傷ついた部分は、きれいでも素敵なものでもありません。あなた方はこのような自分自身を見たくなかったし、誰にも見られたくなかったのです。けれども、あなた方はそれを見なければならないのです。癒されるために、完全になるために、個人として、国として、癒しが進むように、傷をさらさなければならないのです。

ボスニアは、傷をさらし国中に表現した一例です。平和維持部隊が他の人々を傷つけることなく、良いセラピストのように（残念ながら訓練なしで）エネルギーを放出させたのです。

そこに答えがあります。唯一の道である「真実」と「愛」が癒しをもたらすのです。あなた方が限られた視点から見る真実ではなく、「神」が見る「真実」です。

あなた方が何者であるかという「真実」、それはあなた方が今も常に深く愛され続けていて「すべてであるもの」と「ひとつ」であるという「真実」です。

あなた方の怒り、恐怖、怖れ、痛みを表現するのに叫んだり、蹴ったり、殴ったりする必要があるのでしょうか？　もちろん、それは安全で傷つけない方法で表現できます。

虐待する親、友人、配偶者、見知らぬ人は、個人を標的にせずにこれらの感情を表現することができますがセラピーが必要です。虐待する彼ら自身の中に、友人、家族の中に癒す術を見出せる人はわずかでしょう。また、セラピストはこれらの問題が「魂の傷」であることを理解していなければならないのです。あなたが悪いとか、ひどいとか、そういうことではないのです。他の人々が時として抑え込みがちなものを、あなたは表現しているということなのです。あなた方は皆、これらの傷を抱えているのです。八つ当たりしたり、抑え込んでも癒しにはならないのです。

癒しは、「魂」が「神／女神／すべてであるもの」の「ハート」と「マインド」の中で、ゆるぎない最終的な回復を果たしたときにもたらされます。

癒しは、「魂」が「神／女神／すべてであるもの」の「ハート」と「マインド」の中で、ゆるぎない最終

的な回復を果たしたときにもたらされます。

あなたが反応する他の人の行動や態度は、あなた自身の否定している部分なのです。癒しは、あなたもまた殺人者であり、強姦者であり、虐待者であると気づいたときに、あなたが自分自身のその苦痛、その怒り、その恐怖を赦し、自分自身を愛し、「神」と「聖なる天使」があなたを愛し、慰め、これらの歪《ゆが》みのパターンからあなた自身を解放することを許したときにもたらされます。

あなたが反応する他の人の行動や態度は、あなた自身の否定している部分なのです。

もしこの考えがあなたにとって馴染まないものであれば、仏教の僧侶で平和提唱者でもあるティク・ナット・ハンの著作やニューエイジの歌で「ここには私たち1人しかいない」を参考にしてください。

この歪みは、この「宇宙」の創造の段階から生じた歪みの一部であり、多少の差はあるものの、現在この宇宙のすべての創造物に埋め込まれているのです。ある人はそれを原罪と言いますが、わたしは「原因」という言葉を使います。あなたはこれを単なる間違いだと思いますか？　それともあなた方を見守り支援しているあなた方のガイドとして宇宙の進化を観察している広大な「存在」の意図だったと思いますか？

原因が何であれ、これらの「自身」の部分は音速の爆発に巻き込まれていて、エーテル体のテンプレートに深刻な歪みが生じています。（図表2—2参照）

ほとんどの場合、これは物理的にも普通の出来事としても目には見えないのです。この歪みが生じると、人々は受け止め方と送り方の両方で歪みを通じたコミュニケーションをするようになるのが分かるでしょう。あなたは、ある人があなたが思っても言ってもいないことをどうして聞くことができるのか不思議に思ったことはないですか？

歪みが生じた場所からは、正しく考えたり行動したりするのは事実上無理なのです。歪みはあなたの認識（入ってくるもの）と、あなたの行動（出ていくもの）に影響します。これらの魂のかけらは、あなたの大きな「自身」の一部なのです。完全な「魂」としての再統合と表現が可能となる癒しが必要なのです。

さらに歪みは歪みを強化する出来事の標的になることがあります。このエーテル体のテンプレートは正しい構造に戻さなくてはならないのです。そのために、あなたはあなたの人生の創造主になり、あなたの意識に入ってくるものの各側面を常に向上させ、完全なものとする選択をすることができます。この表現の最初の意図を、あなた自身に思い出させてあげましょう。すべてはあなた自身を知る——あなたは何であり、誰であり、誰でないのかを知るためなのです。これは一晩でできることではありませんでした。熱意、時間、注意、そしてたくさんの愛が必要なのです。この問題を解決するために、必要とするすべての支援は与えられているのだと意図してください。

図表2－2　魂の傷

あなたの「天使」に、この完全性への回復が穏やかに、やさしく、寛大に行わせてくれる人々、場所、状況を与えてくれるように依頼してください。

セアン・デローハンがチャネリングした *“The Right Use of Will”*

（意志の正しい使い方）シリーズの本に、これらの問題に対するより深い理解が書かれています。（ただし人間のチャネリングを通じてもたらされたこの情報は、100パーセント正しいことは稀であることを覚えておいてください。どんなに高い源からの情報だとしても、これらの資料を読んだり詳しく調べたりするときは、自分で見極めてください）。「父なる／母なる神」はこのすべての段階を通じて、あなた方を支援する約束をしてくれました。あなた方は支援を与えてくれるように依頼しなくてはならないのです。そして前に歩み出し、進んで支援を受け取らなければならないのです。

著者のコメント――2002年2月5日、ライトワーカのグループが集まり、地球が持っていた「宇宙」のテンプレートのこの歪みを直しました。今はより速やかに取り除いたり癒したりすることができるでしょう。これはあなたの完全な「神聖な青写真」（あなたのオーラの5次元の層にある）に整合するために、祈り、取り除き、変容し続けることを、そしてあなたの「聖なるキリスト自身」を呼び出し、より深くあなたの魂の本当の「真実」を見ていくことに取り組み続けることを意味しています。

処女懐胎

クリスチャンが理解している「処女懐胎」は、イエスと聖母マリアは「原罪」から自由であったと考えられています。これを別な形で理解すると、宇宙創造のときからの歪みを抱えている「魂の傷」がなかったのです。イエスと聖母マリアのオーラ・フィールドは、この歪みがないように創られたということなのです。イエスと聖母マリアは、地球上の男性と女性の「完全な構想」を世界に示すことができたということなのです。

聖母マリアは「完全な構想」または完璧な「神聖な青写真」のイメージを保ち、イエスは彼の受胎と「彼の生涯」を通して「完全な構想」または完璧な「神聖な青写真」を保ったのです。イエス自身は歪みを持たずに生まれたので、他の人たちの魂の傷による汚染がない状態で聖職に従事することができたのです。

イエスは、彼が癒した人々の完璧な「神聖な青写真」である彼らの「完全な構想」と整合することで癒しました。意識に完璧なパターンを保つ彼の能力は、他の人が彼の衣服の端に触れただけで「真実」と再整合することができたのです。

「父なる／母なる神」は、あなた方のためにあなた方の完璧なイメージを保っているのです。あなた方1人1人のために、とても個人的な方法で「完全な構想」を保つのが聖母マリアの地球に対する今の使命です。肉体を持つあなた方は、「完全な構想」と整合する責任を果たさなければならないのです。歪みの中にはまったままでいるのか、それともわたしたちの完全な「真実」に戻るのかを選択するのは、あなた方の自由意志なのです。

魂の傷に関して話すことはとてもたくさんあります。惑星の癒しを成功させる鍵なので、このテーマに興味のある人は入手可能な情報を元にさらに掘り下げてください。

資料

セアン・デローハンの著作「意志の正しい使い方」全シリーズは、さまざまな観点からこの歪みに関して述べていますが、それだけがこれらの本で取り上げられている内容ではありません。

もう1つの優良な資料は、北カリフォルニアのファイサル・ムカダムの「ダイアモンド・ワーク」です。彼は、この歪みまたは魂の傷を「P」と読んでいます。

ダイアモンド・ワークをテーマとした本は、ハミッド・アルマースの著作があります。*"Don't Touch My Heart"*（私のハートに触れないで）という本のストーリーは、小さな男の子が、私たちが話していた問題を表現するのです。それはたまにしか見られないので、異常や稀な症状とは思われていないのです。あなたは進んで自分の内側を見て、あなた自身の「傷ついた子供」を見つけ、その子供が十分に安全だと感じられる場所を用意して、傷ついた子供がこんなところにもいることを、あなたに伝えられるようにしてあげなければならないのです。

これはあなたの全面的な決意と、他者に対してあなたが願うほどあなたは完璧ではないということを知ってもらう熱意を必要とするワークです。友人や家族または全く知らない人にまで裸のままで立つという大きな勇気がいるのです。あまりにも長い間、王様は裸だということを私たちは認めるのを渋っていたのです。

これに取り組むことによって、あなたがなったふりをしていたものになることができるのです。これらの傷は透視力で見なくてはならないので、含まれている問題に対応できるようになるまでは見えないままかもしれません。あなたに支援が必要なときに安全な場所を造れる人は、かけがえのないほど貴重な人です。

もう一方で、これらの問題に取り組むときが来たら、それはあなたにとって大きな喜びであると同時に大きな試練でもあるのです。その時が来るまでは、自分自身のいかなる部分も直そうとする必要はないのです。

あなたにはいつがその時なのかが分かるでしょう。なぜならそれはどこを見ても、いつもあなたの目の前にあるでしょうから。その時は何をすべきか知る用意ができていて、それを取り除くスキル、ツール、必要とする支援があるでしょう。それは即座にというわけではないかもしれませんが（または、そうかもしれません）、自然な成行きの中で起こるでしょう。

あなた自身に親切に、優しく、誠実でいてください。

3章 毎日を祈りで始める

愛する皆さん、わたしはスナンダです。
祈りから始めましょう。

朝の祈り

あぁ、「愛する母なる／父なる神」よ。
あなたを愛し、そしてあなたに感謝しています。
すべての善いものと完璧なものを、私にもたらしてくれていることに。
私の成長、学び、癒しに感謝します。
私の必要とするものを満たしてくれていることに感謝します。
私自身、私の家族、そしてこの「聖なる地球」のすべてのものへと注がれている
あなたの「愛」と「祝福」に感謝します。
あなたの「愛」、あなたの「智慧《ちえ》」、あなたの「喜び」を

私の考え、言葉、行いのすべてに反映し、
自分自身を満たすことで、
あなたの「完璧な意志」に沿って、今日この日を生きることができますように。
すべてにとって「最高の善」のために。
アーメン。

私はあなたの「愛しい子供」です。
あなたの「ハート」の中で、永遠に「ひとつ」です。

——ミケーラ・コルドー

感謝の祈り

「愛する母なる／父なる神」よ。
あなたの子供の上に雨のように降らす
「無限」の祝福に感謝します。
鳥に、雲に、川に、海に感謝します。
太陽に、月に、星に、そしてすべての上に輝く光に感謝します。
昼に、夜に、光に、闇に、
大きいものに、小さいものに、善悪の貴重な学びに、私たちの人生のすべての陰と陽に感謝します。
二元性の貴重な学びに、「ユニティ」の「真実」に感謝します。
「愛」「智慧」「力」に感謝します。
「恩寵」に感謝します。
私たち自身とすべての命に、
多くの祝福を与え続けてください。
私たちの人生が
奇跡――特に健康、喜び、繁栄で輝くものとなるように。
「すべて」のものに、より大きな善いものを与える
あなたの「愛」をいつも見ていられるように。

――ミケーラ・コルドー

その日の「神聖な計画」として、あなたがしようと思っていることと、宇宙のマインドがあなたにもたらすものの両方について短い黙想を加えてください。

また新しい日が訪れて、あなたは自分自身に「今日は何をしようかしら？　やらなくてはならないことのリストには何があるかしら？　どんな驚きや試練が待っているのかしら？」と尋ねるでしょう。

毎日、「すべての命」を与える「偉大な存在」に、祈りと感謝を捧げることから始めてください。毎日、あなたの人生の状況を見て、すべての根底にある「愛」と「善」を見てください。

「毎日」を「祈り」で始めてください。

でもあなたは「私の人生はめちゃくちゃだ。いったい何に感謝しなくてはならないんだ？」と思うかもしれません。

毎日を「愛の目」で見ることを選んでください。より大きな視点で見てください。大きな「愛」があなたを包んでいるのを知るためだけでも。特に人生がめちゃくちゃだと感じているときは、完璧なヴィジョンであなたを支えている「愛」に、あなたが毎日の体験で美しさ、優雅さ、平和、完璧さを感じられるように依頼してください。この練習は、すでに存在している「善」の拡大と増幅に感謝している人たちにも効き目があります。

愛する皆さん、あなた方はここ地球で偉大な冒険に乗り出しているのです。あなた方が**「調和」**「平和」「ワンネス」「愛」の周波数を増幅することで、「天国」を「地球」に固定しているのです。

あなた方は「天国」を「地球」に「固定」しているのです。

「天国」はあそこや上や自分たちのいるところ以外のどこかだと考えられていました。必ずどこか他の場所だったのです。

今、あなた方は「天国」と融合しつつあります。今、「天国」はここなのです。このことを知っている人と知らない人との違いは、意識と気づきの違いなのです。

この考えは、１９９５年のクリスマスに「女神の時代」に掲載された以下の詩にまとめられています。

クリスマスの詩

それから太陽の輝きは青ざめ、
そして光はすぐに後退してしまう。
キリストが生まれたとき、
来るべき夜を待ったように、
彼と一緒に「愛」が
私たちの世界をもう一度照らすのを。

闇がこれ以上世界を支配しないように、
これ以上「光」が前に進むのを恐れないように、
分離は支配力を失い
「神」の「愛」が勝利する日。
キリストがあなたと私の中に生まれる。
私たちは永遠に自由を生きるのです。

新しい「天国」と新しい「地球」が
キリストである赤子と共に生まれようとしている。
誕生につながる痛みの中で、

私たちは思いを馳せる
このような痛みや悲しみが
本当に新しい命をもたらすのだろうかと。

小さな宝石を手渡したときに、
その宝石が青ざめた色の覆いに包まれているのを
母は覚えているだろうか?
あぁ主よ、私たちの不信をお赦しください。

少しずつ、少しずつ、「天国」が降りてきているのを知っています。
静かに、優しく「天国」が溶け込んでいるのを知っています。
あちらこちらで「天使」が舞い降り、
偉大な翼を広げています。
あちらこちらで歌が聞こえます。
そして「天国」が何をもたらすかを知っています。

戦争があることを知っています。
赤子たちが死に瀕《ひん》しているのも知っています。
それでもなお、キリストが来るのも知っています。

そしてまたすぐに、涙することがあるでしょう。

——ミケーラ・コルドー

あなたの人生の中にある「天国の輝き」に注意を払い始めてください。あなたがそれに気づき、認め、祝福し、感謝する程度が、あなたが「天国」にいる程度なのです。

つまりそれがあなたの意識レベルを確認する方法なのです。神の祝福に気づき、「愛」と「智慧」に気づき、「美」「喜び」「平和」に気づく時間をどれだけとっているでしょうか？　あなたの意識が「神」の性質に常にあるようになれば、あなたの意識も高まるのです。高い意識状態への「イニシエーション」は、これを反映しているのです。まさに「イニシエーション」は、あなたの意識を向けるところにエネルギー的に整合するために、あなたの魂の必要性により生じているのです。

この意識の拡大は、進行し続けるプロセスなのです。「愛」に限界がないように、成長する余地は常にあるのです。

「愛」に限界はないのです。

この移行の時期に、うんざりするほどの醜《みにく》さがあなた方の目の前にあるように思うかもしれません。「このどこに〈天国〉があるのですか?」とあなたは尋ねるかもしれません。その答えは、「愛」の周波数の中では存在できないものすべてが意識的に癒され手放されるように、愛されて自由になるようにあなた方の注意を引いているのです。

もし今日好ましくない体験をしたのならば、「愛」と「智慧」があなたを満たすように、「恩寵」と「許し」のエネルギーがあなたのハートとマインドを満たすように、これをあなたの人生にもたらしたものが完全に癒され、取り除かれ、浄化されるように依頼してください。あなたの「存在」のすべての細胞、原子、生命のあらゆる粒子、最高かつ最も神聖な「神」のデザインであるあなたの「完璧」な「神聖な青写真」が、あなたの啓《ひら》かれた「キリスト自身」と整合しますように。

このようにしてあなたは、徐々に「天国」の周波数をあなた自身の中に固定し、「真実」や「愛」に満たないものを手放していくのです。このようにして「神との整合」は進行するのです。

「自由意志はどうなっているのですか?」とあなたは尋ねるかもしれません。

「私は完璧なロボットみたいになってしまうのでしょうか?」と。

いいえ、全くそんなことはありません。

この「ハイアーセルフ」との統合のプロセスは、限りなく拡大し続けるレベルで、知り、成長し、愛する「広がり続ける大いなる自由」なのです。

あなたは魂として、制限、痛み、葛藤、または拡大、喜び、優雅さを選択する自由があります。それは高速道路を車で走るようなものです。あなたは他の車に突っ込むこともできるし、分離帯に突っ込んで自分自身や相手を傷つけることもできます。たいていは、このようなことは選択しません。なぜでしょう? 常識または自明の理です。通常は、あなた自身にとって最大の利益となる選択をしたり、またはしようとします。

これは単にその拡大版なのです。あなたにとって、長い目で見たときに何がいちばん善いのかの選択なのです。あなた方は、常により大きな全体像を見ることができません。だからあなた自身の一部、あなたの「神自身」に整合することにより、それが見えるようになるのです。こうすることであなたがより善い選択、最善の選択をするのを助けるのです。これは基本的に利己的な行為ですが「神の智慧」は全体を見ているので、あなたにとっての「最高の選択」が関係者すべてにとっても最善となるのです。これが中国でタオと呼ばれるもの、または「道」なのです。

タオ

「タオ」と呼ばれる宇宙の流れがあります。タオは、すべての存在のエネルギーの流れとパターンからできています。創造されたすべての存在の選択の結果を反映していて、9次元の現実「神聖な母」の3つ目のレベルにあります。（詳細は179、180ページ参照）

外側の端は混沌としている、より低いより自己中心的な選択で、最もスムーズな流れの空間は中心にあり、すべてにとっての最善に整合したより高い選択が反映されています。この流れに私たちが整合すると、物事がすべてうまくいくのが分かります。私たちがその整合から外れると、飛行機の自動操縦モニタリングシステムのように流れに戻るよう人生から促されます。

この飛行機では、あなた方は意識的なパイロットとなることを選択しています。だから人生のこぶやあざはチェック・アンド・バランス・システムの一部であり、「人生の法則」としてすべてにとっての最善のために機会を最大化する、いわゆる「ゲームのルール」なのです。

ルールを知っていることは違いを生みます。トーマス・エジソンが、電球を作ることができない1万通りの方法があることを発見したように。でも、彼がうまくいく方法を発見したとき、それはそこに至るまでたいへんな努力をして得た知識の一片であることに気づくでしょう。1つのアイディアを進展させるために、発明家が何千もの使用方法を考え出すのを見てください。

クリシュナムルティは以前、そのことをこう表現しました「あなた方がしなくていいように、私はこの仕事をしているのです」。他の発明家がトーマス・エジソンの発明をもとにさらに発明を進展させたように、あなた方もこれらの考えの上にあなたの考えを築くのです。あなた方は電球を最初から再発明しなくてもいいのです。あなた方は単に部屋に入ってスイッチを押せばいいのです。あなた方が仕事、裁縫、読書、会話、発明、何をしていても、あなた方を助けるために光はそこにいてくれるのです。

あなた方それぞれが何がうまくいって、何がうまくいかないかを見出すために、何百、何千もの実験をしてきました。あなた方それぞれが、他の人々が成長し拡大し続ける「智慧」「真実」「愛」の基礎を築いてきたのです。

あなた方は皆、「恩寵」と「自己鍛錬」のユニークで優れた組み合わせなのです。

考えつくすべてのテーマの何百万という本を見回してください。あなた方1人1人の中には、等しく智慧があるのです。あなた方それぞれには、あなたが分かち合うべき贈り物、あなたが習得したスキルを通じて人生に偉大なる奉仕をする能力があるのです。あなた方は皆、「恩寵」と「自己鍛錬」のユニークで優れた組み合わせなのです。

わたしたちはあなた方をこのように見ていることを、あなた方に知ってほしいのです。わたしたちはあなた方の美しさを見ています。わたしたちはあなた方の愛を見ています。わたしたちはあなた方を見て、あなた方を愛しています。

親愛なる皆さん、あなた自身を見ることを始めてください。鏡を見て「あぁ、〈神〉はこのように見えるのですね。これが〈神／女神〉が選択した地球上での表現です。私は〈アイ・アム〉になれます。〈神〉の手、ハート、体が私らしさを分かち合うためにここにあります」と言ってください。

おそらくあなたは、「どうしよう。どこから始めればいいのだろう？　いったいどうやって？　私はまだそんなことができるほど善くはないのに。後2年、後4年、後10年学校に行ったら準備が整うかもしれない。もう少し祈ったら、教会に行ったら、修道院に入ったら、私はそれができるほど善くなっているかもしれない」と考えるでしょう。

愛する皆さん、あなたは今のままで完璧なのだと想像してください。あなたは、あなたが会う人にとって完璧、あなたが共に生活をする人にとって完璧、ただあなたであることが完璧なのです。あなたは今現在、その日の課題をこなすのに必要なものはすべて持っているのです。

あなたは、まさにあなたであることで完璧なのです。

そして、まだ改善の余地はあるのです。わたしが気に入っている「天国」の定義は、「天国」では、すべてが完璧です。そしてまだ改善の余地があるのです。より多くの訓練、より多くの祈りが役に立つでしょう。より多くの遊び、より多くの仕事が役に立つでしょう。いつでも、今日――この瞬間――そのものが完璧なのです。

無限はとても長い時間です。さまざまな体験のすべてを探検する時間はたくさんあります。あなたはどの方向を選びますか？　今、「地球」では「家」に帰る時間です。「神」の「ハート」と「マインド」の中へと戻る旅が始まったのです。

「家」に帰る時間です。あなたは準備ができていますか？　選択は簡単です。それは「愛」を選択することです。もうすぐ「愛」の周波数はとても強くなり、愛するものだけが留まれるようになります。これは亡くなった人の愛が十分でなかったということではありません。愛以外を選択した人は、彼らの学びを続けるために、より濃密な周波数にある他の惑星系を見つけなくてはならないのです。彼らでさえ、「愛」が留まるために来たときに、この「地球」の最期の日々を魂に取り込むでしょう。

彼らは思い出すでしょう。彼らは他の濃密な領域で愛する人となるでしょう。彼らは、将来のある日に教師となるでしょう。彼らの憧れが、彼らの世界の領域に「1つの愛」を呼ぶでしょう。

それでは「地球」は栄光の輝きと共に消えるのでしょうか？　あなた方は銀河のロト・ゲームに勝ったのです。次は何が起きるのでしょうか？

アセンション後には、何が起きるのか？

よく知られている仏教の名句です。

悟りを得る前は、
薪を割り、水を運ぶ。
悟りを得た後は、
薪を割り、水を運ぶ。

世界で生きる体験は失われません。けれども、物事はかなり違ってくるでしょう。しばらくの間は、異なる現実にいる人々と協力して生活し働くでしょう。そのような生活をしてください。あなた自身の「神聖な目的」を表現する喜びが「神の顕現」であり、その栄光に加わりたいと他の人々も望むようになるように。

目の輝きはいつ起こるのでしょうか――もしくは、これは「地球」の40万年に相当する宇宙の1日の出来事なのでしょうか？　目の輝きのある人々は個人として、すでにこの奇跡を経験しています。惑星としての瞬間は、もうすぐ訪れるでしょう。まだたくさんの驚きが待っています。

あなたは、まさにあなたであることで完璧なのです。

4章 「魂の星」の目覚め

「母なる／父なる神」が語ります。

今日は皆さんに、神にも「ユニティ」があることをよく理解してもらうために来ました。この「宇宙」の「神」にまで、分離の学びは拡がったのです。

ここでは、二元性が体験されました。この宇宙は、「地球」上のアダムとイヴで表現されたように「陽と陰」、正と負の極性、善と悪の学びを引き受けたのです。

祝福された人々よ、あなた方はそれぞれが一筋の「光線」であり「わたしたちのエッセンス」の個人的な表現なのです。あなた方はそれぞれ、二元性の課程を詳細に計画して、いくつもの人生でこれらの学びを体験してきました。そして今、卒業のときが来たのです。

あなた方は、分離を探求する膨大な学びの一部なのです。

あなた方は、分離を探求する膨大な学びの一部なのです。「地球」に移住してから、あなたとあなたの「源」との間の意識的な距離はどんどん離れていき、最期には「わたしたちはひとつ」であることを完全に思い出せないところまで人生の探求は続きました。

「地球」自身は「宇宙」で起こっていたことのテンプレート（ひな形）として活動していました。あらゆるレベルの意識——最も低いもの（岩や微生物）から、最も高いもの（宇宙のアヴァター）まで、最も堕落したものから、最も高尚なものまでがここで表現されました。ラマ、クリシュナ、ブッダ、イエスが最も高い例で、カリギュラ、ヒトラー、イジ・アミンはその反対の例です。

あなた方はそれぞれ「源」からの分離を体験しました。あなた方の多くがここ「地球」で映し出されたようなさまざまな地獄の領域に落ちた感覚を体験しました。

愛する皆さん、あなた方は素晴らしい勇気を示してきました。しかし、どんなに深く忘却の中に落ちようとも、あなた自身の意識の中で「神」からどんなに離れていようとも、それでもわたしである「アイ・アム」は、常にあなたと共にいることを今あなた方に伝えます。今こそが「偉大なる帰還」のときなのです。わたしたちはあなたを「家」に呼び戻します。

今こそが「偉大なる帰還」のときなのです。わたしたちはあなたを「家」に呼び戻します。

「地球」はわたしたちからの極点（遠地点）に達しました。回帰は1977年10月11日に始まりました。この日はどういうわけかあまり目立った日ではありませんが、挙げるとすればこの日です。最初の2、3年は静止点で何の変化も見られませんでした。「地球」上での時間の感覚と「神」の時間の感覚は、かなり違います。「宇宙の1日」は、「地球」の数千年にあたります。この違いは、あなた方の聖書の解釈にある混乱をもたらしました。

そうです、あなた方は「神」の「時間」の経過を経験しています。あなた方はすべての同時性に気づいています。あれとこれと原因と結果を学ぶことは、初め、途中、終わり、前と後の感覚を要します。あなた方もまた他の「宇宙」も含む広大な意識の一部ですが、それはまた別の話です。

分離は多くの形態をとります。「神」があなたや他の人が起こしたかもしれないひどい過ちを許せないと考えるのであれば、それは「違う」とわたしは言います。わたしは、あなたが「わたし自身」の一部だということを知っています。あなたの体の一部が傷ついているときは、あなたはそれを救うために最善を尽くすでしょう。極端な場合は、手や足の全部、血管、神経、筋肉の1つ1つを、注意深く再結合するように縫い直して、わたしがあなたの中に創造した分離を癒す奇跡が起こるのを待つでしょう。

今、わたしは意識のあらゆるレベルにおけるわたしたちの間にある分離の感覚を癒す奇跡を呼び出します。ある意識のレベルでは分離は決してありませんでした。そのレベルは、あなたの「守護天使」や「ハイアーセルフ」のいるこのレベルです。「源」からの分離を全く知らないあなた自身の部分に、この瞬間つながってください。あなたのその部分、あなたの「オーバーソウル」は、あなたがそうなるようにと造られたあなたの完璧なイメージである「神聖な青写真」を保っています。

これがあなたの「キリスト自身」なのです。「キリスト自身」につながることでミケランジェロが描いた「神」とアダムがお互いに手を伸ばしつながる絵のように、あなたは「オーバーソウル」があなたに触れるのを許すのです。この接触が起こると、あなたは意識的に「人生」の流れを受け入れることを許すのです。あなたは、あなたの「神聖な性質」と再びつながることを意識的に許すことができるのです。あなたの体の周り全体に「光」のマトリックスがあるのを見てください。そしてあなたの肉体、感情体、精神体、エーテル体のすべての細胞、原子に、あなたの「完璧な青写真」に完全につながるよう依頼してください。あなたが依頼すると、あなたの体の細胞や原子は自らを再構築し始めるのです。

●エクササイズ4－1　神聖な青写真

（声に出して）「私は今、私の肉体、感情体、精神体、エーテル体（4つの低次体）のすべての細胞、原子が、私の完璧な〈神聖な青写真〉と完全につながるよう依頼します。〈神様／女神様〉感謝します。そしてそうありますように」

恐れからではなく、潜在意識のすべての条件づけまでも含むすべての意識のレベルで真の理解を回復するために、あなたはこのエクササイズを好きなだけ繰り返すことができます。また繰り返すことによって、この思考を集団的無意識層に拡げ、世界へ奉仕することになります。

多くの人がこの段階を意識的に行い、また他の多くの人々は無意識で行ったことを今指摘したいと思います。あなたの周りで禁煙した人たち、強いお酒からミネラルウォーターやニンジンジュースに切り替えた人たち、エアロビクス、低コレステロールの食事、ウォーキング、ジョギング、オーガニック・フードを始めた人たちの数に注意を向けてください。

この傾向は続くでしょう。単に健康的なライフスタイルを意識的に選択するだけでなく、あなたの存在の全細胞を「源」との絆に再びつなげると、あなたの想像を越えた遥か先へとあなたを連れていくでしょう。

イエスは、あなた方すべてにどのような可能性が眠っているのかを教えるために来ました。体を完全に治す能力は、あなた方1人1人の中に今あるのです。本来、体は永久に健康を維持し続けるようにつくられています。ところが今では、あなたはあなたの周りの人が時にはひどい怪我や病気で死ぬのを当たり前のように見ています。

ある人たちは、肉体を完全に「再生」し、「アセンション」する方法を今、探求しています。

現在、癒しと若返りの潜在能力を完全に活性化する方法を探求している人たちがいます。彼らは若返りの法則を探求しているのです。これはイエスが示した典型の一部で、彼らはイエスが示したようにできると信じています。重要な法則は、思考、言葉、行動の力です。あなたの意識が「愛」と「真実」の「神聖な法則」の歪《ゆが》みに向けられると、あなたの体は歪みを反映してしまうのです。あなたの意識が最も高く、最も尊い（最も全体的な）「真実」と「愛」の理解に向けられれば、あなたの体はそれを反映するのです。

あなたの注意が最も高く、最も尊い「真実」と「愛」の理解に向けられれば、あなたの体はそれを反映するのです。

とても強力な宣言の1つは「私は〈復活〉であり、〈命〉である」。そして「私の腕、（足、背中など）です」と加えてください。これは春の新月のころに、とても強力な「地球」の「復活」の法則を呼び出します。「復活」のエネルギーは、あなたの今の意識のレベルで、あなたの肉体を最高に機能させてくれます。復活のエネルギーは、あなたを次のレベルへと上昇させる「アセンションの光線」に先立ちます。

これは一晩で起こるプロセスではありません。多くの人にとっては毎日の選択なのです。二元性における私たちの学びの一部として、かつては善悪を選択しなければなりませんでした。今や学びは善いものからさらに善いもの、さらに善いものから最高のものを選択するという学びになっています。学びは徐々に起こるプロセスなのです。

ガイ・バラードのセイント・ジャーメイン・ファウンデーションを通じて示した概念と、アイ・アム・プレゼンス（神聖な自身）に関する教えに続き、現在肉体を完全に「復活」し「アセンション」するとはどういうことかを探求している人々がいます。それは「源」に帰る旅の一部なのです。何千人もの人々がたった今、人生、考え、言葉、行動を検証し、それらを毎日、あらゆる瞬間により偉大な「愛」と「真実」の表現に直しています。

あなたの旅のある時点で、あなたはキリストのオーバーソウルと統合します。統合すると、もう分離はなくなります。「源」と「すべての命」と「ひとつの意識」に帰る広大な「個人の意識」の続きである「オーバーソウル」のあるレベル、そしてその上のレベルと次々にあなたが気づくにつれ、旅は続くのです。

「キリスト意識」は4つの低次体（肉体、感情体、精神体、エーテル体）と「アイ・アム・プレゼンス」（「ブッダの意識」「父なる／母なる神」と「ひとつ」になっている状態、「タオ」「聖霊」）とをつないでいます。すべてがあなたの「オーバーソウル」の部分なのです。

「わたしを通らなければ、だれも父のもとに行くことができない。」（ヨハネによる福音書14章6節）とイエスは言いました。「彼」の言葉の意味はこのようなことです。「アイ・アム」である私、「父と母」（6次元以上）の領域に入れるようになる前に、あなた方は低次の領域（肉体、アストラル体、精神体、エーテル体）からキリスト意識（5次元）へとあなたの意識をシフトしなくてはなりません。

「アイ・アム」は膨大な「輝く存在」で、ここ「地球」にいるあなたから素晴らしい「神聖な本質」へとつながっています。あなたはそれを魂の系譜と考えるかもしれません。

さらに、「すべてであるもの」と完全に「ひとつになっている」状態は、仏教で「無我」と呼ぶ無個別の状態です。けれどもあなたは、あなた固有の人生を生きるという表現をするための独特な贈り物を持って、今ここに個別化した体の中にいます。

若返りの概念と「神」の意識について、いくつかのアイディアを皆さんと分かち合いたいと思います。あなた方の「魂」が分離を探求していた長い年月ではある種の退化が顕著でした。

それらの分離と密度を増加させたエネルギーとパターンは、裁き、非難、復讐の念、強欲というあなた方が否定的と呼ぶものですが、大半はあなたの本当の気持ちを否定したり歪みから行動することです。これらは往々にして罪悪、罪、破戒と呼ばれました。

あなたを「源」へ完全性に連れ戻し、あなたを高揚させるのは、喜び、許し、平和、信頼、望み、愛、分かち合い、笑い、そしてこれらの体験、思考、気持ちで徳や戒律を守ることなのです。わたしたちはあなたの癒しや変容のために、最も単純でやさしい方法を与えて長い間助けようとしてきました。

著者のコメント——私自身の霊的な目覚めで、親しみのある存在と親しみのない存在（イエス、聖母マリア、聖《セイント》ジャーメイン、観音様、ロード・サナンダ（用語解説）と彼のオーバーソウルのロード・スナンダ（用語解説）、イシス、そして「母なる／父なる神」と「ひとつ」の意識になっているロバートという中性的な存在）とのつながりを見出しました。この旅は、他の宗教を調べることではありませんでした。「神」を見出すために、私の「存在」の深さを探ることでした。私が見出したものは、私の幼少時における宗教の教えの制約や期待を超え、さらに私を拡大するものでした。まだまだ見出すものはあると確信していますが、イエスのお互いに愛し、愛することを学ぶという教えを受け入れると、キリスト教は私にとっては大いに役に立ち、私は私「自身」を発見したのです。

同じような旅で彼ら「自身」を見つけた人と話していると、私たちは神話としか思えないようなゼウス、アテナ、クリシュナ、観音様が、天国へと続く広大な私たちの部分であることに気づきました。私自身の「魂」のある部分の答えがそれらの中にあることを見出したのに、どうして他の宗教を毛嫌いすることができるでしょうか?

魂の星の目覚め

人類に散りばめられたのは、「宇宙」の広大な星系の「セントラル・サン」を表す魂である1万の「星の種」です。

「星の種」これは興味深い言葉です。花の種が花になるように、「星の種」はある時点に発達したら「星」に、「生ける太陽」になるのです。この進化の段階を特に皆さんと分かち合いたいと思います。数としては比較的少ないですが、あなた方の活動は広大な遥か遠くにある星々にまで影響を及ぼすでしょう。光り輝く表現の時代が来たのです。

あなた方は自分が何者であるかをすでに知っている人もいれば、まだ知らない人もいるでしょう。さまざまな「ライト・ボディー」のクラス、ワークショップ、霊気、ヒーリング・グループ、自己探求などを通じて準備をしてきた人もいるでしょう。

また他の人たちは自己の癒しや魂の拡大に、目立たないけれども劣らず深く地道に取り組んできました。「カー」経路を浄化し、活性化することに導かれた人々は、「魂の星の目覚め」に直結する段階にいます。

(カーとバーに関する詳細は、アモラ・クァン・インとプレアデスの光のワークを参照)

「星の種」でない人々は神のさまざまな形態が、あなた方に信じられないほど多くの表現の可能性を与えてくれたことを知っています。あなた方1人1人は、「神の完全性」の中で拡大し、表現するためにあなた固有の完璧な道を選んだ魂として、それぞれの道において素晴らしい存在なのです。

光のメッセージ

ここ数年、移行段階において「地球」が「宇宙」から「光」を受け取っていたように、今体が加速し、浄化され、調和され、もうすぐ生きた「太陽」として突然現れる「星の種」から「光」が広がろうとしています。「地球」から1万の「神の太陽」が輝くでしょう。彼らは内側のレベルで集団としてつながり、今「地球」で成就されようとしている変化の引き金となるでしょう。そして「地球」自身は「光」にコード化されたメッセージを振動させ「源」に送り返し始めるでしょう。

これらのことは目に見える領域ではほとんど何も起こりませんが、いずれにしろ起こることなのです。送られるこれらのメッセージとはいったいどのようなものなのでしょうか？　この「光」とは何なのでしょうか？　「光」、メッセージは、この「宇宙」全体の電子パターンを修復し始める健康と完全性の周波数の一部なのです。

次にこの「宇宙」は、膨大な星のパターンの動きで満ちた生ける「テンプレート」となり、やがて多元的宇宙を再パターン化します。

歪みのパターンは、あなた方が「宇宙悪」と呼ぶもので、文明が持ちこたえ、さらに「愛」を拡げられると誰もが想定した範囲をはるかに超えて「地球」で経験されてきたのです。「地球」は十字架につけられ「復活」し、「アセンション」したのです。彼女は「宇宙の救い主」となったのです。これらの健康のパターンは深いレベルで、多元的宇宙の中で健康と完全性をやがて回復するでしょう。これはメルキゼデク司祭である「星の種」の業なのです。

多くの人が「地球」はならず者の惑星であり、望まれない者の居場所だと思いましたが、そうではありません。「地球」は隠れた宝なのです。あなた方の暗さを探求し、「光」をもたらすという積極性が「神」を含むこの「宇宙」の変容の重要な鍵となっていたのです。

諺《ことわざ》があります「暗さに潜むものがあなたを破壊し、光に回復するものがあなたの救いとなるでしょう」。これは今の「地球」にあてはまります。

１９９９年に惑星中のメルキゼデク司祭たちは、「宇宙」のテンプレートをリセットし始めました。ある人々は意識的に集まり、他の人々は内的レベルで集まりました。彼らはこの時代の最期の日が展開するにつれ、このグリッドを引き続き監視し更新するでしょう。

どうして「神」の創造物に歪みがありえるのでしょうか？　これはいい質問です。わたしたちにはまだ十分な答えがありません。それは変則的で電波の波長の山と谷の、谷であるべきところが山になっているようです。おそらくあなた方が気づいていない遥か遠くの創造物のレベルからのパターンがあなた方の中で引き起こされ、それらすべてのパターンが欠陥をもっていることが露《あら》わになり――修正を要求し、そうでなければ最終的に自己崩壊してしまうのです。成長、永久に拡がり続ける完全性が「創造の法則」なのです。

成長、永久に拡がり続ける完全性が「創造の法則」なのです。

善いもの、素晴らしいものと思われるものにもまだ改善の余地があるのです。あるパターンにはまってしまい最終的に制限となるものは「神の意志」には沿わなくなるのです。そこでシステムとパターンが存在し、あるものは微生物ほどに小さく、あるものは他の宇宙のように広大で更新が続くように、型にはまったパターンを破るために引き寄せられるのです。

おそらく、あなた方の意識で創造の全レベルを十分理解するときがまだ来ていないのでしょう。あなた方は、あなた方が達成したレベルとその前のレベルしか把握できないのです。

「地球」は新しいレベルに踏み出しています。わたしたちには何が起こるか正確には分かりません。この新しいレベルの周波数はとても速くて詳細が把握できないのです。まるで扇風機の羽のように動き消えてしまうようです。

それでも少しだけ、わたしたちも知っていることがあります。それがわたしたちが分かち合う、これから何が起こるのかというヴィジョンの一部だということです。

地球の変化

あなた方のおぼろげな過去の記憶の中に——あなた方の惑星のエーテルの記録の中に、古代の人々の神話の中にあった、直感でアクセスした——物語が浮かび上がったようです。

「地球」に重大な変化が起きたのです。大陸塊は上昇し、下降し、大陸は分離し、文明が興こり、滅び、消えました。

「宇宙」の視点からは、その偉大な時期は、より大きなリズムの一部であったのです。パンゲア、レムリア、アトランティスの時代が過ぎていきました。現代は再び大いなる変化の時点に向かって構築しているただ中にあるのです。

予言は聖書の預言、先住民族の預言、宗教の預言、サイキックなヴィジョンなど、たくさんあります。この時代は聖書では終末、この長い年月の終わりとして予言されたと認識されています。

地震、噴火、天候の変化が加速しています。何が起こるのでしょうか？　どこまで悪くなるのでしょうか？あなた方は生きのびるのでしょうか？

正確な詳細は常に変化しているようです。なぜでしょうか？　聖書のある預言を思い出したら、何が起こるかは人々が聴く耳を持つかどうか、彼らのやり方を変えるかどうかによりけりだということを思い出すでしょう。

「地球」の人々は、彼らの内なる智慧《ちえ》の声として、彼らのハートに話しかける「神」の声を聴いていました。これは個人として、社会として、あなた方の行いを改める必要があることをニュースのコメンテーター、環境問題専門家、健康啓蒙家、未来学者が語ることで強化されます。人々は自分の人生の宿題をしたり、心の引き出しを掃除したり、過去と現在の問題を癒し続けています。悲観論者たちが物事はどのようになるのかを述べたにもかかわらず希望があるのです。かなりの希望があるのです。

予言されていた主な戦争と破壊は起きないでしょう。核兵器によるホロコーストは避けられました。超大国の国々は、災難の淵から遠ざかっています。まだ変化やあるパターンは実行されますが、それらはかなり悪化したかもしれないのです。

地震の予知に従っていた人々は、予想されていたよりも大幅な遅れが生じていることに、そして起こったことは予想されていたよりもずっと軽減されていることに気づくでしょう。

2003年が明け、拡大の歪みや収縮が個人のライトワーカーに見られました。

拡大はあなたの意識を「光」「愛」「明確さ」「叡智」「至福」の新しく快い領域に拡張する喜びの自然な働きとして起こりました。収縮は新しい理解と過去の頑《かたく》なに持ち続けている信念が対立したときに訪れます。例えば、「ああ、私にはそんなことはできないわ！　それは優しくないし、親切じゃないし、女らしくないし……」「安全な生活をするには家族のルールに従わないと」「ルール（自分のハートや内的な叡智ではなく）に従っていれば大丈夫、安全で、救われて、愛されるわ」のように。

地震や台風などの自然災害は、あなた方の価値感や信念に直面させます。あなた方はそのような緊迫した出来事を劇的なレンズを通して、深く感心する人々や明らかにあなた方の願うようには動いていない人々を見ることができるのです。

最初にあなた方は、どちらがもう役に立たないのか、どちらがあなた方の深い真実と矛盾するのかを明確にしなければならないのです。

同様に、この時点で古い宗教上、家族、社会などの信念は完全に手放さなくてはなりません。それらに価値がないからではなくて、制限された意識の時代に築かれたからなのです。どんなにそれが善く、正しく、真実に思えても手放すにつれ、3次元の意識の一部として必要だった見えない制限から自由になり、手放した信念のより高い道理を受け入れるのです。あなたが5次元に完全に現れるためには、3次元の概念を手放すことは不可欠なのです。このステップは多くの信頼を必要としますが、このエクササイズを可能であれば毎日試してみるよう勧めます。結果に価値があることが証明されれば、あなたはその価値を知るでしょう。

弟子のパウロはかつてこう言いました。「彼らの果実により、あなたは彼らを知る」

●エクササイズ 4－2　「古い信念」を手放す

朝に、あなたの「ハイアーセルフ」に、どの信念を手放すべきかを教えてもらうように依頼しましょう。声に出して「私は今、この信念［　　　　　　　　　　　］を、私の肉体、感情体、精神体、エーテル体、霊体にある私のすべての記録、記憶、パターン、痕跡から消します。私は、〈紫の炎《ヴァイオレット・フレーム》の天使〉に、この信念を私の意識、潜在意識、超意識のマインドから浄化し、取り除き、変容するように依頼します。私は手放します。私は手放します。私はこの信念に関連するすべてのコードを切り、〈紫の炎〉で燃やし、それらの源に返します。私はこの信念に関連したすべてのパターン、思考から自由になり、すべてを完全に浄化し、変容し、純粋になるように依頼します」

さあ、優しくあなたの体をスキャンしてみましょう。この信念に関連したエネルギー・パターンを持っている体の部分に気づいたら、浄化し、そのエネルギーを手放しましょう。

スキャン――これはあなたの想像の中で行われ、自己の気づきと最適な健康状態を維持するのにとても強力なツールです。あなたの足から穏やかに始め、あなた自身の分別を信じてください。不自然なもの、暗い、収縮した、色あせた、何かおかしいと感じるものを見つけてください。ゆっくりと注意を下から上まで向けてください。両足を見たい場合は、片方ずつ見てください。痛い場所、熱い場所、あるいは冷たい場所に気づくかもしれません。もしあなたが音の方により敏感であれば、音のトーンの変化や不協和音に気づくかもしれません。色の領域やシンボルを見るかもしれません。このエクササイズでは、あなた自身を信頼してください。

あなたの「ガイド」と「天使」にあらゆる歪みを取り除き、すべてのエネルギー・パターン、あなたの体の構成を引き上げ、完璧な健康状態となるように依頼してください。もう必要としないエネルギーをあなたの手ですくいとったり、押し出したり、引っぱったりして協力してください。すべての否定的なものを取り除いたら、完全に変容させるため紫の炎の中に置いてください。

取り除いたり空にした部分を満たすように、白、金色、ピンクの光を呼び出してください。この信念に関連する最も高い理《ことわり》と新しい理解を受け取るように意識的に意図してください。

声に出して「そうなりました。そうなりました。そうなりました」「神様／女神様、ありがとうございます」と言って感謝してください。


ここであなた方に、ある理解について話したいと思います。あなた方は個人として、肉体、感情体、精神体、霊体または本質を持っています。

あなた方は肉体、感情、思考には慣れています。それらがどのように存在しているのか、あなた方が最も慣れている肉や骨のように触れて分かるもののようにはっきりとしたものではありませんが実質的なものとして説明させてください。

あなたの肉体はよく知られている構造です。それはエーテル体と呼ばれる電子パターンも持っていて、あなたの体の周りをぴったりと覆い肉体に浸透しています。エーテル体は物質よりも高い周波数を持つので、粒子がお互いにぶつかり合わなくても同じ空間に存在することができるのです。これがオーラの物理的パターンなのです。

より高い周波数では、感情（アストラル）体の電子パターンが肉体を囲み、肉体に浸透しています。これらのパターンを見ることができる人は、感情の起伏で常に色が変わっていると報告しています。

さらにもう少し外側には、前の層すべてに浸透した精神体がより高い周波数にあります。肉体の周りにあるこれらの高い周波数の光のパターンがオーラと呼ばれています。

「地球」も同じような種類のパターンを彼女の周りに持っていて、それは人類と惑星中の他の生命体の集合的なフィールドからできています。

あなたの精神または感情のフィールドに歪みがあるとき、それは肉体の病気や怪我などの表現をもたらし、「地球」の周りにある集合フィールドに加えられます。「地球」上に集団的歪みがあるときは、最初に政府の崩壊、社会・倫理的価値感の弱体化、戦争、最終的には地震、飢饉、洪水、火事や台風などの大きな物理的な出来事に発展します。

精神レベルで病気や歪みのパターンを癒すワークを自分で行っているときは、その歪みは感情体や肉体に移ることはありません。感情の歪みに取り組み、動きや癒しを許すときは、その歪みは同様に肉体に移ることはありません。傷を負ったり病気になって健康を回復したときは、これらの歪みを

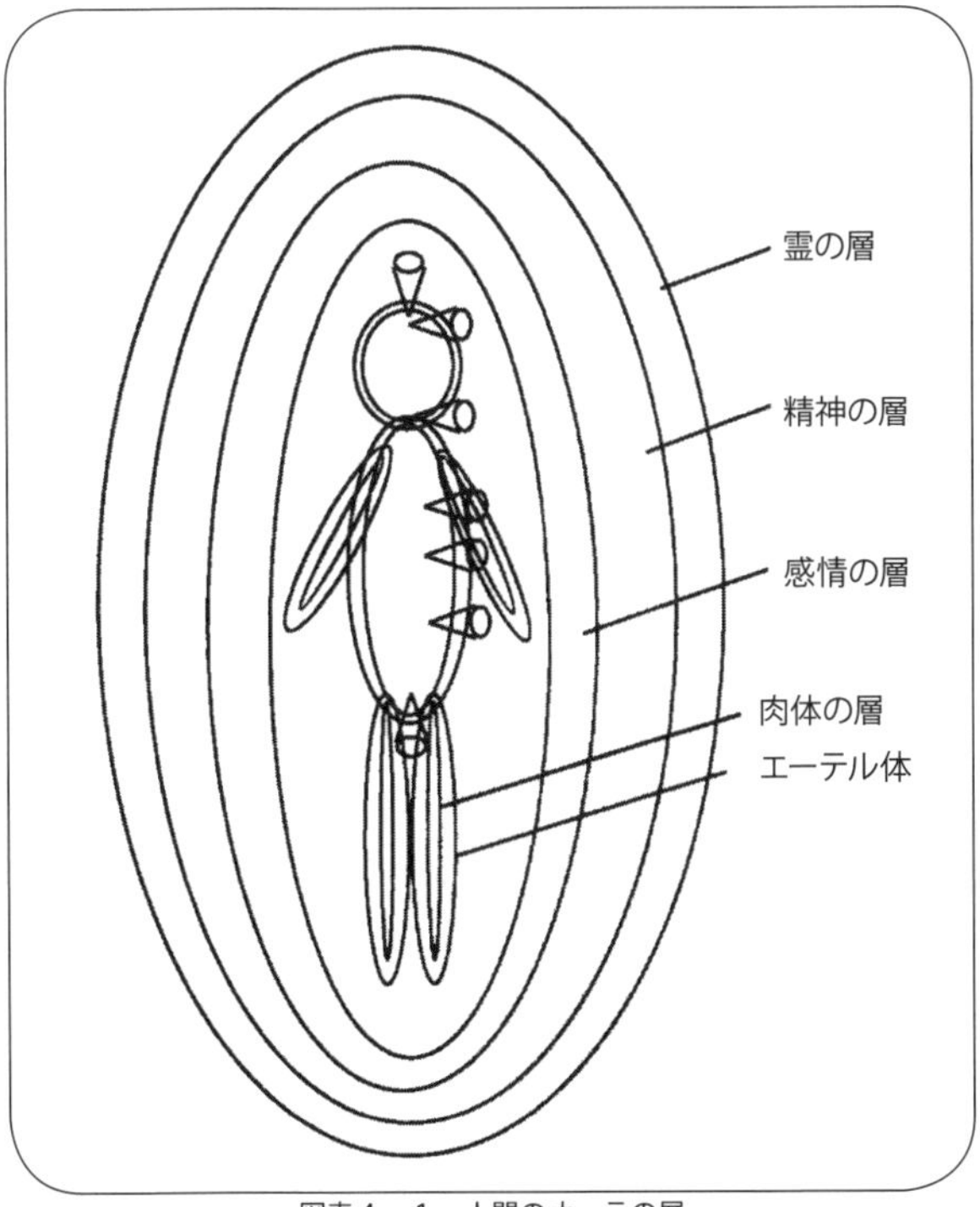

図表４－１　人間のオーラの層

取り除いているのです。あなたや他の人が思考、感情、体の癒しに取り組まないのであれば、「地球」が行う必要があるのです。

精神レベルで歪みのパターンに取り組むときは、病気や痛みは感情体や肉体に移ることはありません。

あなた自身がこれに取り組み、そして十分な数となる多くの人が行なったら、「地球」のオーラ・フィールドに影響を与え、「地球」のあらゆるところで地震、津波、洪水などを生じさせる必要性を実際に変えることになるのです。

1987年から、「地球」の振動はますます速くなっています。それらの歪みのパターンは「地球」のエーテル・フィールドの密度が濃かったときは耐えられたのですが、もはや安定せずそのパターンに関連しているものは崩壊しているのです。

隠されていた物事が露わになり、多くの人が行動を改めているのです。

乱用は、もう見えないもの、無視されるもの、受け入れられるもの、我慢するものではないのです。偏見は通用しません。オゾン層はだいじにされるべきなのです。

海はもう、あなた方のゴミを吸収できません。まっとうな人々にとって戦争はますます実行可能な選択肢ではなくなっています。私たちは平和、自分の価値、そしてもっと多くの方法を学んでいるのです。子供やお年寄りは思いやりと尊敬に値する存在として扱われます。あなた方はお互いに、他の生命体すべてと信頼し合うことを学んでいるのです。

まだこれからの道のりは長いです。この癒しのプロセスをかなり速く走っているように感じている人もいるかもしれません。そしてそのペースはまだ加速しているのです。

「新しい時代」である「平和の黄金期」に進むためには、あなた方は個人として、社会として、惑星として表現されたネガティブなパターンをすべて取り除かなければならないのです。

「平和の黄金期」に進むために、あなた方は表現されたネガティブなものをすべて取り除いているのです。

現在の「地球」の地理的パターンは、以前の文化における大量の歪みを反映し創造されました。あなた方が癒され「地球」が癒されると、「地球」はその健全さを反映した位置に整合しなくてはなりませんが、それは自然で、むしろ良いことなのです。そして癒されないままでいることで「地球」の変化を回避することはできないのです。これらの変化は起こりますし、すべてはあなた方の究極の善のためなのです。

自分自身の内側とあなた方同志のお互いの関係において、そしてすべての命との関係において、最大の健康と完全性に最善を尽して整合することが、あなた方にできることなのです。あなた方がハートで注意深く聴くことを学ぶと、神聖な内なるガイダンスを聴き「神」の囁《ささや》きや道案内に従うことができます。

ペースが加速し、変化が集中してくると、祈りや人生を祝福することを忘れないことが極めて重要になります。起こっていることに不満を持ったり、悪態をつけさせ続ける目に見えない影響がたくさんあります。素晴らしいと感じられなければ、ネガティブな影響を確認してひたすら取り除いてください。

「神」があなた方を、つばめや野に咲くユリのように、常にだいじにしているという約束を信じて生きるとはどういうことかを探求し続けている人もいます。

ここに「原理主義者」と「ニューエイジ」の共通点がたくさんあります。彼らは同じように「神の意志」

を知り、従うことに献身的なのです。選択する人により、正しい方法が違うだけなのです。両方とも正しく有効なのです。どちらかが間違っていてどちらかが正しいということはなく、選択から学び成長しているので、両方ともおそらくそれぞれの過ちを起こしているのです。

惑星のキリスト

何千年も前、「地球」の人々が自ら「光」を保てるようになるまで「光」を保つのを助けるために、14万4千人のボランティアが「金星」から「地球」に来ました。この人たちは世界中にいる選ばれた惑星のキリストです。惑星全体から見ると、これらの人は「光」の柱となって見え、「地球」のさまざまなオーラの層を通過して「地球」から5次元の層へと伸びています。それぞれが神聖な集団のフィールドで「光」の焦点を保っています。

今、さらに多くの人が助けに来て、さらに数え切れないほど多くの人が「地球」にいる間にこの意識のレベルに到達しました。彼らはすべて同じ役割を担っています。これらの「光」の柱は皆「キリストのグリッド」または地球の「神聖な青写真」につながっていて「地球」の錨やコネクターになっています。

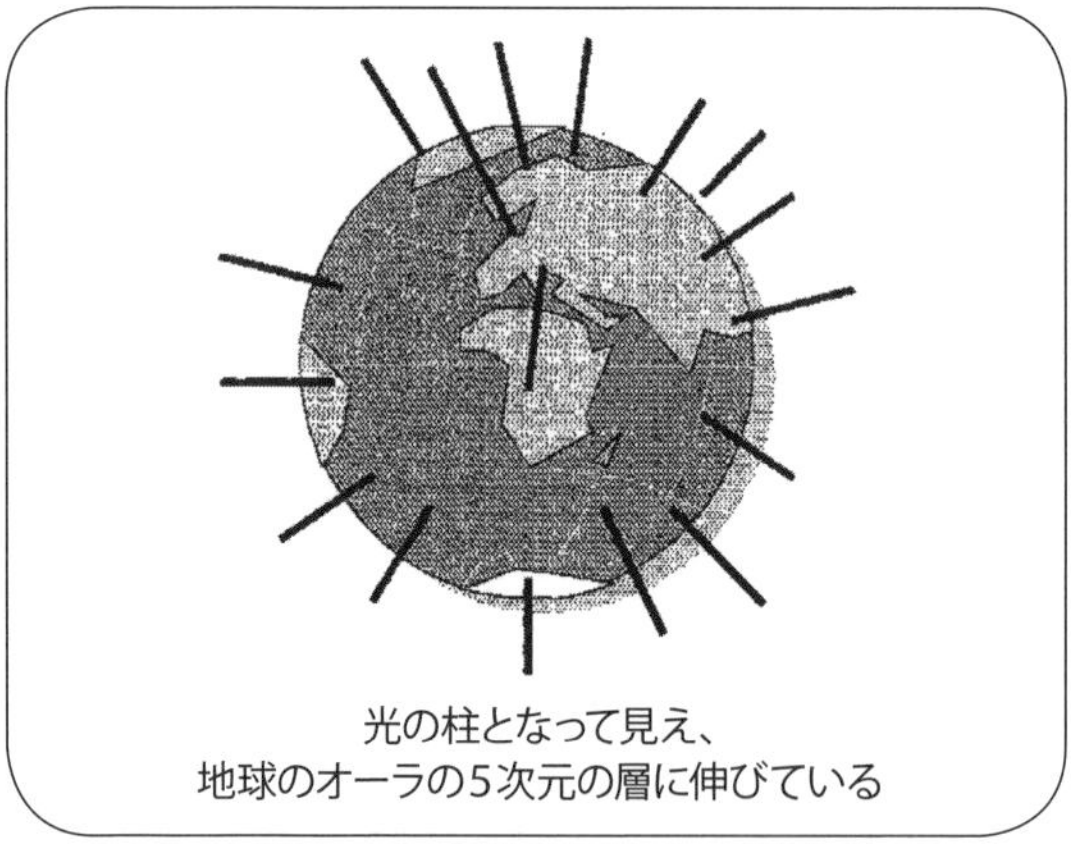
光の柱となって見え、
地球のオーラの5次元の層に伸びている

図表4－2　「惑星のキリスト」の焦点

この「地球」のオーラの5次元の層にあるエーテルのパターンは、実は次の時代の新しいパターンを持つ「神聖な青写真」で、今までの大量の歪みを蓄積したパターンと完全に置き換えられます。これはまるでＤＮＡのようで、完璧に自ら再現しますが、さまざまな危険や「時間」で損傷することもあるのです。

この新しい「青写真」は今、完全に活性化し、過去とはかなり違う安定を創造しています。過去において、安定は堅苦しい構造でした。あまりに多くの変化がもたらされると社会全体の構造が崩れてしまうことが知られていたので、変化を起こそうと求めたものは往々にして迫害の対象となっていました。これが大量の恐れと抵抗を生みました。

新しい構造は成長志向です。あなたがより深いレベルのユニティ、調和、愛することに啓《ひら》かれるようになると、これらの新しいレベルの拡大した意識の中で過ごすのを選択するようになります。

思いやりと美しさが、今まさに花開こうとしているのに気づくでしょう。あなた自身と他の人に対する大いなる優しさの時代なのです。大いなる安全と優しさの中でのみ、最も繊細で完全な花のように自身のこの部分は拡大し開花するのです。

あなた自身と他の人に対する大いなる優しさの時代なのです。

同時に、この安全と優しさとは正反対のように思われる外部の環境を経験するでしょう。「地球」自身が展開し開花するように、あなた方の「存在」の中にこれらの質を保つよう呼びかけられているのです。あなた方が惑星中でハートとハートで、魂と魂で「ひとつ」になると、この新しいフィールドを保つ能力をお互いに強化するのです。

キリストの「存在」にハートとマインドを通じてつながっている「光のネットワーク」を惑星中で見ることをあなた自身に許してください。

この集団の美、優しさ、愛、繊細な思いやりの新しいフィールドでくつろいでください。このフィールドまで遠い旅をしてきた人は鉄よりもずっと強いので、脆《もろ》い場所ではありません。彼らの存在のダイヤモンドの輝きは「地球」で何百年間も火と圧力で浄められたのです。あなた方は毎日、あなた方のダイヤモンドの本質の面を精錬し磨いているのです。荒い角は磨かれ、すべての面が完全な美しさをもたらしているのです。

この新しい周波数を保つと、惑星中で安定が築かれます。あまりに多くの変化が起きていて、時には一見混沌を感じることにあなたは気づいているかもしれません。ある日はこの道、次の日は別の道、そしてその次は、また別の道というように惹《ひ》かれます。一見何の関連もなさそうな流れは、いくつかの光線または光の流れの注入によるものと同時に、今まで地球上では存在していなかった次元の周波数との融合によるものなのです。

新しいパターンは混沌ではなく、調和するように新しい光線をマトリックスと混ぜ整合させます。混沌は行き詰ったパターンからあなた方を解放する効果がありましたが、かなりの不確実性もつくり出したのです。新しいマトリックスに整合するように集団で働きかけることで、私たちは超構造（バスケット、タペストリーを編むように、またはクモの巣を作るようにより複雑なパターンがつくられる構造）の基本的な下層パターンを共に形成します。これらの新しいパターンは、前の構造よりずっと高い、光の周波数を持っています。その効果は、虹色またはメタル系マルチカラーの新しい紙に見られるようなものと同じものです。それはきらめき、動き、恍惚としていますが構造には深い安定と純粋さがあります。

ですからあなた方の生活の中で、この性質、より多くの自由、より多くの動き、より多くの恍惚を感じることができるのです。新しいレベルの快活さや創造性は社会に抑圧されることなく表現できるようになります。なぜなら、それらは基本構造の中では不安定さをつくり出すことはなく調和するからです。

実際、新しい構造は、その新しい構造から脱却し、そのまた先を超える創造的な表現を許します。それはまるで鳥が描かれ、命を与えられ、紙から羽ばたき、羽ばたきながら新しいパターンをつくり続け、自分の世界に飛んでいくようなものです。

最初に基本構造を創造するにあたり、わたしたち自身の間に愛の絆を築くことを許さなければならないのです。わたしたちは皆、この瞬間をずっと待ち望んでいたのです――わたしたちの惑星の新しいテンプレートを築く瞬間を。

基本構造を創造するにあたり、わたしたちはお互いに愛の絆を築かなければならないのです。

著者のコメント――これを書いているときに、私たち全員が「女神」、キリスト、「父なる神」、ブッダの一部であることを理解し始めていることに気づきました。私たちのこの惑星ではいったい何が融合しているのでしょうか？　それはまだ分からず、私たちにそれが明かされるプロセスの最中なのです。

惑星のブッダ

惑星のブッダ――「地球」のオーラの6番目の層は、1万5千の「惑星のブッダ」によって保たれています。それぞれが、平和、喜び、感謝、慈悲といった神聖な性質を表す集団のフィールドを支えています。「惑星のキリスト」は焦点を支え、「惑星のブッダ」のそれぞれが意識のフィールドを支えています。

あなた方は皆、これらの意識の状態をさまざまに定義していることをよく覚えておいてください。言葉で定義または表現しようという試みによってつくり出された混乱を超え、「光」の純粋な構造と奇跡に調和することがだいじなのです。

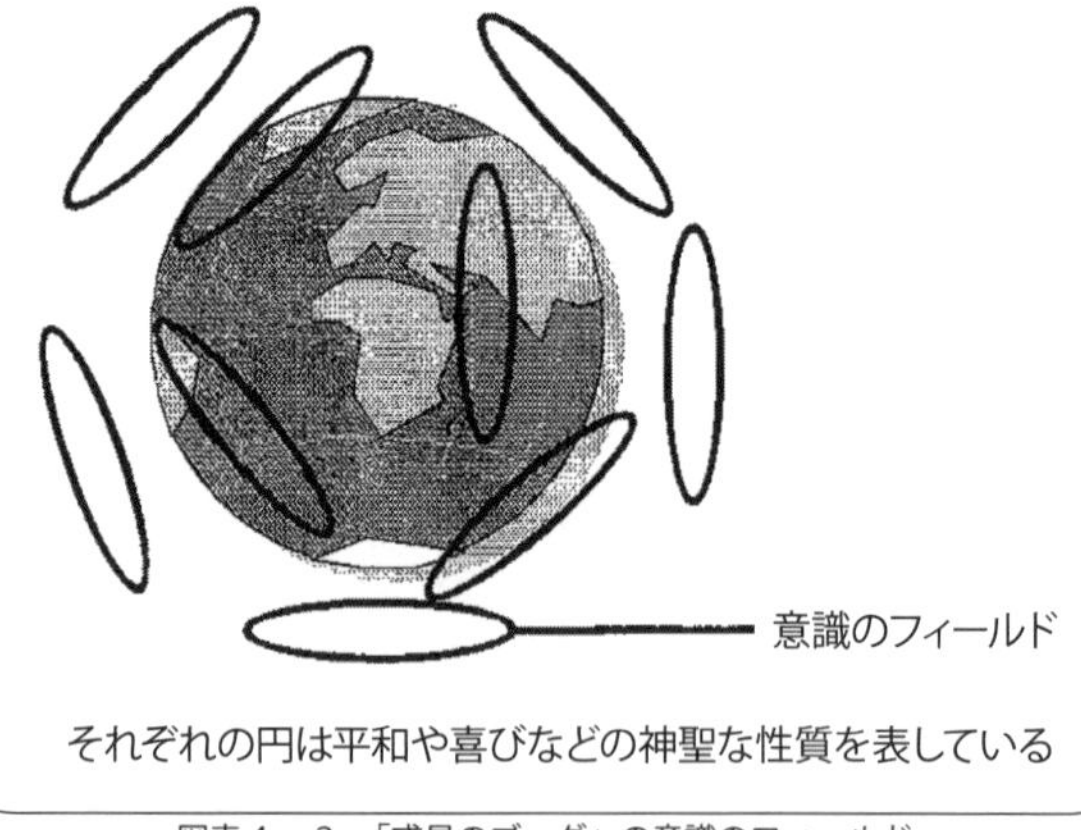
意識のフィールド
それぞれの円は平和や喜びなどの神聖な性質を表している
図表4－3　「惑星のブッダ」の意識のフィールド

著者のコメント――1997年レイバー・デー（訳注5＝アメリカ合衆国の祝日で9月第1月曜日）。私はその日早くから、キリストの再臨とイエスが栄光の雲に乗って来ることについて書いていたので、その日がレイバー・デーであることをすっかり忘れていました。午後、公園で誰かが空を指してこう言いました「あれを見て!」。この辺りでは珍しい形をした雲で、さらに珍しいことにその雲は、ピンク、ブルー、金色、緑色、薄い虹色を放っていたのです。おそらく太陽の現象だったのでしょうが、私はそこにある以上のものを見ていました。私にはそれがとても重要に思われました。「しるしと不思議なもの」だと思いました。その日の午後遅く、私はシャスタ山のパンサー・メドウに行きましたが、同じ雲がまだ空にありました（虹色の光はその朝、数分で消えてしまいました）。とても特徴的な形だったので、これは何かに違いないと感じました。それが何かをきいたところ、ロード・スナンダの指令船だと告げられました。
私は数年前、スイスのビリー・メイヤーに目撃され写真を撮られたプレアデス人の宇宙船について読んだことがありました。それと全く同じ宇宙船の形をした雲をその次の日に見ました。それは私に「こんにちは」と言っているように感じましたが、同時に雲は宇宙船ではないことも知っていました。ですから、私はそれが何を意味するのかを知りたかったのです。

私の内側の理解では、宇宙船は高い周波数の中に存在し、大気中の水分の粒子が船の電磁場の周りで凝結していたので、雲は船を私たちに見せていたのです。急にすべてに納得がいきました。物理学者が微細な粒子を調査するときに、微小であまりに短命なため他の方法では計れないときに使うのと同じ現象です。

物理学者はそれを泡箱《あわばこ》と呼んでいます。微粒子の存在を追跡し、その痕跡が気泡となって周りに着くのです。気泡は科学者が測定するのには十分なほど長くもつのです。これが納得のいく説明でした。いつか私たち全員がより明確な証拠を得ることを楽しみにしています。

このような「栄光の雲」の中に、「再臨」の1つの光景を見ると私は思っています。私たちが自身の内なるキリストの存在に整合するにつれて、私たちのハートの中で「再臨」の一部が起こるとも思っていますし、私たちが集団で「宇宙のキリスト（用語解説）」を私たちのハートに受け入れ、キリストにおいて「ひとつの魂」「ひとつの体」になるというのはどういうことかを学ぶと、「再臨」のもう1つの部分が訪れるでしょう。

２００２年の5月に、「神」に満たされた多くの素晴らしい存在がコロラド州デンバーで開催したキリストの「祝祭」に参加しました。このイベントに続き、空全体がこの虹色に光り輝く雲で何時間も満たされました。まるでこの理解が正しいことを知らせる美しい確認のように感じました。

私は「宇宙のブッダ意識」と呼ぶものがあるとも思っています。これもまた集合的な経験です。私は仏教徒として育てられなかったので、この「惑星地球」の上で「宇宙のブッダ意識」が表現されるにつれてそれがどのように見えるかを学び理解する基礎となるほど、私の背景に仏教の伝統的な教えはほとんどありません。これは別の「時」のサイクルでの経験となると思います。

世界の主要な宗教の伝統や教えの中にある偉大な贈り物について、まだ私たちが理解してないことがたくさんあります。この時代に生きて、何百年間も多数の宗教の伝統で（理解はしていないけれども）信じられてきたことが展開し、開花し、成就するのを見るというのは大いなる特権です。

5章 聖なる息吹

愛するロード・イエスが語ります。

愛する皆さん。

わたしをスナンダ、「地球」における体験の「最高司令官」、そして「愛」の「アヴァター」として知ってください。

あなたがこの言葉を読んでいる今、わたしはあなたと共にいます。わたしの「存在」を感じてください。わたしは「地球」、地球の内側、地球の上にいるすべてのものを満たし包む「愛」の「生ける表現」なのです。「わたし」を知り、「わたし」を感じるためには、あなたに完璧な体験をさせてくれるように、今ただ依頼するだけでいいのです。

あなた方の多くが、いまだに人生の体験に大きな悲しみを抱えています。ある経験は、痛み、怒り、すべての気持ちを閉ざす経験となっています。愛する皆さん、もうあなたの気持ちを否定して「地球」に留まることはできなくなってきているのです。苦痛の体験は、人生の流れに抵抗するから生じるのです。さあ、これらの障壁を優しく取り除くように依頼して「命」「神の息吹」があなたに入り、あなたを通過するのを許してください。

〈ミニエクササイズ〉

1息1息があなたの存在の最も奥深い場所を探し、そして妨げられているところを自由にし、縛られているところを解放し、傷ついているところを癒していると想像してください。わたしと一緒に、「聖霊」である「聖なる命の息吹」と調和して、呼吸してください。優しく、力まずに、深く呼吸をしてください。あなたの「存在」のすべての細胞、原子に「命」と「光」が触れるのを許してください。

しばらく（この指示を読んだら）静かに目を閉じて、ただ呼吸をしてください。善のために努力し「光」の中で成長し続けるあなたを待つ、わたしの「愛」を感じてください。

あなた方の多くが、今生で大きな進歩を遂げました。他の人たちはあなたの成長や拡大を始めたばかりです。あなた方1人1人に、あなたの人生は「愛」「喜び」「叡智」「豊かさ」の中で成長し続けることを、わたしは個人的に保証します。

あなた方が成長し、1人1人が「人生」の貴重な贈り物をあなたらしいやり方で日々の活動で分かち合う様子を見ると、わたしの「喜び」は飛躍的に拡大することを、今あなた方に伝えます。

これから「地球」で起こる変化を恐れる必要は〝全くない〟のです。もしわたしがあなたに、新しいすてきな友達、「幸福を見出す能力」の驚異的な体験、あなたが長い間待ち望んでいた予想外の贈り物と出会うために「ハワイやあなたの好きな場所への旅行に招待するのでわたしと一緒に行かないか」と尋ねたなら、皆さんが「はい！」と言ってくれることを望んでいます。愛する皆さん、あなたの人生は宝くじに当たっても良くならないのですよ。

あなたにとって、もう役に立たなくなったものだけが取り除かれます。

わたしの深い「愛」から、あなたに真実を伝えます。あなたにとって、もう役に立たなくなったものだけが取り除かるのです。あなたを待っているのは、より大きな喜び、より大きな愛、より多くの自由、より大きな意味、前は憧《あこが》れることしかできなかった人生を生きる、より大きな能力なのです。

通過儀礼はありますが、今起こっている一見、損失や変化と思われる事柄は大きな贈り物なのです。あなた自身の「神聖な存在」、あなたの個人的または直接的な「神のすべて」とのつながりに、過去を進んで手放し、あなたのあらゆる瞬間に降り注いでいる贈り物をしっかりと見ることができるように依頼してください。間違ったことではなく、正しいことに注意を向けてください。あなたの人生を健康、愛、楽しい成長、探検、拡大の機会と捉えてください。

「神の美」「神の喜び」「神の創造性」「神の信念」「神の積極的意思」「神の平和」の「虹色の光」を吸い込むことを、あなた自身に許してください。「地球」はそのような卓越した栄光の「光」で満たされ囲まれています。それを見たり感じたりする時間をあなた自身に許してください。

「天使」の羽があなたを優しく撫でるのを感じて、あなたの魂を満たしてください。多少の癒しが必要になろうとも、わたしがあなたのそばにいることを知ってください。わたしはあなたが1歩1歩道を歩むとき共にいます。

わたしが言ったことはすべて「真実」です。信じることをあなた自身に許してください。あなたはそれを受け取るにふさわしいのです。あなたはそれを手に入れられるのです。今、ここで！　あなたと「神」の栄光の経験の間を阻《はば》むのは、疑いと恐れだけなのです。手を伸ばしてそれに触れてください。取り込んでください。あなたの器を絶えることない「至福の泉」で満たし、それを飲んでください。

あなたの器を絶えることない「至福の泉」で満たし、それを飲んでください。

「人生」の痛みを紛らわせるのに、ドラッグ、タバコ、アルコールは必要ありません。その代りに、わたしの方を向いて苦痛の記憶を手放してください。わたしはその痕跡をあなたのマインド、体、感情から取り除くのを手伝いましょう。

それは簡単にできるのですが、あなたが依頼しなければならないのです。

愛する皆さん、過去を手放すのはあなたの日課なのです。少しずつ積み重ねていけば、やさしく簡単に行えるのです。癒しとあなたの光をもたらすために、あなた自身に日々過去を手放すことを約束してください。今がその時です。わたしは今、あなたに呼びかけます。

今がその時です。わたしは今、あなたに呼びかけます！

この「愛」であるわたしを、別の名前で呼ぶ人にも効き目はあります。「愛」は1つの形や表現に限定されないのです。

愛する皆さん、あなた自身と「地球」の浄化を毎日の日課とする約束をしてください。すでにあなたが完璧だとしても、他の人々があなたの愛と祈りを利用することができるのです。本当に「愛」の拡大に制限はなく可能なのです。

毎日、カルマの一部があなたに放たれます。

毎日、カルマの一部があなたに放たれます。個人的カルマ、家族のカルマ、国のカルマ、人種のカルマ、惑星のカルマが。言い換えれば、かつて起こった不適切なエネルギーの痕跡、エーテルの記録を変容し、永遠に取り除く機会が毎日あるのです。

これは今、起こらなければならないのです。今、まさに起こっているのです！ あなた方1人1人が自分の分を行い、「地球」自身もこの浄化に加わっているのです。これらの浄化を裁かないようにしてください。むしろ「地球」とすべての命と共に祈りに参加し、「地球」に新しい、より高いレベルの命が生まれようとしていることに感謝してください。

わたしはミケーラに、2つの浄化のテクニックを分かち合うように依頼しました。両方とも簡単ですがとても強力です。最初の方法は「紫《ヴァイオレット》の炎《フレーム》」を使います。8章にその情報と役に立つエクササイズが載っています。2つ目はあなた自身の癒しと浄化のためで、ロード・イエスとワークします。この章の終りにエクササイズを載せました。（エクササイズ5—2参照）

「惑星のライトワーカー」の役割は、意識的に惑星のカルマを取り除き、過去のエーテルの記録を浄化し、自身と惑星の記録を再構成し、新しい思考や信念を、集合意識である惑星のオーラ・フィールドの3番目の層にある惑星の精神体に設定することです。この惑星の精神体は、地球上のすべての生命の精神フィールドが混合され、構成されています。

「惑星のライトワーカー」の役割は、意識的に惑星のカルマを取り除くことです。

これらの形成され、保たれている思考の純粋さ、誠実さ、完璧さが、集団レベルにおける影響を及ぼす範囲を決定します。

これらの概念が「価値」「真実」として捉えられている程度が、他の人々が引き出すことができる強さと直感のフィールドを拡大し、成長させ、創造しているのです。これらがより大きな理解と深い「真実」が顕れる基盤となるでしょう。

愛する皆さん。

「平和」でいてください。

わたしはスナンダです。

ജ്ഞ

「母なる／父なる神」である「神／女神／すべてであるもの」が語ります。

愛する皆さん、「地球」の変化という考えから、あなた方が抱く懸念や恐れをわたしたちが十分に理解していることを知ってほしいのです。

わたしたちがこの情報を伝えているのは、明確な情報を得ていることがこの時代にはたいへん重要だからです。いくつかの事実が移行に対応するあなた方の能力に最大限の快適さとやさしさをもたらし、別世界ほどの違いをもたらすのです。

あなた方の多くがあなた自身の保護と安全のために、スピリットに適切な場所に案内してもらったり、危険や資源不足を避けるために多くの時間をもらうことは十分可能なのです。

パニックに陥《おちい》る必要は全くなく、全員が心地よい住まいと、必要を上回る食べ物、さらに「裕福」な日常を送るのに必要なものすべてを満たす十分な資源があるのです。ここでは過剰な無駄や消費には言及しませんが、あなた方が楽しく、豊かさと健康を感じて生きるのに必要なすべての資源は手に入れられるようになるのです。

あなた自身に尋ねる最初の質問は、「私は幸せだろうか、私はどこにいるのだろうか？」「私は、家や職場にいる私の周りの人たちとの関係で、喜びを見出しているだろうか？」「私は違う仕事、もっと調和的な仲間、別の住む場所を待ち望んでいるのだろうか？」

あなた自身の声を注意深く聴いてください。あなたは何度も間違いを起こそうとしたのに、自分のいるところに不満を感じているのでしょうか？　あなたは自分と議論したことがありますか？　例えば「でも、それはとっても魅力的な仕事だし、給料だって良いのだから」「彼（または彼女）はとってもいい人なんだ。でも私たちの関係には、もうあまり喜びがないように思う」あるいは「ここは本当にとっても素敵な場所だ。だから単に何か他のことを夢見続けていただけではないだろうか？」。あなた自身の本当の気持ちをだいじにしてください。実際、あなた自身の真実とあなたにとって本当に何が正しいのかを見極める、あなた自身の分別を尊重し始めてください。

あなたは山の別荘や湖のそばに住むことをいつも夢見ていましたか？　あなたはすべてを捨てて第3世界の国々で教えたり、何らかの援助をしたいと思っていましたか？　海を航海したり、牧場で働きたいと思ったことはありますか？　これらの憧れのどれかは、あなたの未来のより大きな喜び、より多くの充実感と平和、あなたの人生のすべての分野でより多くの豊かさを伴った未来の可能性なのです。

それを叶えるのに必要なのは、あなたの積極性だけなのです。「ＯＫ、神様、私は〈スピリット〉が私を導くところに行ってみたいです。私が馴染んでいる安全と快適さを手放して、私自身にとって正しい場所に私を導いてくれる〈あなた〉を信頼します」

ここであなた方に伝えましょう。ある人たちはどこに行こうとも、幸せにはならないでしょう。なぜなら、非難や不平のパターンを完全に手放していないからです。

あなたにとってこのプロセスのまさに最初のステップは、今の人生の善いことすべてをだいじにして感謝することです。

ある人たちにとってこれらの古いパターンは幼児期に設定されたり、愛する人、ペットやだいじな宝物を失った経験に原因があるのです。おそらくそれは未来に対する恐怖や、失うという恐れに対応するための試みだったのでしょう。「そうですね、これらのパターンが本当はどれほど善くないものかが分かったら、私はそれを失うことでそれほど傷つくことではないでしょう」

執着しないことは素晴らしいことですが、貴重なそれぞれの瞬間を楽しむことを犠牲にしてはならないのです。

現在に十分とどまり、「今の瞬間」に気づいていることを通してのみ、喜びまたは他の何かを体験できるのです。あなたは過去を思い出し、未来を思い描くことができますが、たった今、あなたの人生を存分に味わうことだけが、あなたのためにある宝を体験する方法なのです。

たった今、あなたの人生を存分に味わうことだけが、あなたのためにある宝を体験する方法なのです。

たぶんあなたは、わたしにこう言うでしょう「でも、それはあまりに醜《みにく》くて、退屈で、そうすること自体が苦痛なんです」。わたしはこのように答えます「現在の体験への気づきによってのみ、あなたが真に望むものと必要とするもの、同様にそれらからあなたを遠ざけているものが分かるのです」

あなた自身の声を注意深く聴き始めてください。あなたは自分自身を否定することに慣れてしまって、あなたが何を望んでいるのか本当は分からないのかもしれません。あなたは、他の人があなたが望むはずだと言うものを欲するのに慣れてしまい、それが空っぽで意味がないものだというのを知って、人生に喜びを見出すことに希望を失ったのかもしれません。あなたは、自分には善いものはふさわしくないと思い込み、それを生涯見つけたり、保ち続けることは決してできないと信じ込んでいるのかもしれません。

あなたの人生で「愛」「平和」「喜び」「豊かさ」を見つけ、保ち続けることから遠ざけていた過去の理由が何であれ、あなたはその間違った信念を今、修正することができるのです。あなたは潜在意識のプログラムの筋書きを書き直して、あなたにとって本当に意味のある人生を創造することができるのです。

わたしは、あなたの人生の垢すべてを一夜にして黄金に変えられると言っているのではありません。ランプルスティルツキン（訳注6＝ドイツの童話の主人公）でさえ、くるくる回る藁を黄金に変えるのに少々時間がかかるのです。あなたの人生を変えるのには、内省や新しい生き方、考え方、やり方に慣れるのに時間が必要です。

「地球」の歴史上、それがこんなにやさしかったことはありませんでした。たいへんよく訓練された教師やカウンセラー、素晴らしい自己啓発の本がいたるところにあるのです。あなたが周りを見ると大いなる浄化の時代を共有し、過去のやり方を癒す助けとなる個人やグループを見つけるでしょう。実際は、今起こっている最も大きな「地球の変化」は、人類のハートとマインドの中で起こっているのです。

内省と新しい生き方に慣れるのに時間を取ってください。

わたしたちは、ここであなたが誰かに完全に頼ってしまうのを望みません。価値のあるエクササイズや癒しの考えを十分に提供したいと思います。このプロセスであなたは決して1人ではないことを知ってほしいのです。

あなたの守護天使を知る

最初にあなたと分かち合いたいのは、あなた自身の「守護天使」を知るということです。もしあなたの人生が、あなた自身の「天使」ですらあなたを見放したと思い込ませているのであれば、それが真実ではないことと、そんなことは不可能であることをお伝えします。あなたが生きている間は愛されていて、望みがあるのです（もちろん、亡くなられてからも同じことが言えます）。

あなたは「神」の本質とエッセンスからできているのです。あなたは「神」のイメージに似せて創られているのです。あなたは「神」の一部で、今も常にそうなのです。ひょっとしたら、あなたは人生で過ちを犯し、人生をめちゃくちゃにしてしまったかもしれません。「神」の「愛」と「赦し」の力を超えるものは何もないのです。もしかしたらあなたは、あなた自身とあなたの人生のすべてを嫌っているかもしれません。あなたの嫌悪、憤怒、怒りを建設的に使ってください。これらの感情があなたの望む変化にエネルギーを与えるように「神」に依頼してください。あなたの「天使」に、助けと癒しと変化のために必要な機会をもたらすように依頼してください。

もう分かっていると思いますが、「天使」があなたを助けるためには、あなたから依頼されなければならないのです。そしてあなたは、「天使」があなたの言うことを聞き、答えてくれると信じることを、あなた自身に許さなくてはならないのです。あなた方全員が、今すぐあなたの「天使」の囁《ささや》きを聞いたり見たりできるわけではないことを知っていますが、いずれにせよ「天使」はあなたを助け、それが何であれあなたの状況に解決をもたらすように働いているしるしをもたらすことができるのです。


「天使」があなたを助けるためには、あなたから依頼されなければならないのです。


支援のほとんどは、通常の日常的な方法──友達からの電話、機会につながるアイディア、あなたを元気にしたり成長させる本、映画、歌などを通じてやってきます。

もしあなたの人生が一晩にして奇跡的に変わったとしても、あなたはあなたで、あなたを引き止めている信念やパターンもそこにそのままあるのです。今見なくてはならないのはこれらの信念やパターンで、今のあなたが想像できる最高のものに従って再構築しなくてはならないのです。一度簡単なテクニックを学ぶと、それを更新し続けることができます。それはまるでコンピューターを持っていて、より大きなメモリーと良いプログラムがある、より良いシステムに更新するようなものです。慣れるのに少し時間はかかりますが、あなたができることはもっとたくさんあるのです。

あなたのマインドは本当にスーパー・コンピューターのようです。予見される将来でも市場にあるどんなものよりもはるかに優秀です。

●エクササイズ5―1　あなたの天使と出会いワークする

毎日、あなたの「**守護天使**」を知る時間をとってください。静かに座り、あなたの呼吸に徐々に集中してください。吸ったり、吐いたり、数分間呼吸に注意を向けてください。肩や背中をリラックスさせてください。腕や足をリラックスさせてください。手や足先をリラックスさせてください。あなたの顔に、優しい笑顔を浮かべてリラックスしてください。それから、今日気づいた特に愛らしいもの、または高揚するような美しい大好きな思い出を思い浮かべてください。あなたの「天使」に、あなたにつながる言葉、絵、音、色をもたらしてくれるように依頼してください。あなたが受け取ったものを受け入れることを、あなた自身に許してくださ い。それは沈黙や平和の質だったり、笑いやリラックスすることだったりするかもしれませんが、それに気づき、あるがままでいることを許してください。あなたの「天使」を呼ぶときの名前を尋ねてください。これを信頼して行ってください。

双方向のつながりを築く時間をとってください。晩御飯に何を買ったらいいのか、というような簡単なことから始めてください。これはもっと重要な問題の助けを必要とするときのために、信頼と確実性を築きます。楽しんでください!

時として、「天使」からの特別な助けを必要とすることがあります。あなたは「天使」に「平和」「喜び」「保護」「愛」「慰め」そして他のすべての「神の性質」を依頼することがあるかもしれません。「天使」に関する詳細は6章と7章を見てください。

大天使ミカエルは、ネガティブな影響から保護してくれるのでよく知られています。次のテクニックは、あなたがネガティブな思いや「暗い雲」に悩まされているときにはとても有効です。

●大天使ミカエルの召還

大天使ミカエル！（3回繰り返す）。私はあなたと「守護の青の炎《ブルー・フレーム》の天使」に、私を囲み守ってくれるように呼び出します。私と私の家から、純粋な「キリストの光」に満たない存在すべてを完全に取り除き、それらを縛ってください。それらを「地球」、すべての時間、すべての並行する現実、今回「地球」と整合したすべての次元の現実から取り除いてください。「神の聖なる意志」に従って彼らを癒し、「真実」と「愛」の「光」に再整合するように、彼ら自身にとって適切な場所に連れていってください。

感謝します。そうなりました（3回繰り返す）。

さらに、ネガティブな思考形態を取り除き分解し、私、私の愛する人々、私の家、私の車から、いっさいのあらゆるネガティブなものを取り除いてください。

関係するすべてのものにとって、最も高い善のために、私自身、私の愛する人々、私の家、資産、車を宇宙の守護の白い光のフィールドで囲んでください。

感謝します。そうなりました（3回繰り返す）。

●エクササイズ5－2　イエスとのワーク――個人的な問題の癒し

静かに座り、2、3分あなたの呼吸に注意を向けてください。部屋が黄金の光と愛で満たされていると想像して、それを吸い込んでください。この瞬間、苦痛やストレスを感じるものはすべて脇に置いて、吸ったり、吐いたり、ただ呼吸に集中してください。

では、あなたの想像の中でイエスと会うのに快適な場所をつくってください。ひょっとしたら、美しい花や水が流れている自然の中がいちばんいいと感じるかもしれません。美しいお城のイメージが閃《ひらめ》いたり、自分のリビングルームにいたいと思うかもしれません。どこでも、あなたがいたいと思うところでいいのです。

あなた自身の「ハイアーセルフ」に、完璧な安全と保護のフィールドをあなたの内側と周りにつくり、あなたの最も高い善だけが起こるように依頼してください。

次に、あなたの「守護天使」に、あなたが安心し、快適でいられるように支援を依頼してください。呼吸を続けてください。あなたが特定の問題について取り組むためにイエスにも参加するよう依頼してください。例えば、とても傷つく体験をしてそれを癒す準備ができたときなどです（もしイエスとこのように取り組むのが初めてであれば、彼やキリスト教に対する問題を解決する必要があるかもしれません。他の「神聖な存在」を呼ぶ必要があるかもしれませんがイエスとの問題も取り除くのが良いでしょう）。あなた自身の問題に取り組むとき、あなたはもう一度それを体験するためにそこにいるのだと想像してください。今回はイエスがあなたのそばにいるので、問題がいちばん善い解決に導かれるように彼の介入を要請してください。

自然に話し、あなたが言わなくてはならないことを言ってください。いずれにせよ、彼はあなたが何を考えているかを確実に知っています。

あなたの過去の体験を「イエスの存在」の介入を得てリフレーミングする（訳注7＝枠組みを外して捉えなおす）と、あなたの意識からトラウマを取り除く新しい癒しの記憶を創造するのです。イエスは、彼を呼ぶ人には同じように癒しと浄化の奇跡を行います。

（穏やかな警告として、ある人々はイエスまで罰したり傷つけるのだと幼いころから教え込まれているので、本当のイエスを見出すのが難しいこともあると覚えておいてください。もしこのエクササイズや他のエクササイズで癒しや愛を感じられなければ、エクササイズは脇に置いてください。さらに進むためには、専門家の助けが必要となるかもしれません）

●エクササイズ5―3　「感謝」と「リフレーミング」

居心地の良い椅子に座り、紙と鉛筆を持ってください。静かに座り、部屋の中の音を聴き、あなたの体に注意を向けてください。あなたの呼吸で胸が上下するのに気づき始めてください。

ここに「神」が常にあなたと共にいること、そしてあなたの呼吸と共にいることを知る方法があります。あなたの呼吸と共に「神」の命があなたの中に流れ込むのです。1息1息があなたの体の中に、命とバイタリティをもたらすのです。それがすべての細胞に分配されるのです。

そう、空気のように。あなたの体の受容力は向上しますが、今はあなたのあるがままに、1息ごとに受け取り、栄養を与えられ「命」で満たされるのです。

では始めましょう。穏やかに「ありがとう」と言ってください。あなたの体の奇跡に感謝します。人生を生きる自由、成功や失敗をする自由、変化する自由、あなたがなりたいと思うものになれる自由のように、多くの方法で訪れる「愛」に感謝します。

あなた自身のどの部分が反論したがっているかに気づいてください。例えば「でも空気は汚染されているではないですか」「私の体は完璧ではないじゃないですか」「私が望むほど、私は自由ではないです」というように。

今、あなたに何が起こっているかを見てください。あなたは感謝するより議論したいですか？　それはそれでかまわないのです。そのことでわたしたちはあなたを判断したりはしません。けれども、ここで注意深くあることは重要なことなのです。あなたが抵抗したり反論したりするのに対し、あなたが感謝をする程度が、あなたが受け取れるようにあなたの周りに常にある「神」の贈り物を受け取るのをあなた自身に許している程度なのです。

考えてみてください。悲惨なほどの貧しさの中で生活する子供が泥の池で遊んだり、子犬を見て喜びを見出すことができるのを。「平和」に「値札」はついていません。「愛」はすべての命の基盤そのものなのです。命の原子や分子を結合しているのも、すべての命を満たし取り巻いているのも「愛」なのです。分かりますか？感じますか？　感謝しますか？　それが問題なのです。

そこで自分自身に聞いてみてください「私は今、どのくらい喜んで受け取っているかしら？」と。コップを想像してください。コップはどのくらい満たされていますか？　その程度が今のあなた自身に許している程度なのです。

では紙と鉛筆を持ってください。あなたの望むものが手に入れられない理由を5つ書いてください。

例えば――

十分にお金がない。

みんなが私に反対する。

私がやることは全部うまくいかない。

人生があまりに複雑で、私にはどうしたらいいか分からない。

どこから始めればいいか分からない。

さあ、あなたの中で、ランプの中の魔法使いや妖精のおばあさんを想像して、1つ1つの考えに魔法の杖で触れて、正反対の考えに変えていきましょう。

私にはいつも十分なお金がある。

みんなが私を助けて支援してくれる。

私がやることは、すべてうまくいく。

人生は単純で、毎日、さらに理解を深めている。

私は、私を流れる「愛」「叡智」「力」「権威」「明快さ」に感謝して毎日を始めます。

——というように。


あなたはこの単純なエクササイズを何回もさまざまな形で行うことができますし、他の人と分かち合うと素晴らしく役に立ちます。

どうか「でも、それは違う！」と反論しないようにしてください。あなたの真実の概念は、あなたの視点に関連しているのです。わたしの「真実」は、あなたの「真実」とはかなり違うように思われるかもしれません。何が「真実」なのかを本当に知りたいのであれば、物事を「神」がどのように見るのかを想像し始めてください。「神」である「彼／彼女／わたしたち」は、すべてのものに基本的な善を見ます。わたしたちはあなたの基本的な善が、あなたの人生のあらゆる状況を通じて現れようと努力しているのを見ています。わたしたちは、あなたとあなただけが持っているわたしたちの贈り物や能力の特別なパターンの中に、わたしたちを見ています。わたしたちは、あなたの勇気、あなたの愛、あなたの強さを見ています。そしてあなたが失敗と呼ぶあなた自身のすべての部分にも、わたしたちは隠れた強さを見ています。

わたしたちは、あなたの人生の状況がどうあろうとも、前に進もうとするあなたの大いなる努力を見ています。あなたが悪と捉えるものでさえ、歪《ゆが》んだもしくは制限された視野ではありますが、彼ら自身のベストを尽くそうとしているのです。

わたしたちは共に歩んでいるのです。そしてこれは大きな1歩であることを理解してほしいのです。意識的にこれらの言葉を読み、指示に従うことは大きな1歩なのです。

「そうなのですか?」とあなたは尋ねるかもしれません。「どういう意味なのですか?」と。「神様、どうしてもっと分かりやすくしてくれないのですか？　あなたが何をしたいのか教えてください。私は何をするべきなのですか？　どうして私には、あなたの声を聞くことができないのですか?」と、あなたは何度思ったことでしょうか。

あなたはフラストレーションが溜まって叫びたくなったことはありませんか？　ええ、わたしたちは確かにあなたの声を聴きました。わたしたちはあなたの願いをだいじにしているのです。わたしたちの声を聴くことができる人々は、わたしたちの言葉をできるだけ明快で正直に、世界中で分かち合っています。以前はごくわずかな選ばれた人々にだけに与えられていたのが、今は望めばすべての人がアクセスできるようになっています。

「天使」「ガイド」「ハイアーセルフ」「神」と話す方法を学ぶワークショップはたくさんあります。自分で話したくなければ、天のメッセージをあなた方に届ける奉仕をしている人々が書いた本やテープ、公開講座があります。

あなたは、媒体であるその人たちがまだ人間であることを見極める必要があります。彼らは常に100パーセント正確なわけではないのです。そしてあなたにも物事をどのように聴き、いかに解釈するかを行うあなた自身のフィルターがあるのです。ですから、最上の情報であっても気をつけて誠実に扱われなければならないのです。

もしそれがあなたの信念と一致しなければ、無理をしなくていいのです。また、あなたが分からないことをすべて否定しなくてもいいのです。それらは脇に置けばいいのです。きっと時間と経験が後で理解をもたらすでしょう。たとえ大きな意味で、その理解をあなたが受け入れられないものだと分かることになったとしても。

では、なぜこれが大きな1歩かという話に戻ります。それはあなた自身にとって何が真実かを見極める選択をしているからなのです。そしてあなたは、あなたにとって必要な成長や癒し、そしてあなたの人生に必要なすべて（これらの言葉や他の多くの方法）をもたらす「神」を信じる選択をしているのです。

●エクササイズ5－4　創造的な「呼吸」

また、静かに座ってください。あなたの呼吸に注意を払い、あなたの1つ1つの呼吸の反対側には「神」がいることを覚えていてください。子供がキャッチボールをするようなものです。神があなたにボールを投げます。あなたはそれを受け取り、投げ返します。

あなたは神の人生の贈り物を吸っているのです。取り込んであなたの細胞を満たし、「神」に返してください。吸って、吐いて――「神」に満たされ、包まれてください。

さて、あなたの人生の中で、さらに実現したいあなたの人生の部分――「自由」「喜び」「愛」「豊かさ」または「　　　」を（余白を「神」の性質で埋め）1つ選んでください。「神」の「愛」「喜び」「自由」を吸って、あなたの人生のその部分に向けてください。吸って、手放して、吸って、手放して。あなたは今、「神」とのパートナーシップを組んでいるのです。

あなたには何かを望むという思いがあり、「神」は、あなたの望みを叶えるには何がいちばん善いかを知っています。一緒にあなたのハートとマインドを「光」と「愛」で満たし、あなたと関係する人々にとって可能な最高の方法ですべての人々、物事、状況をもたらすのです。
あまりにも単純に思えますか？　このくらい単純になりうるのです。もっと複雑にすることもできますが、これが必要なすべてなのです。
より善い人生とするために、あなたのより善い人生を叶える望みと「神」の視点が、あなたが望むよりもはるかに善いものを共に創造するように依頼しながら、吸って、吐いてください。そして最初に、途中で、そして終わりに、感謝を伝えることを覚えていてください。

わたしたちは、あなたの愛、あなたの強さ、あなたの勇気、あなたの人生の課題を引き受ける積極性と、あなたが「神」とすべての命とのより大きなユニティと調和への歩みを進めていることに感謝します。
この章を古いアーミッシュ（訳注8＝アメリカ合衆国やカナダで現代技術を使わずに共同体で暮らしているキリスト教の宗派）の格言からの簡素な忠告で閉じたいと思います。「祈り、それから動きなさい」

祈り、それから動きなさい。

完璧な人生は、銀の食器に乗って手渡されるのでも、テレビを見ていればやってくるものでもありません。それは相互に作用する体験なのです。あなたを訪れる機会に、あなたは反応しなければならないのです。時として、あなたは他の選択肢より好ましくない選択をするかもしれませんが、それでよいのです。人生はプロセスなのです。終わりは、まさに終わりであると同時に新しい始まり、より多くの選択、より多くの機会への扉でもあるのです。

「偉大なる愛」と共に、今この章を閉じます。

6章　守護天使

「母なる／父なる神」が語ります。

愛する皆さん、何が「守護天使」で、何が「守護天使」ではないのかについて、少し誤解があるようです。あなたの「守護天使」は、あなたの魂の本質の一部であるきれいな部分です。それは高い領域の意識で成り立っているので、とても多くの混乱と歪《ゆが》みがある濃厚な領域にいるあなたを助けることができるのです。

ある人々は、生前に自分を愛していた人が死後に自分の「守護天使」になると感じているようです。あなたの本当の「守護天使」は、あなたが受胎したときから一緒にいます。それは生涯を通じた深い愛と献身の任務なのです。受胎のときに中心となる「天使」が任命されますが、その後あなたの任務により、他の「天使」が追加されることがあります。

亡くなった方もあなたを見守ることがあります。夫、妻、両親、叔母、祖父母が「天使」の性質を持っている場合は、実際あなたを見守ることがありますが、役割はどちらかというとガイドや支援役なのです。

あなたの本当の「守護天使」は常にあなたと一緒にいるのです。そしてあなたと一緒にいることが、あなたの生涯を通じた「守護天使」の唯一の喜びなのです。

「守護天使」の成長と学びは、彼らがあなたに与える支援と愛につながっています。あなたの「守護天使」

はあなたをいつも見守っていて、励ましの言葉を囁《ささや》いたり、あなたの大きな使命の一部であるあなたの日々の活動を成し遂げるのにいちばん善い方法を提案したりしているのです。

あなたの「天使」についてまず知っておくべきことは、彼らはあなたの最も高い善を望んでいるということです。必ずしもかっこいい車を手に入れたり、大金を手に入れたり、お金持ちでハンサムな恋人をつくることではなく、魂としてあなたの成長に何がいちばん善いかということです。

あなたが人間として「善い」とみなすことを、あなたの「ハイアーセルフ（用語解説）」や「守護天使」が常に「善い」と捉えるとは限らないのです。

彼らの仕事を理解するために、あなたが「守護天使」だったらと想像してください。あなたの見守る人が3歳の子供だったとしましょう。あなたは「神」の愛の導管です。この子供にとっては、実際「神」の贈り物のすべてなのです。より大きな構想を見守っている「天使」と協力するかどうかは、あなた次第なのです。与えられた日に達成する目標――学ぶべき課題、体験されるべきカルマ、出会いお互いに影響し合う人々、そして全体で築くより大きな人生の使命を把握していることがあなたの仕事なのです。

あなたは常に「これはより大きな魂の目的と使命の役に立つだろうか？」とマインドに問いかけます。

あなたの任務は、すべてを達成するための支援、安心、忠告、愛を与えることなのです。

あなたはどんなに問題が深刻であろうとも、人生がいかに困難であろうとも、あなたのガイダンスや助けを求めるにはその人が幼すぎると思えても、そこに存在し、気づき、愛し、常に助ける準備ができていなくてはならないのです。

たとえ3歳であっても、子供はよく魂の成長や使命の達成を妨げようとする闇の力の標的になります。

あなたは導き、守り、勇気づけることはできますが、魂の自由意思を妨げてはならないのです。それは、個人の魂の多くの面が浄化され精錬される「神の意志」というより大きな「計画」と人生の流れに沿うのか、逆らうのかという選択の結果から得られる学びだからです。

「魂のダイアモンド・マトリックス」とひとつになりたいという願望は、「人生」の火を通して形成されるのです。

「魂の青写真」または「神聖な完全性のパターン」と完全にひとつの状態のみが、喜び、愛、智慧《ちえ》などの完全な流れを可能にするのです。魂の目的は、自身の「完全性」として、「聖なるキリスト自身」「アイ・アム・プレゼンス（用語解説）（神聖な自身）」「ブッダの性質」とより完璧に再統合することなのです。

数々の生涯は、魂の成長に必要な学びをさらに深めるためだったのです。

とても幼い子供は、よく「守護天使」の「存在」と「愛」に気づいています。子供が大きくなるにつれて肉体や世界の感覚がますます注意を引くようになります。

とても幼い子供は、エレメンタル王国と調和していることがよくあります。子供たちは、よく妖精を見たり、妖精と話をします。子供たちは頻繁《ひんぱん》に「天使」とも話すことができたり、魂の深い真実について語ったりします。ある子供は天国や過去世のことを鮮明に覚えています。ここ10～20年間に生まれた子供たちは特にそうで、両親はよく驚かされるのです。

理屈の年と言われる7歳くらいになると、子供の意識は他のレベルの意識と調和します。新しいレベルのカルマに取り組むようになり、新しい学びが吸収されるようになります。学校に行くことは、より広い世界が示す新しいレベルの学びを認識し反映する学びの一環なのです。

12、13歳くらいになると、また新しい意識、次のレベルの複雑さが統合されます。この時点でカルマと取り組み、魂の目的を遂げる準備の最終段階が始まります（魂が何らかの理由で、短い人生を選んだ場合は別ですが）。

ホルモンの働きも始まり、感情体と精神体の最終的な統合も行われます。

大人の性格は、赤ちゃん、３歳、７歳、12歳の性格の複雑な混合で形成されます。記憶、信念、訓練、文化、体験、家族の伝統が、個人の魂が活動するうえで全体の複雑な部分を形成しているのです。

何年にもわたる体験を通じて、「守護天使」は絶え間なく愛ある忠告と支援のつながりを保つのです。ティーンエージャーや若い両親の忙しい人生では、実際非常に希薄になることもあります。注意深く聴くために必要とする静かに調和する時間はどこにあるのでしょう？　外的な現実に注意を払っているときにそれができる人はわずかです。

「地球」における人生のすべての状況で、天国とのつながりを常に保ち続けるよう努力している人は貴重で稀な存在です。

すべての人がそれを「神」「天国」「天使」として捉えているわけではありません。ある人はそれを「平和」「良心」「人間の価値」と呼んでいます。理想の領域と人間を結ぶつながりの定義がどのようなものであろうとも、このようなつながりを形成することが人生の目的なのです。

あなたの全人生の神聖な意識の中で、可能な限りあなたを支援することがあなたの「守護天使」の任務なのです。

あなたの状況がどのようなものであろうとも善を引き出し、「愛」に注意を向け、「神」とのつながりを拡大する機会があるのです。

時間をとって、あなた自身の人生をあなたの「守護天使」の大きな視点から見てみましょう。あなたが歩くのを覚えたとき、あなたをしっかりと支える愛しい腕が見えるでしょう。あなたの体験を許しつつも最悪の人生の嵐からあなたを守る翼が見えるでしょう。

あなたはこの忠実な友に感謝を伝えられますか？　この一見、別に思える存在が本当はあなたの一部であり、より大きな自分「自身」であることに気づけますか？

「魂」として、あなた自身が「神」の個人化された局面だと知っているのであれば、いくつもの次元のレベルを通じたあなたの「守護天使」は、あなたと別な存在――「神の本質」の固有の表現として経験するかもしれませんが、実際はあなたの一部である「魂」なのです。

今「地球」で起こっている「神」との融合で、あなたはより大きなあなたの魂の局面であるあなたの「ハイアーセルフ」や「オーバーソウル」と統合する機会を与えられているのです。

あなたのオーバーソウルは、今回多くの命や個人の魂として個人化しているかもしれません。実際、これらの個人の魂はいくつもの体に宿っているかもしれないのです。今生での魂の質（あなたの強み、弱み、性格など）や、取り組む魂の学び、出会うカルマの要素を決定するのは「オーバーソウル」のレベルなのです。惑星と宇宙の進化の現段階では、多くの人が「魂」や「オーバーソウル」と「ユニティ」のフィールドに到達するまで、より高いレベルの「意識」と融合しています。

「宇宙のキリスト」「宇宙のブッダ」「神／女神／すべてであるもの」のレベルでは、あなたの個人化した「アイ・アム・プレゼンス」は、他の「個人化した存在」すべてとひとつであることを知っています。あなたがここ「地球」で知り合ったある人々もこのレベルに意識的に調和していて、あなたはこの人たちのワンネスのレベルに気づくかもしれません。あなたの意識が拡大し、意識のレベルが上がると、似たような波動の人々と調和していることが、あなたの日常でもっとはっきりしてくるでしょう。

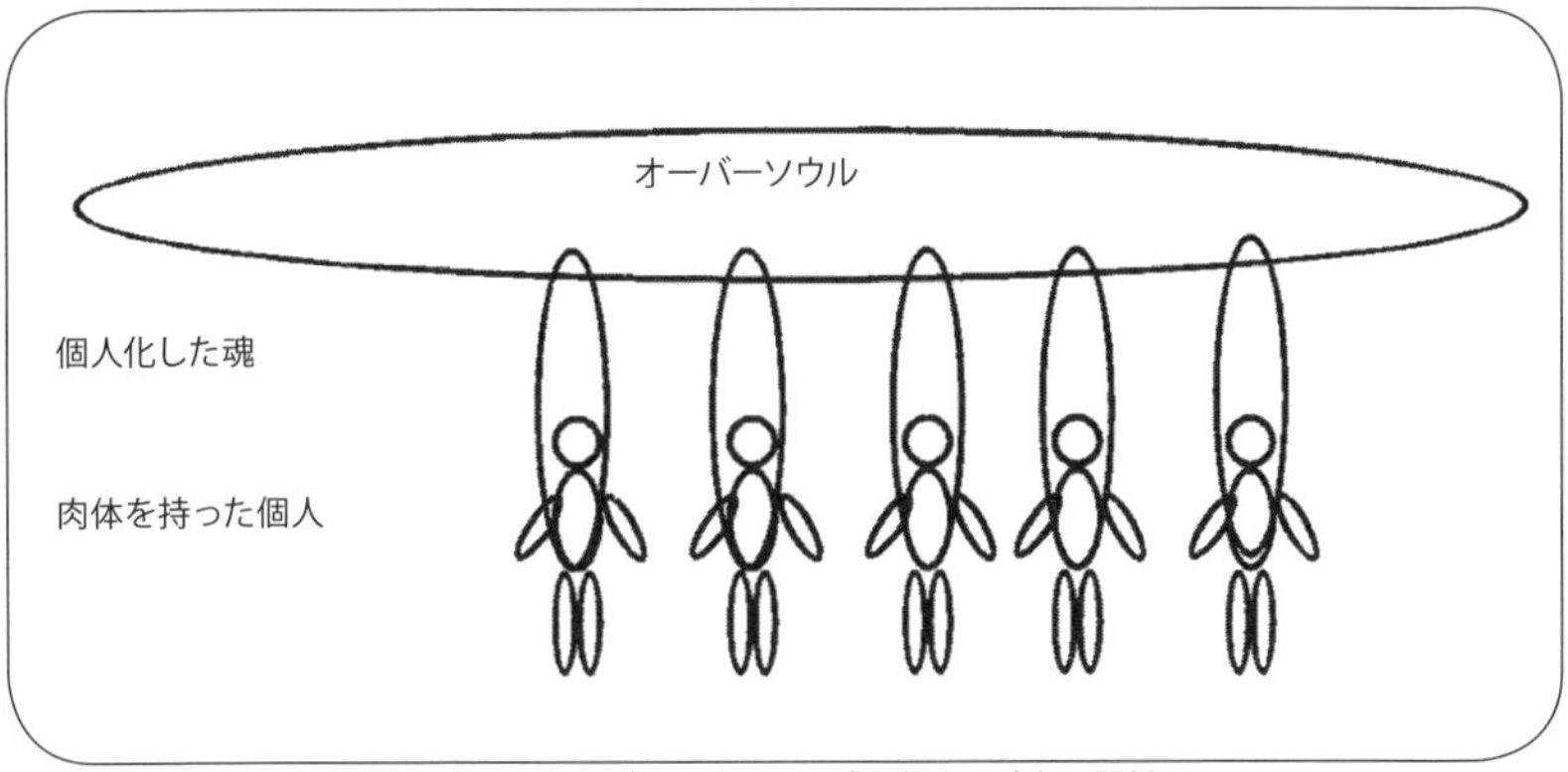

図表6　オーバーソウルの図式　個人の魂との関係

あなたが進歩するにつれ、あなたが「**すべて**」は「**ひとつ**」だということを最終的に悟り体験するまで、より高いレベルの自身そして、より高いレベルの「すべて」がガイド、教師、「守護天使」として仕えるのです。

これらの広大な領域の「ユニティ」でさえ、さらなる成長や拡大のレベルがあるのです。

「神の本質」をさまざまな「意識」レベルで異なる表現をする多くの種類の「天使」がいるのです。

あなた方の多くが「天使」と調和していることに目覚め、あなたが人間の体を持った「天使」の意識であることに気づいています。このことはあなた方に驚きをもたらしますが、あなた方はこれが真実だということを知っています。

そうです、「地球」にはさまざまな意識レベルの存在がいるのです。それはここで行われている膨大な実験の一部なのです。

天使

「神」の「天使」にはどのような種類があるのでしょうか？（ある著者は天使たちと呼びます）

「天使」——一般的な言葉が、特定の種類の「天使」にも当てはまります。「大天使」の管理と指導のもとに、特定の「神の質」を持つ「天使」がいます。それぞれが「愛」「希望」「信仰」「信頼」「慈愛」などの特定の質をある程度拡げる責任を担っています。わずかな「希望」や「信仰」を分かち合う小さな天使にとっては、世界に恩寵をもたらすという仕事は初めてかもしれません。あるいはもっと経験豊富な天使で、より多くの権限と能力を持ち、あなたに深い「平和」の波をもたらしたり、元気づけてくれたり、「愛」であなたのハートを満たしたりするかもしれません。いずれの天使もあなたの祈りに応え、それぞれの能力に応じた分かち合いをするのです。

「大天使」——あらゆるレベルの意識において現すことができる「存在」なので、「神」のメッセンジャーとして、どこであろうとも「神」のメッセージを届ける役割を担っています。この宇宙では、大天使はそれぞれの「神聖な光線」である「神の本質」を表してもいます。この宇宙の二元性の経験全体の一部として、男性と女性の側面にも分けられています。「大天使」の意識はこの宇宙をはるかに超えてもいますが、ここではそれに関しては話しません。彼らはこの「宇宙」の創造主である「神」「エロヒム」（訳注1＝この宇宙の創造主である神）ともつながっています。これは、よく知られている大天使ミカ・エル、ラファ・エル、ウリ・エル、ジョフィ・エル、ガブリ・エルの名前からも分かります。（135ページの「12の太陽光線」の「大天使」とツイン・フレーム の名前を参照）

「座天使」——世界の広大なシステムを監視する高度な役割を担っています。「神」の王座に、常に付き添っていることでも知られています。彼らは常に「神」を認識しています。

「プリンシパリティーズ」——銀河の監視者で「地球」においても文明のパターンの流れを注意深く見たり、社会における宗教の役割を監視したりなどの、物事のより大きな計画を司る無数の天使たちの一部です。古代から人類が成長し発達したのは、ある重要な「種」の思考が注入されたからだということを示唆したいと思います。主要なそして比較的目立たないアヴァター（用語解説）の出現の適正なタイミングを監督し、「地球」における私たち人類の人生の段階に、広大な「宇宙」のドラマを大局から反映できるように道を整える存在でもあります。

「エロヒム」――「宇宙の建造者」「創造の神」／「天使」。この宇宙ではこれらの存在も男性と女性の両性があり、特定の光線と関連しています。少し名前を挙げましょう。ピースとアロハ、ピュリティとアストリア、アルクトゥルスとレディー・ダイアナ、ヘラクレスとA・ルビー。興味があってもっと深く学びたいのであれば、これらの存在について触れている密教的文献はたくさんあります。

エロヒムは私たちの一部で、90年代に意識的に調和し、瞑想、祈りを通じて準備の整った人たちの体に融合しています。彼らは今回、彼ら自身の広大な「宇宙」のイニシエーションに参加しているのです。簡単に説明すると、お互いに意識的に「ユニティ」の中で見事にひとつになり、統合した状態を通じて共同創造を行っているのです。この役目は前に説明した「傷ついた子供」の核心的な問題を彼らも反映しているので複雑です。彼らは膨大な人類のパターン（惑星の思考形態）を癒すためにそれらを引き受けたのです。中毒、反社会的傾向、がん、多重硬化症、統合失調症から過食症、自殺癖も含まれる精神病、さまざまな病気の種類が彼らの「神聖」な局面を変えているのを見ています。各個人がこれらのパターンの1つに取り組んでいますが、どれも簡単ではありません。

時には、共同作業が明らかに難しい命題となるのです。共依存、犠牲者、迫害者、救済者とならずに、お互いを支援し信じることを学ぶのは、控え目に言っても困難なことです。エロヒムの働きは、1999年に新しい「宇宙」のテンプレートの共同創造と再設定に参加し始めたときから、重要な局面を迎えました。彼らが地球上で「光の評議会」を共同で創設し始めたので、新しい世紀でも彼らの働きは続くでしょう。

前の100年間で、私たちは結婚、家族、教育、社会の多くの古いパターンを壊してきました。今、私たちは、過去から保ちたいと願うもの、未来に追加したい新しい概念、ヴィジョン、夢を選ばなくてはならないのです。「黄金時代」の「社会の新しいテンプレート」は意識的な選択で築かれなくてはならないのです。

私たちの家、家族、文化、教育、仕事、宗教、政府、経済、音楽、芸術、健康の価値とは何でしょうか？

社会のあらゆる側面が見直されなければならないのです。今、私たちが抱くことができる最高の選択をし、私たちの選択する方向を指し示さなければならないのです。

「イーオラー」――この広大な「天使界」の意識は、この宇宙の外に存在しています。彼らは自分たちのことを、宇宙を創造する「エロヒム」として生まれるのだと説明しています。そのため、彼らの「存在」のサイクルは、私たちの理解を超えるほど長大なのです。彼らもまた、「地球」にいる物理的な片割れと調和しています。また、名前はこの魂の本質を表しています。さまざまな周波数に特化し、霊的系譜を表す多くの母音があるのに気がつくでしょう。同様に「ア」で終わる名前が一般的です。これは、レベッカ、デボラ、ミカ、ユダ、イザヤなどの聖書に出てくる多くの名前にも見られます。人間の形をとったこれらの存在は、自分たちが「神聖な表現」であることに十分気づいていることが多いのです。名前だけが唯一のしるしではありませんが、名前には確固たる霊的系譜のつながりがあります。

「セラフィム」――高度な訓練を積んだ「天使」の等級です。彼らは主に教師として奉仕していて、「太陽の天使」の一部です。この等級には、さまざまな天使の分類から到達することができるのです。「地球」での彼らは、往々にして洞察力に長け、神秘的、学術的、哲学的でもあります。彼らには火のように情熱的な性質があると言われています。聖ドミニク、シエナの聖キャサリン、聖アウグスティヌスなどのカトリック教会の有名な聖人はこの分類に当てはまるでしょう。彼らの仕事は広大なスケールでの教育です。

「ケルビム」――これはもう1つの広大な「太陽」の意識の一部です。この「天使」のグループは（この文脈で場違いな言葉でなければいいのですが）テンプレート（ひな形）として奉仕しています。彼らは、彼らの存在の内側にある神聖なパターンを表現しているのです。そのパターンまたは母性、兄弟愛、人に対する善意などの概念は、平和や喜びなどの1つの性質よりもずっと複雑で奥深いのです。

これらの存在は、惑星の思考形態の広範な再パターン化を行う役割を担っています。彼らは頻繁に、内的レベルで惑星の癒しの仕事を行っています。彼らの人間としての人生は、アルバート・シュバイツァー、フリッツ・パールズ、フリチョフ・カプラ、マザー・フランセ・カブリニなどの人々に見られます。彼らは往々にして大規模な人道的努力に従事しています。

「黄金の太陽天使」――ソラーラの本によって紹介された、この「神聖」な存在は、「神」である「グレート・セントラル・サン」の「神／女神／すべてであるもの」の領域から来ています。私たちは「地球」の「神」の表現をイエス、ブッダ、クリシュナ、イシス、観音様、聖《セイント》ジャーメインの形で見ています。ここで彼らの「意識」と「存在」の範囲が私たちの表現する能力の範ちゅうを超えているのを明確にすることが重要だと感じています。これらの存在と意識的につながる貴重な機会を得たことがあるならば、彼らの膨大な栄光のほんの一部をあなたに見せたことでしょう。

そして私たちは、私たちの「存在」の「オーバーソウル」と整合する機会があるのです。ですから、もし自分自身がイエス、マイトレーヤ、観音様の表現だと知っているのであれば、「神」のオーバーソウルと調和しているのです。

さらにあなたが整合した意識の中には、膨大な無数の意識のレベルがあるのです。大いなる謙虚さをもって、私たちの意識と「神の本質」を再結合する、「神の計画」の素晴らしさのすべてを受け取るのが最善でしょう。

ユーモアも少しあるといいでしょう。

私たちは皆、これらの系統にいるのです。意識的に気づいて調和している人もいれば、そうでない人もいるのです。膨大なレベルの調和を達成することも可能なのです。それだけが違いなのです。


「すべてであるもの」を超えた広大な領域があるのだ、ということをここで皆さんにお伝えしておきたいと思います。（私、ミケーラはそれらを探検していないので、2つのことだけについて短く説明します。最初は「広大な領域」という概念は少し変に思われるかもしれません。「すべてであるもの」は、かなり多くを包含しているように思えるのです。私たちの言語ではこれらの広大な「宇宙の存在状態」である「何も存在しない状態」を表現する能力には限界があるのです）

「無限の存在の光」――このレベルからリ・ア・ロンという「存在」が私のところにやってきました。この中性的な存在は、その場所や「道」についてはあまり伝えませんでした。このレベルの「存在」は、創造物／虚空の進路／パターン／「道」を歩み、歪みを特定し、確実に直すことが望みなのです。そうすることがメルキゼデク天使／導師の仕事と整合するからなのです。

メルキゼデク自身は（中性で）、私たちが使う表現で表すのはとても難しいほど広大な「意識」です。ヨシュア・ストーンは、彼がこの「宇宙のロゴス」だと確認しています。それは彼が「宇宙」の広大さを持っていて、すべてのレベルの意識とすべての存在がその中に、彼自身の意識の中にあるということです。そして「彼」はそれ以上の存在で、膨大な宇宙システムにある私たちの数々の生涯の1つと等しいのです。

「無限の存在の土地」――最近、私（ミケーラ）はおそらくブッダの領域にある深いレベルの体験に導かれました。（なぜなら、芸術家でもある才能ある友人が、このレベルの存在が私のところに来たときに「エメラルド・ブッダ」であると描いてくれたからです）。このレベルでは、創造のテンプレートとグリッドを見るでしょう。ドランヴァロ・メルキゼデクが提示したように、「フラワー・オブ・ライフ・パターン」を見出すでしょう。

さまざまな部分や組み合わせにある「フラワー・オブ・ライフ・パターン」は、創造を形にする基盤です。それはつくられ、顕現されたすべてのテンプレートを持っています。

「地球」やこの「宇宙」では、私たちの意識で包むことができるよりも、もっと多くのことが起こっているのです。そしてその先は、私の言葉や表現を超える広大さがあるのです。興味が湧き、もっと知る必要を感じている人は、あなた自身の個人的探求を可能にする能力とツールを持つでしょう。

そこでイエスの名前は他のどんな名前よりも上にあり、「神の中の神」だという人に、私は反論できません。なぜなら、「彼」の広大さが止まり、他の「存在」がその先を行くというような場所に至ったことがないからです。私はその広大さと、「母なる／父なる神」、観音様、ブッダの「愛」も体験しました。これらの「存在」は競争しないことも知っています。彼らは膨大な「ユニティ」の状態で働いているので、彼らが「誰」であり、何を表しているかをほんの少し垣間見ているにすぎないのです。これらの「偉大な存在」の教えに従っていれば、決して間違うことはないでしょう。誰が他よりも偉大で優れているのかを証明しようとすることで、私たちは彼らが教えた「愛」と「叡智」の道を大きく逸れることになるのです。

あなたが「神」は「三位一体」だから存在していて、それが「神」のすべてだと思っているのであれば、あなたは「無限」の表現に制限を設けているのです。この時代に三位一体の「男性的」表現と「女性的」表現を見ることは直感的なことかもしれません。2つの三角形が一つになるのを見てください。2つの三角形の融合で、美しく、とても強力なシンボル「ダビデの星」を見るでしょう。下のチャクラ（用語解説）の三角形と上のチャクラの三角形をあなたのハートの中に「ダビデの星」の中に取り込み、しばらくその体験と共にいてください。

長い間崇拝されてきた「女神」は、キリストやブッダに反対ではないのです。「神」のすべての局面は膨大で、それぞれの栄光と神秘的な方法で互いに織り込まれているのです。「キリスト教」から「女神」やブッダを排除することは、「キリスト教」を損なうことになります。ブッダやキリストを「女神崇拝」から排除することも同じです。私たちは意識を拡大するように、私たちが今まで想像したよりもずっと多くのものを包含するように要請されているのです。「愛」に制限はありません。「神」は「すべてが愛しいものなのだ」と言っています。他の部分よりも愛されている創造物はありません。今まで「愛」に対してだけしか心を開くことができない部分もありますが、それも成長の対象です。苗木は、その必要性に応じて受け取るのです。成長した植物はより多くを必要とし、より多くを受け取るのです。樹齢80年の老木はその必要性に従って受け取るのです。

7章「天使」と「光線」

大天使ミカエルが語ります。

天使は「神／女神／すべてであるもの」の「ハート」と「マインド」の中で傷のない魂の局面です。天使は密度の濃い領域に、彼らの意識を持ってこなかったのです。むしろ天使は、あなた方の帰郷の旅を支援しているのです。

天使はそれぞれ、ある光線または「神の質」を表しています。「神」はもちろん、その限りなく多様な質／音／光線を「天使」の多様性の中で数多く表現しています。ここでは7つの原光線（または惑星の光線）と5つの新しい質／光線（以前は秘密の光線でしたが、今は太陽系からの12光線の一部です）について扱います。これらの光線は多くのグラデーションがあり、青や赤の光線も多くのヴァリエーションで存在しています。

最初に各「光線」の「大天使」を紹介しましょう。わたしたちは新しい太陽光線の色も扱っていて、これらは虹色の質を持っています。今の時代、これらの光線についてはごくわずかな情報しかないので、それを書いた人たちは異なる天使とつながったり、異なる色を経験しているかもしれません。

これらの光線または魂の質はさまざまな色に存在するので、単に青、黄色、ピンクという色ではないこと

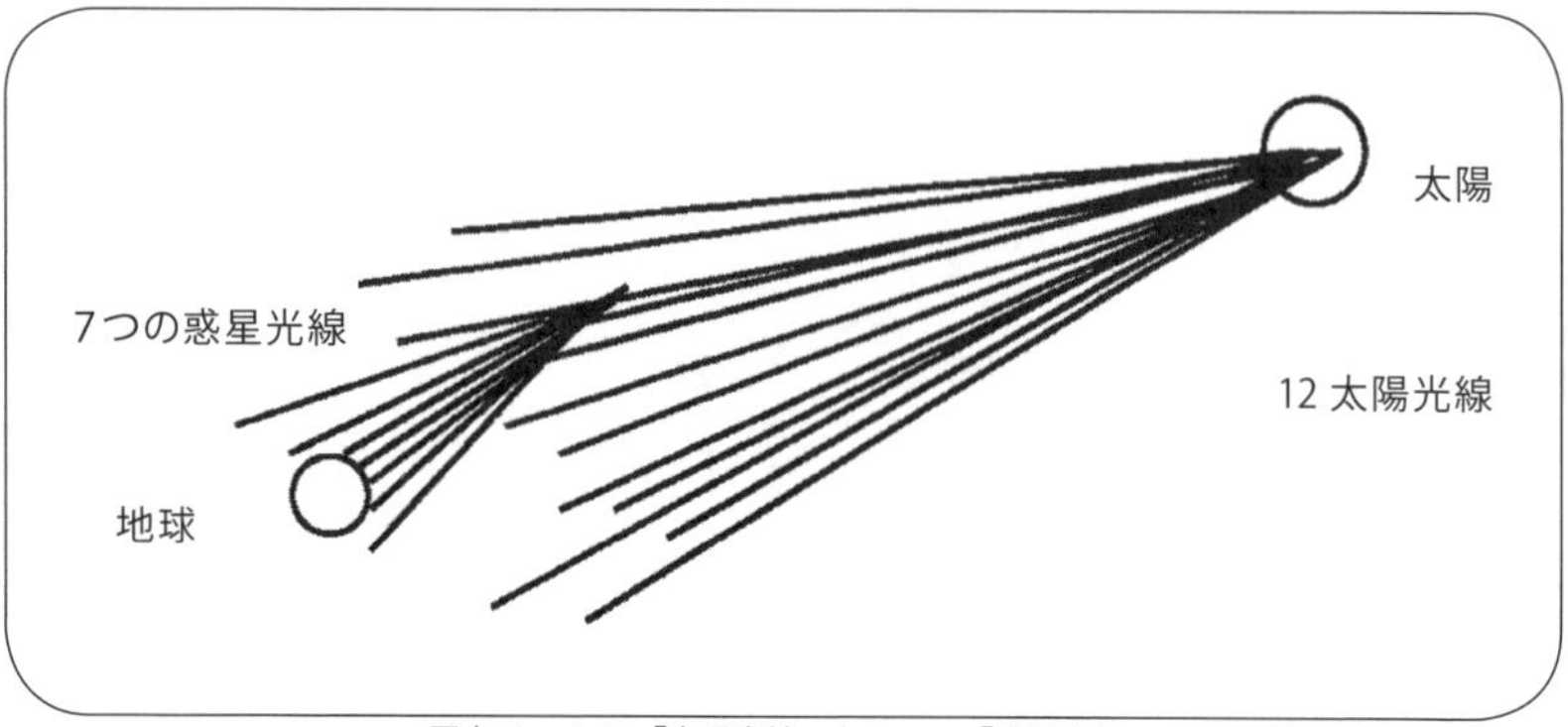

図表7－1 12「太陽光線」と7つの「惑星光線」

をここで指摘しておきます。これらの光線がさまざまな周波数帯に入るとある色が強く出るのです。

「地球」のもともとのスペクトルは虹の7色、7つの音階（ド・レ・ミ・ファ・ソ・ラ・シ・ド）です。これらはたった1つの太陽光線の部分でした。

「地球」の周波数が高まるにつれて、今やわたしたちが働きかけている周波数帯は、太陽系の主要な12光線を含むようになりました。各光線は7つの原光線を含んでいます。これは各光線が完璧な虹をその中に持っているということなのです。ですから、どの光線がどの色で、各光線の経験やそれが何を表現しているかなどの解釈に違いがあるのです。

「大天使」の存在は、その性質から多くの周波数帯を見事に旅することができます。アリス・ベイリーは「アセンデッド・マスター」の現在の仕事は、すべての光線とすべての次元の現実を形成し、これらを統べることを示すために、今戻ってきているのだと書いています。この仕事を達成するために「アセンデッド・マスター」は見事に彼らの大天使自身と融合し、「天使」または「太陽」の進化の12周期を完結するのです。それから彼らは「メルキゼデク神」のより大きな奉仕をするために先に進むのです。

光線の色	大天使	神の質
1　青	ミカエルとフェイス	意志
2　ピンク	シャミエルとチャリティ	愛
3　黄色	ジョフィエルとクリスタイン	叡智
4　白	ガブリエルとホープ	純粋さ／アセンション
5　緑	ラファエルとレディー・レジナ	癒し／科学
6　ルビー／ゴールド	ウリエルとドナ・グレース	献身／復活
7　紫《ヴァイオレット》	ザドキエルとホーリー・アメジスト	自由／許し
8　アクア	アクアリエルとクラリティ	確かさ／明瞭
9　マゼンダ	アンスリエルとハーモニー	1～7光線の統合
10　ゴールド	ヴァロエルとピース	平和／富裕
11　ピーチ	パーペティエルとジョイ	喜び／静けさ
12　オパール	オムニエルとオパールセンス	変容

(大天使の名前は "Take Chare of Your Life" 9号9—10 P13　1993年8月発行)
* レディー・レジナは聖母マリアの「大天使」の一面で、聖母マリアがより大きな「宇宙」の役割を担うために移ったときにこの役割を引き継いだ。

図表7－2　「天使」と「太陽光線」

この段階で、この「宇宙の神」（ロゴス）との完全な再結合の前に「ツイン・フレームの存在」と再結合もするのです。

これらの個別の出来事と同時に、ある「オーバーソウル」の周波数の一部として、魂の周波数帯との意識的統合、一体化があることを指摘しておきます。

そのため、12使徒とイスラエルの12部族に代表される、12の魂の周波数帯の中で再結合があるのです。最終的には、メルキゼデク意識のレベルでもある13番目のレベルでキリストとの再結合もあります。今回はそこまでは扱いません。

仏教の再結合のパターンは少々異なり、さまざまな伝統やサンガ（訳注9＝仏教の教えを実践しようとするグループ）や共同体の概念を通じて達成するようです。最終的に、この二大潮流は個人レベルでキリストとブッダをハートで統合するときに融合するのです。それから、平等なパートナーとのバランスのとれた関係、そして最終的にキリスト／ブッダ、家族全体――「愛／叡智の周波数帯」での再結合がなされるのです。

ブッダと彼の９９９名の悟りを得た弟子は完全な魂のグループで、彼らの集団的なアセンション（用語解説）は、地球の歴史上重要な瞬間を記録したことをここで言及したいと思います。

ブッダ（ロード・ゴータマ）は９９９名全員の「オーバーソウル意識」です。９９９名は何十、何千もの人の「オーバーソウル意識」なのです。あるチベットのマンダラまたは宗教的絵画では、ブッダの下（中）に何百もの小さなブッダが描かれています。それがこの概念を表しているのです。

チベットのツルク、転生した高僧はこれらのブッダで、悟りを得ようとするすべての生きとし生けるものを助け支援するために、何度も何度も転生して戻ってくるのです。このような方法で奉仕するまだ知られていない人たちも、もちろん世界中にいます。すべての人が以前仏教徒だったわけではありませんが、すべての教えで奉仕をしています。

これがボディー・サットヴァの意味で、誕生と転生のサイクルを修了したものが生きとし生けるもののすべてが自由となるのを助けるために戻ってくるのです。

キリスト教では、これらの人々は聖人と呼ばれています。キリスト教の物語を密教の観点から読むと、ある宗教のある要素が、他の宗教では別の名前で呼ばれていることに気づき始めるでしょう。

「開かれたドア」としてのキリスト

キリストを「開かれたドア」と捉える概念は、「イニシエーション的」な概念です。あなたのハートをキリストである「愛」に開くと、まるで次の周波数、次元に踏み出すドアが現れるようです。あなたは引き続き「地球」に残ることもできますが、「地球」では今、すべての周波数は相互に浸透し合っているのです。

今「地球」では、さまざまな周波数の割合が変化していることを指摘したいと思います。新しい高い周波数が拡大するにつれて、低い周波数が減ってきているのです。例えば、以前は低い周波数Aが80パーセント、高い周波数Bが20パーセントあったとすれば、今は、Aは50パーセントくらいで、Bは30パーセント、前は少なすぎて測れなかった、新しいより高い周波数Cは20パーセントになっているのです。そこで多くの人が個人的に意識の「イニシエーション」を迎えているように、「地球」も集団的な意識を拡大し、そしてすべてが自動的に恩恵を享受しているのです。

高い周波数帯を「地球」で強化し根づかせることが、さまざまな「ライトワーカー」と惑星のヒーラーの活動の一部でした。

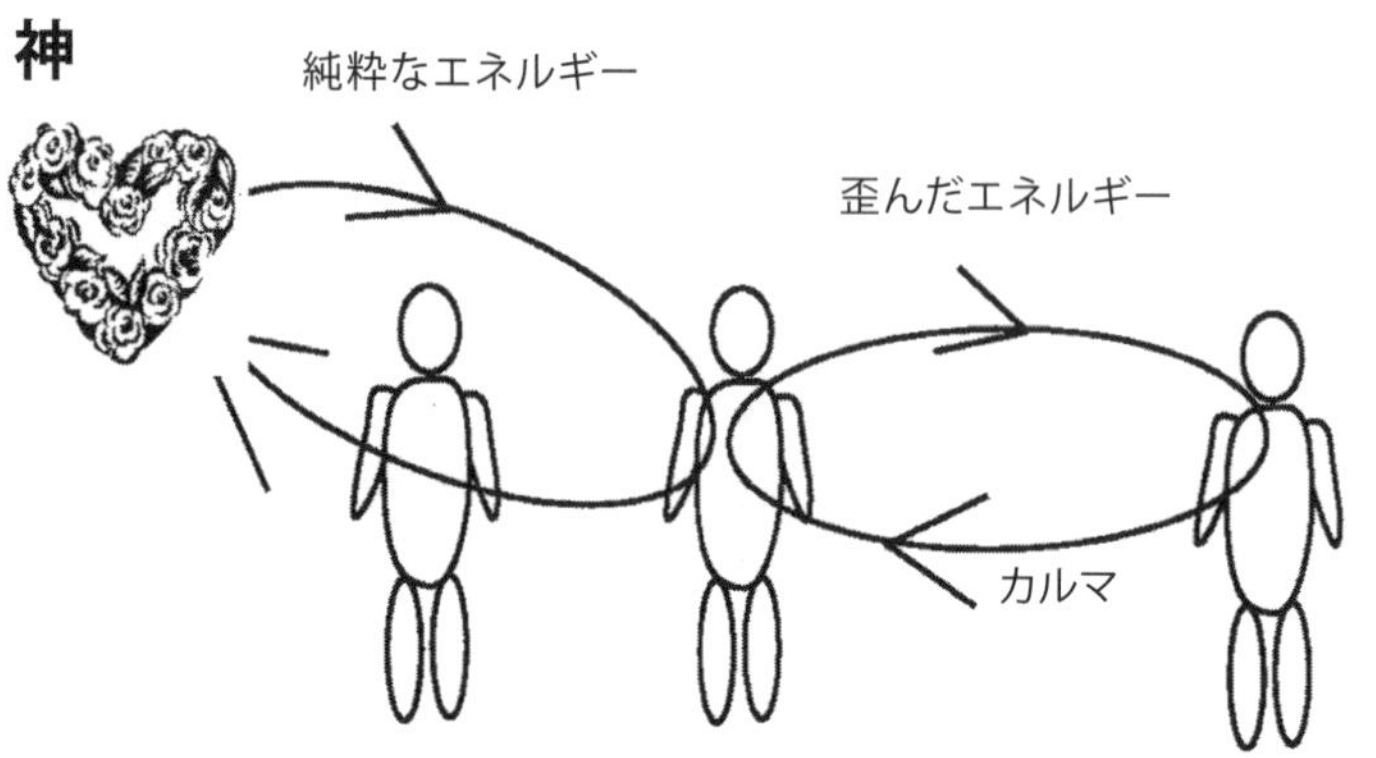

エネルギーは「神」から人へ、人から人へ、人から「神」へと流れる。
歪んだ（ネガティブな）エネルギーはカルマとして、浄化され純粋になるまで、送った人に戻る。良く使われたエネルギー（親切、許し、感謝など）は「神」に戻り、あなたの宝は天国に蓄えられる。

図表７－３　「神」と人とのエネルギーの流れ

光と周波数のレベルが上がり続けると、それは「宇宙の目覚まし」にもなりました。「地球」がある周波数に到達すると、魂の波動が目覚め、彼ら自身の本質である「真実」にすべての意識が覚醒した状態で整合するようになるのです。とても高い意識の魂でさえ、これらの微妙なエネルギーとワークする訓練はほとんどありませんでした。

（ウェブサイトに追加情報あり。新たに覚醒した人には貴重な教師、訓練、本、エクササイズのリストを掲載している：
www.mcordeo.4t.com）

内側のレベルでは、すべての情報にアクセスできるのです。どんな問題に直面してもあなたが必要とするものはすべて、あなたはすでに持っているのです。

行動の原則を理解し、あなた方が取り組んでいるものの性質に親しむことは、変容の最終段階のプロセスを容易にします。

今や本格化したこのプロセスを完了するためには、今までの「地球」の生涯で生じたあらゆる歪《ゆが》んだエネルギーを元の純粋な状態に戻さなくてはならないのです。

原則では、自分自身の贈り物と才能を使って、エネルギーを適切に使うようにと「神」があなた方に純粋なエネルギーを送ります。「愛」のサイクルでエネルギーは「神」に戻ります。

エネルギーが歪むと（例えば怒り、憎み、偽りなどで歪むと）、それは「神」には戻れなくなるのです。そのエネルギーは引き続き送り出され、あなた方が課題を学び、問題を癒し、エネルギーを変容し、浄化し、カルマを取り除くまで、あなた方に戻り続けるのです。そのエネルギーが浄化されると「神」に戻る旅を完了するのです。

今までの「地球」の生涯で生じたあらゆる歪んだエネルギーを元の純粋な状態に戻さなくてはならないのです。

多くの人がカルマの問題を、銀河、宇宙レベルで取り組んでいます。これはこの惑星が「アセンション」のプロセスを終了するための、あなた方の取り組みなのです。あなた方に責任があるエネルギーはすべて、元の純粋な状態に戻さなくてはならないのです。この責任は個人的カルマに限定されません。家族のカルマ、人種のカルマ、国のカルマ、惑星、銀河、宇宙のカルマも含むのです。

家族のカルマは、代々続く児童虐待、ある一定のがん、聴覚や視覚の障害、貧困などです。国のカルマの例は、奴隷制度、人種差別、植民地の影響です。惑星のカルマの例は、「神聖な女性性」（宇宙のカルマでもある）の否定や攻撃、環境破壊、原子爆弾（地球と宇宙空間の汚染）です。宇宙のカルマの例は、創造時のエラー、ルシフェリアンの反逆、二元性による「神」からの「分離」の経験、「神」を暴力的で懲罰的なものとして経験すること、感情体の否定です。

多くの人が銀河、宇宙レベルでカルマの問題に取り組んでいます。この宇宙中の存在が、ここ「地球」で肉体を持って存在しているのです。内側のレベルでは、あなた方はこの宇宙のさまざまな星、惑星、銀河に直接つながっています。そしてこれらの星、惑星、銀河などは「神聖な存在」に魂を吹き込まれているのです。あなた方はこれをあなたの霊の系統と捉えるかもしれません。「地球」は創造物全体に起きている変化を内在するミクロ宇宙なのです。ここで行われるワークは、あなたが代表する霊的系統全体に影響を及ぼします。今回は、多くの「神の王国」を代表するエルフ、グノーム、妖精などが人間の体を持っています。彼らは独自の系統があり、大いなる全体性に整合しようとしています。すべては今、「地球」で実現している「神」の偉大なる計画の一部なのです。

神の援助を依頼するときの一般原則

紫の炎《ヴァイオレット・フレーム》の使用――変容と許しの「紫の炎」の使用は、この変容のプロセスにおいて重要な要素となっています。（8章参照）

援助を依頼する――もう1つの重要な要素は天界の援助を依頼し、援助を得るということです。天界の援助を得るためには第1のルールとして、あなたが依頼しなくてはならないのです。自由意志を奪うことはできないという「法則」があり、「光」の存在は、その「法則」を守っているのです。

「天使」やイエス、マリア、クリシュナ、ブッダなどの「神」の表現を呼ぶときは、名前を3回呼ぶといいでしょう。そうすると彼らの方から、あなたにつながる周波数帯またはリンクが形成されるのです。最初の呼びかけは、(いわゆる)彼らの注意を引きます。2回目の呼びかけで意識の波が呼んでいる人の場所を特定します。3回目の呼びかけで明瞭なリンクが築かれるのです。頻繁《ひんぱん》に「天使界」の助力者と「神聖な存在」と常に交流をもっている場合は1回の呼びかけでも十分なのですが、3回呼びかけた方が安全上も良いと考えられています。もう1つの保護としては、「キリストの白い光」と「聖《セイント》ジャーメインの紫の炎」の中に立っているかどうかをきくことです。それから、あなたの望みを依頼または要請してください。

神の意志——ある一般的原則が適用されます。あなたの依頼がすべての「最高の善」に資するように、「神の意志」「神の計画」「神の目的」に整合するように、そして全体にとって最善となることが叶うように依頼してください。あなたの個人的な理想だけに焦点を合わせると、より制限されたもの、最終的には予期していない(望んでいない)影響をもたらすかもしれません。

最高の善——他の人のために依頼することは、彼らの魂の最高の善と選択に叶うものでなくてはならないのです。例えば、ある学びが得られる前に、または魂の去りたいとの願いに逆らって体を癒すことは、常にその魂にとっての最高の善に叶うことにはならないのです。ある方法で物事がうまく運ぶようにと固執するのは、たいてい人間の性格なのです。最高の善とは、関係するすべてにとっていちばん善いことなのです。他にもよくある取り違えは、あなた方の考えでは友人や子供にとって最善だと思われることが、長期的には彼らにとって最善ではないことがあるのです。

他の人に対する祈りは、具体的または一般的かもしれませんが、常にその人とその人の魂の選択にも叶った「神」の意志に沿ったものとなるように祈ってください。

祝福——もし他の人があなたが与えたいものを受け取ることができなかったり喜んでいない場合には、あなたはそれを祝福として、彼らが必要なときに受け取れるように、エーテル的に保たれるように依頼することができます。
安全、保護、愛、癒しなどの祈りは、必要なとき、適当なときまで保たれるのです。

8章 紫の炎《ヴァイオレット・フレーム》

ロード・スナンダが語り始めます。

わたしたちは「神の自由」「変容」である「7番目の光線」「紫の炎《ヴァイオレット・フレーム》」について短く説明します。

過去において、5つ（最初は7つ）の光線のエネルギーが、「地球」の他の時代を通じて主な影響を与えてきたと考えられていました。これらの5つの光線は、常に最初の3つの光線（「意志」「愛」「叡智」）を含み、残りの4つの光線のうち2つの光線は、膨大な時間の経過とともに片方は徐々に増え、もう片方は徐々に減っていくというように変化したのです。

これは「宇宙のサイクル」または「宇宙時計」の一環なのです。7番目の光線は、「紫の炎」または「紫の光線《ヴァイオレット》」で、今徐々に増えています。そして6番目の光線である「献身」は徐々に減ってきているのです。これは「6番目の光線」のエネルギーの与える影響が小さくなり「7番目の光線」のエネルギーの与える影響が大きくなっているということなのです。この光線は自由、赦し、惑星で可能だったネガティブなものの変容という質を増加させています。

それはイエスが弟子たちに教えた赦しの原則のエネルギーに向けて世界を準備させるためでした。そして今、すべてのネガティブなものを癒し変容するために「7番目の光線」のエネルギーである「自由」と「変容」の「紫の炎」の使い方の情報が「アセンデッド・マスター」によって公開されたのです。徐々にその情報はこの惑星中で、何千、何百万の人々と分かち合われるでしょう。私たちが未来に向けて準備を進めるにつれ、過去を癒し変容するこのエネルギーとワークすることがますます必要になります。このエネルギーはイエスがあなた方に赦しの教えを説いたときに使うように教えたのと同じエネルギーです。「赦し」の力は「紫の炎」のエネルギーです。

聖《セイント》ジャーメインは「地球」で最初に「紫の炎」の情報を紹介した「アセンデッド・マスター」です。彼は長い間「紫の炎」のチョハン（訳注10＝聖なる炎の守護者・管理者）として知られてきました。彼はこの惑星上でこのエネルギーの最高位の教師の職に就いているのです。「慈愛の女神」である観音は、彼の前にこの職に就いていました。聖ジャーメインと多くの「アセンデッド・マスター」は新しい役割を担うようになりましたが、それでも聖ジャーメインは、まだかなり「紫の炎」に関わっています。この光線の「大天使」はザドキエルと彼の「神聖な片割れ」であるホーリー・アメジストです。

（著者のコメント――次の部分は、この本の本文の執筆より数年前に書かれたもののうちの1つです。「母なる／父なる神」がそれらの部分すべてを挿入するようにと具体的に依頼したのです。この部分は聖ジャーメインと「変容の紫の炎」と共にワークした私の何年にも及ぶ経験に基づいています）

●エクササイズ8　紫の炎のワーク

「紫の炎」はたいへんパワフルで心地がよいので、できるだけ頻繁《ひんぱん》にワークすることをお勧めします。幸いなことにとても簡単です。あなた自身や家を毎日きれいにしても、決してしすぎるということはないでしょう。

家にいるペットは家族のヒーラーとして働き、時々自分では簡単に取り除けないエネルギーを受け取ってしまうことがあるので、定期的にペットを浄化するのは価値あることなのです。

援助を依頼する――「紫の炎」のエネルギーと簡単に、そしてたいへん効果的にワークする方法は、静かに座り「紫の炎の天使」に援助を依頼することです。「ライトワーカー」は、よく聖ジャーメインも呼び出します。援助するためには肉体を持った者から依頼されなければならないというのが、このような存在の「神聖な法則」なのです。聖ジャーメインは、**彼が紫の炎ではない**と念を押しています。私たちは、私たち自身で紫の炎を呼び出しワークすることを学ばなくてはならないのです。しかし、学んでいる段階では援助を求めても何ら害はありません。

感謝する――あなたの人生におけるこれらの「光の存在」からの「愛」と「祝福」に感謝する時間をとってください。これらの「存在」を知り、ただちにワークするというのは、「神」から「惑星地球」への大いなる贈り物なのです。

紫の炎――あなたの足元に「紫の炎」の小さなキャンプファイヤーをイメージすることをよく勧めています。不調和なパターン、エネルギー、思考や気持ちを送ってください。あなたが完全に取り除き、変容したいと願う肉体の痛みや問題でさえも「炎」の中に送ってかまわないのです。

例えば、あなたの腕や他の部分に痛みがあるのであれば、この痛みとそれに関連するいっさいの記憶が完全に変容されるように「炎」の中に送るようにイメージしてください。もしそれが他の人とのやり取りに関係するのであれば、あなたが彼らの考えや気持ちをあなたの腕の中に蓄えているかもしれないのです。元の完全なパターンに完全に変容されるように、あなたのものではないエネルギーすべてを「炎」の中に送ってください。

あなたの取り組んでいる問題が、あなたの家族に代々あった問題だということを、あなたは知っているのかもしれません。その問題は遺伝子的な問題だったり、児童虐待などの行動の問題かもしれません。これは家族のカルマなのです。この問題のすべてのパターンを、現在、過去、未来のあなたの血筋にいる全員から解放するように助けを依頼してもよいのです。これらすべてを「炎」の中に送ってください。

惑星の癒し——これはあなたの国全体や世界中に影響を与えている問題だとあなたは気づいているかもしれません。同様に「地球」の肉体、感情体、精神体にある不均衡なパターンすべてが、「紫の炎」を通るように支援を依頼し祈ることもできるのです。あなたがこの大きな仕事に惹《ひ》かれるのであれば、それはとても価値のあることです。人々はよく同じ問題を何度も何度も繰り返し、取り除くために葛藤しています。それは、彼らの問題がその一部ともなっている惑星の思考形態を引き込み続けているためです。それらは人類全体が何千年もかけて形成したものなのです。

「紫の炎」の変容エクササイズは、「地球」から不調和なエネルギーを大量に解放し、心を乱す影響からすべての生命を自由にするのです。

光で満たす——エネルギーがあなたの体やエネルギー・フィールドから解放されたら、新しいポジティブなエネルギーに入れ替えることが重要です。そうしないと空っぽの空間はその空間を満たすために、他のネガティブなエネルギーを引きつけてしまうかもしれないのです（自然は真空を嫌います）。あなたは「黄金の太陽の光」で満たされたいと願うかもしれませんし、あなたの「キリスト自身」／「ブッダ自身」／「アイ・アム自身」が虹色の「光」と祝福をあなたに注ぎ込むのをイメージするかもしれません。あなたはこの問題とあなたの人生に関して、あなた自身の最高のヴィジョンを反映した健康と全体性を願う祈願文を声に出して祈りたくなるかもしれません。

理由――価値あることを行う方法を知っている人が、今必要とされています。意欲のある人々すべてが、このように支援を要請されています。要請に応えた人々は素晴らしい奉仕をしています。すべての部分が助けになるのです。奉仕する人は皆、大いに祝福されています。

著者のコメント――これは少し簡単すぎるのではないかと尋ねられました。私はこれらの方法を何年も使い、いまだにそのパワーと効果に驚嘆させられています。誰でも、7つの低い次元にあるどんなに歪《ゆが》んだエネルギーも「紫の炎」で取り除くことができるのです。何年もあなたを悩ませてきた多くのことを、完全に取り除くことができるのです。もしまだ十分な強さがないと感じるのであれば、銀河や宇宙のさらに強力な「紫の炎」を呼び出してください。

時として高次の問題に取り組むために、黄金の光を使わなければならないことがありますが非常に稀です。白い光（すべての色を含む）とワークするのに最も慣れている人は、もちろん白い光が常に適切でしょう。あなたが好きな色をイメージするのが難しい場合は、あなたの意図が最も重要なことを知っておいてください。あなたが紫《ヴァイオレット》を呼び出したのであれば、あなたがそれを見ようと見まいとそうなります。もっと経験を積むと、あなたはそれがいつもそこにあったことに気づくでしょう。あなたが注意を向けていなかっただけなのです。

祈りの要請――聖書に「試練」と書かれている時期に入ったとき、世界中のライトワーカーから重要な懸念を聞き始めました。過度の警告を発せずに、私たち個人と集団の安全のために今行う必要があることに、大きな違いが生じていることを指摘したいと思います。

惑星中の人々の9・11の出来事への反応は、私たちは教訓を得て、多くの人が祈り、奉仕、愛と慈悲の行動に転じたことを示しているのです。

けれども、私が緊急に指摘したいことは、私たち自身、私たちの愛する人、私たちの家、仕事、私たちの国、そして私たちの世界の保護を毎日依頼することが、今や私たちの責任だということなのです。

私たちは、私たち自身、私たちの愛する人、私たちのプロジェクトなどの安全と保護に対して、より意識して、より大きな責任を担うように依頼されているのです。「天使」はもう自動的に飛行機や車を見守ることはなくなるのです。天使は依頼されなければならないのです。私たちはかつて無意識のうちに多くの「神」の愛としばしば介入を受けてきましたが、これらはもう自動的に与えられるものではないのです。

明らかにまだ見守られるべきものはたくさんあります。私たちは、まだ自転や重力などの世界の主要な要素を意識的にコントロールする準備はできていないのです。

この責任を軽んじないでください。また責任を担うことを恐れる必要も全くありません。あなたが大切にしているものすべてのために、祈ることを約束してください。自らのそして世界の根深い問題に悪戦苦闘して取り組んでいる世界中のライトワーカーのために祈ってください。ネガティブな影響は往々にして、彼らを絶望感や、愛されていない、無価値、役立たずの感情へと導きがちです。あなたの祈りが違いをもたらすのです。あなた自身、そしてすべての命のために、健康で愛すべき世界となるように祈りと宣言をする約束をしてください。特定のこと、または一般的なことでもかまいませんが定期的に祈ってください。

さらに多くの変化と混乱が、すぐに私たちに訪れることを数々の出来事が示唆しています。変化と混乱はますます強まるでしょう。それらはハーモニック・コンヴァージェンス以来、強まるのがパターンとなっています。センタリングしてあなた自身のために、そして私たち全員が行っている深い癒しと取り除きのために、愛と優しさの空間をつくる時間をとってください。

9章 宇宙の時間

ロード・スナンダが語ります。

今の時代は、いくつかの宇宙時間の周期が同時に時を知らせています。それぞれ異なる時間の進み方をするいくつもの時計が、同時に12時の時報を知らせているのだとあなたは理解するかもしれません。さあ、想像してみてください。12時間の時計、100時間の時計、1万時間の時計、10万時間の時計が同じ時報を知らせることはめったにありません。これが今「地球」で起こっていることなのです。これらの宇宙時計すべてが同じ時報を知らせているのです。宇宙時計はダイヤルやデジタル式ではないのです。宇宙の時を刻むのは、星や惑星の周期なのです。

そのため「地球」は太陽に向かい、離れていく1日（24時間）の自転の時間と太陽の周りを回る（1年間）公転の時間があるのです。太陽系は独自の軌道を公転していて、2千年ごとに異なる星座が顕著となる2万6千年周期があります。そこで「うお座の時代」「みずがめ座の時代」があるわけです。これは「春分点歳差」としても知られています。

これらの星系は「創造主」からの贈り物である独自の「光」の組み合わせを反映しています。それぞれの星系の中で多くの個人化された「神」の側面の集積である星系の個人的貢献と、星系のエネルギーの「資質」

が「創造主」へ返す贈り物なのです。そのためそれぞれの資質の独自性、特定の光線と贈り物は、大なり小なり他の星や世界との関係に影響しています。これが「星の科学」「占星術」の基礎となっています。

しかし「光」は影響であって、決定要因ではないのです。それぞれの個人には、それぞれの選択により反応する自由意思がまだあるのです。

下降と救済

このようにこの「太陽系」の影響は、そこにいる存在全体の行動、思考、感情の組み合わせなのです。あなたはなぜ長い間隔離されていたかが理解できるでしょう。「地球」は「宇宙」を汚染する可能性があったからなのです。いわゆる「太陽系」の他の惑星から隔離されていたときでさえ、それらの惑星に影響を及すことができたのです。隔離の本質は、いうなれば「地球」が自ら創ったものなのです。下降する退行のエネルギーが続くにつれて、「地球」は制御が効かなくなってしまったのです。「地球」は自己崩壊の不調和なコースに乗ってしまったのです。

この時、金星の「ロゴス」（用語解説）であるサナト・クマラが「地球」に光を掲げる志願をしたのです。彼は金星から14万4千人のボランティアと共に、人類が自ら光を掲げられるようになるまで支援するため「地球」に来たのです。

最終的に多くの存在が地球を救済するために行動しました。彼らは危険な忘却のスパイラルを修正するために、彼ら自身の意識、彼ら自身の「人生」と「光」を集団の勢いにもたらしました。

惑星が維持できる周波数や「光」のレベルを決定するのは、人類の集団的な思考、祈り、感情、行動なのです。

ある密度では「命」は維持できないので、命を支えるのに必要な光のレベルを維持するために、惑星は自分自身を救済しようとします（体が病気と闘うように）。そのために自然災害や竜巻などが起こるのです。「宇宙」エネルギーが惑星に到達し、強烈に炸裂するこの宇宙的な時期において、人類が自滅しなくても「地球」の自らを浄化しようとする試みが実際自己崩壊になりえたのです。

地球の自己崩壊は食い止められました。

大陸の激変を伴うこのシナリオは避けられたことが確かだということを、感謝を込めてお伝えします。けれども、毎日「地球」で加速している新しいエネルギーと整合し、「神聖な調和」の新しいパターンをつくり出すために「地球」が自らを再構築する必要がまだあるのです。

それぞれの存在が「地球」で大いなる喜びと繁栄と共に暮らす「愛」と「叡智」の「黄金時代」が訪れるのです。その変化の速さにあなた方は驚くでしょう。意識の変化は瞬く間に起こります。人類の中でこの変容を起こすために自ら土壌を耕さなくてはならないので、貧困と欠乏から豊かさと喜びへの変化は少し時間がかかります。

分かち合いと喜びのコミュニティが規範となり、今までこの惑星では認識されていなかった創造、愛、ユニティの理解と表現にさらなるシフトが起きます。今までの「黄金時代」では達成することができなかった「地球」の未来が待っているのです。

偉大なる「アヴァター」であるゴータマ・ブッダやイエス・キリストの人生が、今日起こっている「宇宙」の変化に向けて準備するため、この惑星が必要とする中枢となるエネルギーを創造したのです。彼らの人生は光り輝いていたので、何百万人もの人々が彼らの教えに惹《ひ》かれ、従いました。徐々に光を支えられる人々の数が増えていったのです。

この変化を阻止しようとネガティブな力が強力に働き、反対方向へと引っ張る猛烈な勢いがありました。引き続く2千5百年の間に「ライトワーカー」が増え続け、「地球」のドラマに彼ら自身の「光」の勢いを加え続けてきたのです。

宇宙のゲートを開く

「ハーモニック・コンヴァージェンス（用語解説）」のとき、この惑星に光を大量に流すために、最初の「宇宙のゲート」が開きました。次々に「ゲート」が開くたび、それまでこの惑星に到達できなかった高いレベルの「宇宙の光」が何千年も経験することがなかった偉大な「愛」のレベルで振動し、「地球」に注がれたのです。これは起こるべくして起こったのです。これらの「宇宙のゲート」は星のデザインや関係に組み込まれた「神の計画」だったのです。

今回は人類の準備が整っていたので十分な数の魂がこれらのエネルギーを受け入れ、正しく使い、より高いレベルの「光」を自ら受け取ることができるようになっていました。多くの人が彼らの生活を改善することで起こるわずかな「光」の増加に、徐々に対応してきました。人々はより愛を込め、より上手にコミュニケーションをとるように努めてきました。多くの人が全体的な密度の濃さに加担していた常習性のある癖を克服し手放してきました。彼らは問題の一部ではなく、解決の一部に属するようになりました。

人々は自分たちの行動に、より大きな責任をとるようになりました。けれども、ある人々はそれほどうまく対応してはいませんでした。戦争の勃発や人種間、国際間の緊張もありました。地震が増え、地球の天候のパターンにも奇妙な変化がありました。

ライトワーカーの目覚め

緩やかでしたが、より善い変化は見て感じられるようになりました。「地球」の周波数が上がり続けたので、新しい現象が始まりました。「ライトワーカー」が目覚めたのです。

１９９１年に、ソラーラが世界に11時11分に開く「宇宙のゲートウェイ」を紹介しました。彼女の教えに惹かれた多くの人が、ここに「神聖な使命」のためにいることに気づき始めました。彼らは宇宙における「惑星地球の誕生」を支援するためにここにいる「ライトワーカー」だったのです。多くの人が午前と午後11時11分の時間に気づくようになりました。目覚めるために、自らの内部にある目覚まし時計を鳴らす多くの共時性が起こったのです。

これらの「ライトワーカー」とは誰でしょうか？　多くの人は彼らが「天使界」から来たボランティアであると気づき始めました。これらの肉体を持った「天使」は、彼らの本当の起源と彼らの本質である「光」「愛」「叡智」につながり始め、彼らの贈り物である愛、希望、叡智、平和、美、喜びを家族、隣人、友人、この惑星全体に、より意識的に降り注げるようになりました。

目覚めつつある「ライトワーカー」は、プレアデス、アルクトゥルス、シリウスのような他の星系につながっていた最近の人生を思い出し、神の許す範囲内で可能な限りの支援を与えようとここに来ている、愛あふれる支援者の膨大な大艦隊の一部である「光の船」につながり始めました。

「高次の存在」からの援助を得る「許可」または要件は、人間の体を持った者が援助を依頼するということです。これは常にそうでしたが、特に今は非常に多くの支援を得ることができるのです。
年が経つほどに、大きな変化が「地球」に押し寄せました。「ベルリンの壁」が崩れ、ソビエトは衛星国の牙城を手放し、東ヨーロッパで生命の息吹が戻りました。多くの破壊があり、共産主義の元で多くの物事が容赦なく抑圧されてきました。そしてまたそれが戻ってきたのです。今回は苦痛に取り組み、終わりなき戦争として表現された何世紀にもわたる苦痛を癒す方法を見出さなくてはならないのです。

惑星地球の復活

憎しみと孤立、恐怖と分離の悪夢から、より多くの人々が目覚めると、愛すること、赦すこと、そして感謝することがより楽になりました。これらは「ライトワーカー」が世界中で使っている癒し、祝福、そして「惑星地球の復活」に参加するためのツールです。これらは退行の傾向を忘却へと変えた偉大なる「教師」が教えたツールです。これらは精神を高揚させ、意識を上げ、ハートを高揚させ、「地球」を上昇させ「神」の道へと戻すツールです。

愛し、赦し、感謝することがより楽になりました。

そしてさらなる目覚めがありました。前世紀に聖人とみなされていた人々が、今回彼らが選択した肉体の中で目覚めたのです。観音、クリシュナ、聖母マリア、シバ、イシス、そして長く待たれたキリストとブッッダの再来。これらのアヴァターである「聖なる存在」は肉体を持って転生し、この奉仕をするために今回生まれることを選択した人々の中で彼らを通じて目覚めたのです。

同様に、今の時代は大きな霊的可能性があるため、癒し、浄化、スピリチュアル・ワークのプロセスにいる人々も、これらの「聖なる存在」と融合しているのです。「神」と「女神」は「地球」のいたるところで、完全な調和と愛の中で、そして人間のパートナーの全面的な協力の元に再生したのです。「天国」と「地球」が融合しているのです。「新しい天国」と「新しい地球」が出現しているのです。

密教的文学ではイエスは彼の生涯で「宇宙のキリスト（用語解説）」と完全に統合していたと解釈されています。多くの人が、今の時代は聖典で語られている「終末」であることを理解しています。多くの人が再来を待っています。

これに先立つのが大いなる試練のときなのです。聖書の言葉では「羊」と「山羊」を分けるときなのです。イエスの教えと他の偉大な霊的教師の教えは、あなた方が何をしなくてはならないかを示しています。あなた方は自分たちの兄弟姉妹の模範となるように、あなた方の持っているものを分かち合うように、最高、最善の人生を送るように要請されているのです。

分かち合った人は、より多くが与えられることを知ります。愛を与える人は、愛が彼らの生活の中で拡大するのを知っています。奉仕をする人は彼らの人生のあらゆる分野で、今までより豊かな報酬を伴う新たな奉仕の機会が開いていくのを知っています。

あなた方はお金、信頼、愛、慈愛、理解、判断などについて日々試されているのです。「地球」が「エデンの園」に匹敵する状態に戻っているのでこれらの機会が与えられているのです。あなた方はすべての必要が完全に満たされていることを知るでしょう。これを知り信頼することから、必要としている人たちに分かち合うことができるようになるのです。あなた方は自らの直感と導きを信頼するようになるのです。あなた方の人生がすべてにとっての最高の善にますます整合するにつれて、正しい行動が自然に、努力せずにできるようになります。

惑星の鏡

今の時代に、あなた方は自分の個人的な悪に向き合っています。あなた方は個人と集団の両方から、あなた自身を見つめているのです。O・J・シンプソンの裁判は、あなた方全員の裁判でした。1年以上も毎日ニュース報道があり、常に皆のマインドにそのことがあるように思われました。今はもちろんほとんど覚えていないでしょうが。

今振り返ってみると、裁判官、陪審員、弁護人、報道人、大衆も裁判にかけられていたのです。あなた方が自らに問うべきなのは、次のような質問です。「何が倫理的なのか？　何が道徳的なのか？　あなた方は社会として何を選択しているのか？　あなた方がこの事件を誰か他の人のことだと考えるとき、あなた方のどの部分を否定したり判断しているのでしょうか？　これはあなた方全員にとって、どのような鏡になっているのでしょうか？」

比較的最近、２００1年9月11日の出来事を体験しました。これはあなた方それぞれにとって、どのような鏡となっているのでしょうか？　あなた方は何を恐れているのでしょうか？　あなた方は何に抵抗しているのでしょうか？　あなた方は何を敬い、称えているのでしょうか？

まさに今回、あなた方は自分自身をとても深く見つめています。あなた方は、私たちの人生を形づくってきた選択と決定の性質を見ているのです。あなた方は果たしていまだにこれらの決定があなた方の望むものなのかどうかを選択しているのです。あなた方の多くが幼いころの問題に取り組み始めました。内なる子供《インナー・チャイルド》は、今や人々がよく気づいているものになっています。あなた方のほとんどが自分自身を癒しているのです。あなた方はより賢い選択をし、あなた方の友人、家族、そしてあなた方の人生とより健康に関わる新しい方法を見つけているのです。あなた方はより多くの愛を自分自身のために、お互いのために、「地球」のために選択しています。

多くの人々が「光」の増加に耐えられなくなり、状況があまりに困難となったので死ぬことを選択するだろうと思われていました。1994年に、実に多くの人が残って彼らの問題と取り組むことを選択したので、予期されていた大量の命の逸失は起こらなくなったとの報告を受けました。

それは実際、惑星中のとても個人的な選択で、予言されていた最期の悲惨なホロコーストは避けられたのでした。その変更は1989年に発表されました。1995年には、世紀の終わりまで続いた多くの激変がありました。Y2Kは皆のマインドの中での大きな問題でした。私たちのシステムは崩壊するのだろうかという不安は大きな安堵と共に、あなた方は「新しい世紀」を迎え、すべてが大丈夫だったことを知ったのです。

しかし変化はいまだにすべての人の生活で起こっています。「光」のレベルは増し続け、あなた方は引き続き過去からの決して上手くいかなかった、そしていまや本当に機能しないパターンや選択と向き合っています。かつてないほどに、あなた方は変容のツールを必要としているのです。

今回要請されている「光」への変容を遂げるために、あらゆる人生において歪《ゆが》めてしまった全エネルギーの50パーセント以上を、元の適正なエネルギーに戻さなくてはならないのです（残りは「神の恩寵と赦し」により、常に修正されます）。このことは、今回現れているあなた方の問題すべては、真剣に修正されなければならない歪んだエネルギー・パターンの反映であることを意味しているのです。アセンションするためには、あなた方はあらゆる人生で歪めたエネルギーすべてを元の適正なエネルギーに戻さなくてはならないのです。

あなた方の「地球」は5次元へアセンションする予定になっています。この次元は「キリスト意識」として知られてもいます。そのため、あなた方の「地球」は「キリスト化」した惑星となる運命なのです。これは「地球」のすべてのものは「キリスト意識」と愛またはそれを超えるレベルに基づいて生きなければならないということで、そうできなければ「地球」に残るのはあまりに苦痛となるでしょう。これは周波数であると同時に意識の状態でもあるのです。

著者のコメント――1998年の時点で「5次元」との整合を達成したことをさまざまな著者が報告しました。今日の観点からは、5次元は確かに「地球」に固定しましたが、まだ3次元の制限の多い考えや見方に戻ってしまう傾向があると言えるでしょう。5次元の意識に立脚し留まることは、やがて来る日に正しい考えを維持し、正しい行動を選択するのに大いに役立つことを自分自身に思い出させ続けてください。3次元の過ちや混乱はもはや維持できませんが、私たちはまだ移行期にいるので、その過ちや混乱の経験にまだ影響されるでしょう。

過去10年間に「地球」の軌道には2回の明らかなシフトがありました。最初のシフトはクリントンが選ばれたときです。その政権中の大きな混乱と幻滅にもかかわらず、全体的な国の雰囲気は良かったのです。私たちの経済は強く、環境に対する配慮と人権の尊重により関心があったのです。

2001年にジョージ・ブッシュが政権を執ったときに2回目の軌道のシフトが起きました。多くの人がクリントン政権時代に進歩とみなしていたものへの反動がありました。これが逆戻りを生み出したのです。この逆戻りは、苦難の始まりと同時期に始まっています。

読者の方に覚えておいていただきたいのですが、「イニシエーション（用語解説）」または「アセンション」に続く期間は、1つのサイクルの完了から次のサイクルの始まりに完全に移行するまで、今まで達成したものを失うかエネルギー的に後戻りしてしまう可能性があるのです。

2001年にこれが起きました。私たちの世界は後戻りしてしまったのです。昔から、後戻りはより強固な基盤を築き、失われたものを取り戻すためにあります。9月11日の出来事はこの損失の反映なのです。似たような状況では、深刻な病気になる人もいました。病気と闘った多くの人が、その病気が彼らにとって大きな学びの種を運んでくれたことを知り、感謝しています。

これらの言葉に抵抗を感じる人に思い出していただきたいのは、私たちは皆「ひとつの存在」の部分だということです。戦争や侵略、テロが世界で起こるのは、なんらかの形でその種が少なくとも私たち1人1人の中にあるということなのです。

テロやネガティブな活動、侵略を確実に根絶するには、私たちは自分の中の怒り、憤怒、痛みに取り組むために、私たち自身を見なくてはならないのです。

否定と拒否は単に問題を長引かせるだけです。人生はこれらの反映を、私たちが自分自身をよりはっきりと見られるようにともたらしてくれるのです。あなた自身の内側を見てください。癒しが必要なものを特定し、あなたの内側にある直す必要があるものに責任を持ってください。

憤怒を押し殺すことは、個人そして社会の両方に病をもたらすことになります。単に攻撃に攻撃で応じることは癒すことにはなりません。それは攻撃を永続させることになります。テロリストを攻撃しテロを止め、日常生活で戦争、憎しみ、危険にさらされている人々を助けるという社会における両方の葛藤を見るのは興味深いことです。

それはアメリカの人々の勇気と慈愛を示す方法で、国内にいる人と海外にいる人の両方に、奉仕や自己犠牲を通して手を差しのべようとする反応が優勢でした。

もちろん他の人を危険に陥《おとしい》れようとする人々は止めなければなりませんが、テロにあまり関心を向けないように気をつけなければならないのです。なぜなら私たちは、私たちの注意を向けるものになるからなのです。かつてポゴ（訳注11＝ウォルト・ケリー作の漫画のキャラクター）が賢明にもこのように述べています「私たちは敵と会った。そしてその敵とは私たちであった」

「地球」がこの次のサイクルで「アセンション」の周波数を保つためには、肉体、感情、精神、エーテルレベルにある今までの全文明が積み重ねてきた膨大なネガティブなエネルギーを元に戻し続けなければならないのです。そしてこのとても強力な期間に解放されたものを取り除き続けなければならないのです。

「新しい千年紀」に入ったと同時に、「もう地球はアセンションしたのに、なぜ物事が楽にならないのだろうか？」という質問が頻繁《ひんぱん》に上がってきます。愛する皆さん、それはあなた方の大いなる愛と慈愛で、あなた方ができるだけ多くの人をあなた方と一緒に連れていくと強く主張したからなのです。彼らは毎日手ごわい課題にぶつかり、あらゆる支援を与えられているのです。（163ページの更新情報を参照）

物事が少し楽にならないかと願っている人には、次の提案をします。

最初に、もしあなたが「ニューエイジ」活動に完全に注力しようと財政的な問題にぶつかっているのであれば、「ライトワーカー」だけでなく人類全体にとって価値のあるものとなるためには、その活動をどのように取り入れたらよいかを考えてみてください。主流となっているお店（食料品店、本屋、ドラッグストアなど）は、現在多くの健康、ホリスティック、「ニューエイジ」の製品を置くようになりました。ヘルスケア、教会、ビジネス、会社は彼らにとって価値があれば「ニューエイジ」の提案に対して以前よりもずっと前向きです。これは何年もの間ずっと閉ざされてきたと思われていた分野でも、今や多くの機会が開かれているということなのです。古いものと新しいものの間にある分離を終わらせるときなのです。すべてが癒され、再生されつつあるのです。

2番目は、あなたの浄化のワークを続け、自己のより深いレベルが今、癒されるように準備してください。「天使」にあなたが必要とする支援をもたらしてくれるように依頼することを覚えていてください。

3番目は、すべてがあなた方の兄弟姉妹であることを思い出してください。ある人たちはそれをまだ思い出せないだけなのです。自分の信じることとやり方を他の人たちに押しつける必要はないのです。またそれを隠したり埋めたりする必要もないのです。安全で、育まれ、温かく迎えられ、愛されていると感じるとき、あなたは正しい場所にいて、正しいことをしているのだと知るでしょう。そうです、あなたはまだ成長する余地があって、今のままのあなたで完璧なのです。今、自分自身を愛してください。

コミュニティをずっと求めてきた人は、それが完璧に実現するようにすべては前に進んでいることを理解してください。あなたが選択したり、世界で行動するときに、あなたのマインドにその考えを保っていてください。ネイティブ・アメリカンは、7世代先にとってもそれが善いことかどうかを確認することを覚えておいてください。あなたの目的や信条がすべての選択の背景にあれば、すべてあなたの望む結果に、確実に導くでしょう。

完璧な「神聖」なパートナーをずっと待ち望んでいる人は、これも完全な結果に向けて前に進んでいることを知るでしょう。「神」はあなたのハートに何があるかをご存じで、「彼／彼女」の「愛する意志」が達成されるのです。

更新情報――私たちはまだ異なる次元が混ざった状態で生活しているので、ニビル評議会のためにジェライラ・スターによって受信された2001年7月26日の9D評議会の更新情報を見てください。（www.nibiruancouncil.com/html/july2001update.html）

まとめると、今3次元に主に関心のある人と4次元や5次元から働きかける人の間を遠ざけているものに取り組むように促されているのです。私たちは、まだ3次元のパラダイムにはまったたままの人たちに、より直接的な教えと支援を与えるように急かされているのです。この文章は直接「星の種」に彼らの使命を語っているものでもあるのです。

そしてここで更新するべきだと感じているさらなる情報があります。2002年9月に、私は霊的教師であるパトリシア・コタ・ローブルから世界中に送られたeメールを受け取りました。彼女は、その年はワシントンDCで行われた例祭に関する報告をしていました。毎年、彼女と参加者は「地球」を癒すワークをたくさん行っているのです。今年は祈りの最中に、他の惑星でアセンションせずに「地球」で次のチャンスを掴むために送られてきた人々である「遅れたもの」で知られている魂とワークをしていました。

これから数年間で、このようなことを認識できる内側の気づきがある人々は、これらの多くの人々が「地球」と一緒に「アセンション」せずに、2つの「地球」である「アセンションした地球」と「アセンションしなかった地球」となってしまう際立った可能性があると感じていました。

8月のこのイベントで、これらの魂はどのような仕事となろうとも残りの人類を癒し、引き上げていくという約束をしました。「地球」は1つしかないのです。これが起きたとき、強力な変化がその瞬間起こったのにあなたは気づいたかもしれません。私は幾人かの人々の計画が劇的に止まり、その時に変更したのを知っています。

これは「地球」の歴史上重要な出来事で、未来にも影響したのです。詳しい情報は彼女のウェブサイトを見てください。（www.1spirit.com/eraofpeace）

2002年10月、私たちにも「地球」が5次元に入ったと知らされました。あなたが望んだようにすべてが叶うということではありませんが、あなた方も多くのことがすぐに現実化することに気づいているかもしれません。あなたの話す言葉に十分気をつけてください。物事は確実により早く起こっています。私たちがここで述べていることの違う側面を多くの著者が今までに示しています。彼らの情報は、私たちが説明している内容よりも少し遅れているかもしれませんし、あるいは進んでいるかもしれません。これらの挿話で表現されているのは、今起こっていることの今この瞬間の評価であることを忘れないでください。それほど重大な選択がまだ多くあり、未来はますます予見できるものではなくなっているのです。

なぜ、ある予言は正確で、他の予言はずいぶんと違ったものになっているのでしょうか？　それは「神」がある人には話し、他の人には話さないということではないのです。むしろ「神」が実現すると知っている予言は、さまざまな理由があって表現されているのです。例えば、ある人には希望を与え、他の人には警告を発するかもしれません。

これらの本質的に変わりやすい予言は、表現される理由があったのです。それはおそらく起こりうる未来に気づくことがはるかに重要で、私たちが実際望む未来に向けて外側の懸念と内側の気づきを活用し、できる限り「最高」の行動を見出し実行するためなのです。

私たちは、選択できるように可能性を与えられているのです。

10章 人類と太陽の「イニシエーション」

ロード・イエス／スナンダ（用語解説）が語ります。

愛する皆さん、わたしはスナンダです。

この章では、みなさんに「魂」「オーバーソウル」または「ハイアーセルフ（用語解説）」の概念と「意識」のレベルを紹介します。わたしたちは性質上直線的で制限のある方法で、非線形で制限のないものを表現する試みをしているのです。

わたしたちは、あなた自身の「本質」、あなた自身の神聖さ、ある意味ではあなた自身が「すべてであるもの」と「ひとつ」である在り方を表現しようとしています。この「ワンネス」の概念は知的概念のように思えてなかなか把握しにくいかもしれません。このモデルをあなた方に示すことによって、あなた方に一般的な原則の理解を拡げ、「すべて」の中で「神」とあなたの関係をより深く個人的に理解し、あなたが「神」であることを理解することを、許すことができるものを与えたいと思っています。

まずはあなた方がよく知っている3次元の現実について検証することから始めましょう。あなた方は、3次元は高さ、長さ、奥行きで構成されていると教えられてきました。これらは実のところ、次元の物質的な表現です。この観点から他の次元のモデルを構築するという試みは失敗するのです。誤った前提は誤った結果をもたらすからです。

あなた方は「感情」の次元である2次元もよく知っています。時として、それはアストラル次元とも呼ばれます。それはあなた方の感情と気持ちの領域です。

3番目は「精神」の次元です。ここであなた方は思考、アイディア、記憶、そしてさまざまな知的概念を経験します。

それぞれの次元はある周波数帯に存在します。物質的現実は、あなたが見えて、聞けて、嗅げて、味わえて、触れられるもので、科学が計測できるものと制限した現実です。物質的現実は、高い周波数帯を測る道具を作ったり、交流することができないので、往々にして高い周波数帯の存在を否定しようとします。

わたしたちはここに存在するものと同じくらいリアルな存在です。おそらく積極的な科学者は、世界を少し違った形で研究する気になり、今までは「不可能」だった目新しい道具を使ったり楽しむために作成するでしょう。これらの原理は星間、種族間のコミュニケーション、宇宙旅行、交通とコミュニケーションの素晴らしい手段や、家庭における労力を軽減する装置などをもたらすでしょう。

物質の周波数帯は最も密度が濃く、振動はいちばん遅いのです。ある種の気体は他のものより重く、大気のあるレベルまでしか上昇しないのと同じように、物質の周波数帯はある一定の範囲にしか存在しません。

2番目の「感情」の周波数帯は、物質の周波数帯とそれを超える感情の周波数帯に浸透しています。

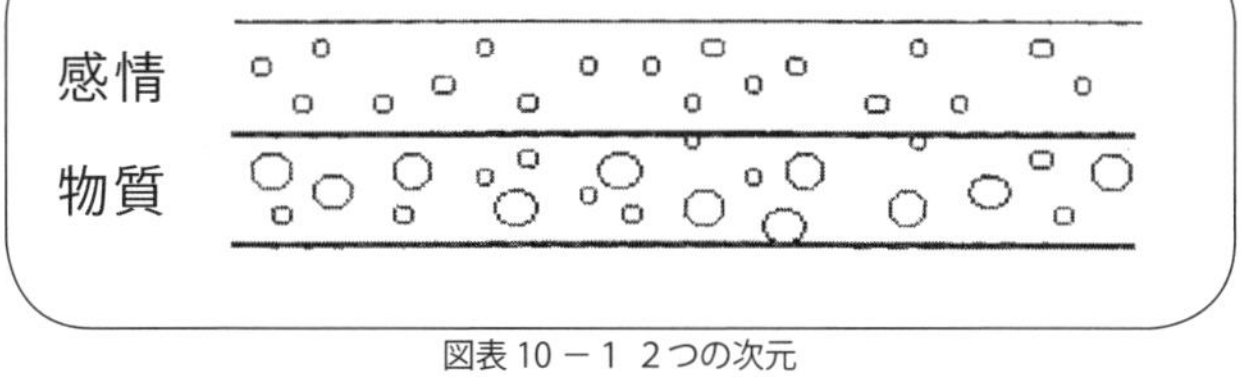

図表10－1 2つの次元

あなた方のイメージ（図表10－1参照）では、物質は大きな粒子で、感情は中くらいの大きさの粒子で、物質を超えた範囲と物質の範囲に完全に浸透しています。物理が時々光を波や粒子として定義するように、これらの振動パターンも同じように見ることができます。

3次元の周波数帯は「精神」の領域です。それはより高い周波数により小さい粒子と共に存在します。これらの精神的エネルギーもその前の周波数帯とそれを少し超える範囲に浸透しています。これらの高い周波数は図表（図表10－2参照）のとても小さな点で表しています。

高度の低いところでは空気の密度が濃く、高いところではとても精妙で薄いように、思考も密度が濃いものも繊細なものもあります。高い精神は高い思考のみを持ちます。高い思考は密度の濃い次元にも浸透することができるのです。そのようにして、ダンテ、ミケランジェロ、レオナルド・ダ・ヴィンチは「地球」に閃《ひらめ》きをもたらしたのです。

それでは、これらの高度と高い周波数帯の原理を次のいくつかの次元の現実に拡げます。ここで使われている言葉はアリス・ベイリーやヒンズー教の経典のような聖典に書かれているものと全く同じではありません。考えや概念は同じですが、名称が違うのです。あまりにたくさんのシステムがあるので、わたしたちはある程度、馴染みのある名称を選びました。

わたしたちの説明するシステムは意識の7つのレベル（周波数）があります。

これら7つの周波数のレベルはアリス・ベイリーの著書*“Initiation－Human and Solar”*（イニシエーショ

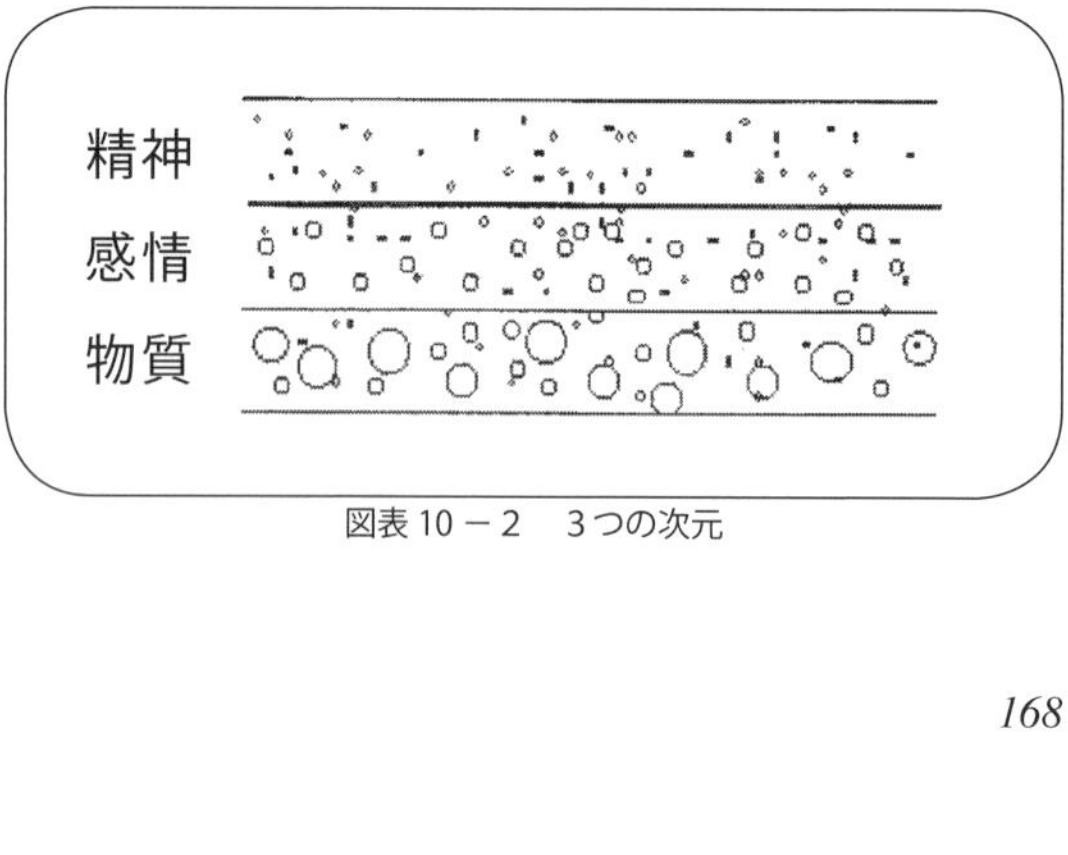

図表10－2　3つの次元

ン―人類と太陽）と“*The Rays and the Initiations*”（光線とイニシエーション）でジュワル・クールが述べた7つの「イニシエーション」の旅に対応しています。

あなたが弟子そして、最終的にはマスターとなる準備を進めるにしたがって、あなたは目覚めていない悟りを開いていない意識状態から、目覚めた悟りを得た状態へと移行し始めます。あなたが「イニシエーション」を受けると、あなたの意識は次の高い周波数のパターンに敏感になります。あなたは制限された意識から、より拡大した意識の状態へと移行するのです。あなたは今までアクセスすることができなかった認識と叡智のレベルに気づくようになり、あなたはより大きい「愛」を与え、受ける能力が備わるのです。

これらはあなたが通過する気づきの段階または「イニシエーション」のレベルです。最初の「イニシエーション」を受けている人の観点からこのことを説明しましょう。

人類の進化の過程

エリザベス・ハイチの著書“*Initiation*”（イニシエーション）では、「イニシエーション」の前段階が書かれています。

意識的には他の領域に気づいていない状態で、7年間の奉仕志向の仕事をします。

テストまたは試用段階です。あなたは自分自身に「これが本当にあなた

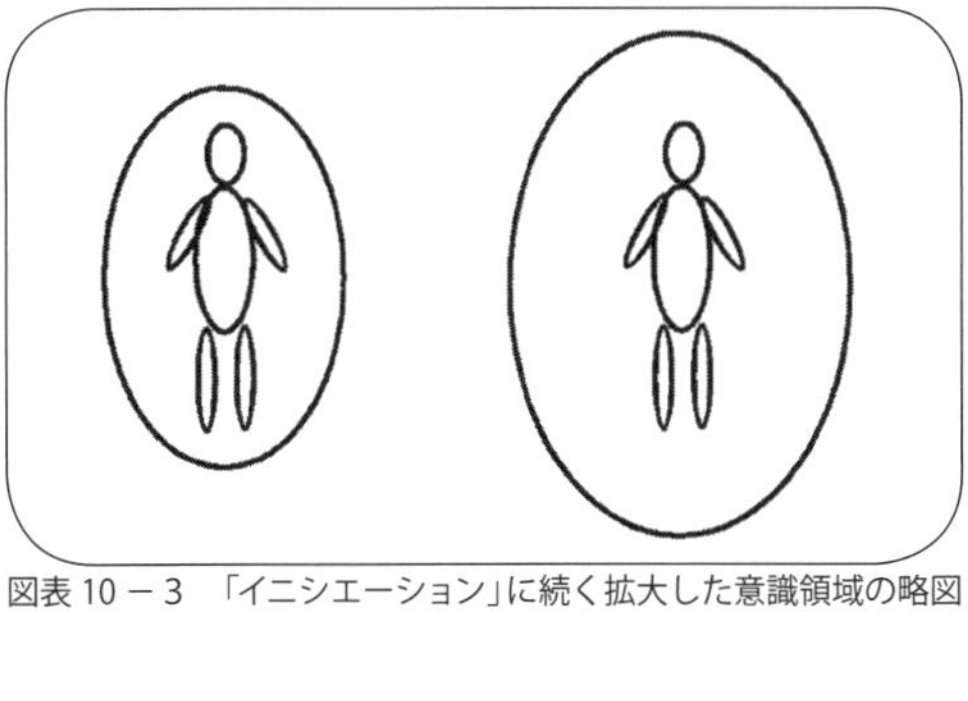

図表10－3　「イニシエーション」に続く拡大した意識領域の略図

のしたいことなのですか?」と尋ね、執着を手放すのです。これは弟子がイエスに従っていくのに、それまでのキャリアを手放したのによく表れています。

最初の「イニシエーション」は、物質の次元をマスターし、あるテストを通過し、試用期間を完了することです。雇用、健康、家、食べ物、エクササイズの問題に関連する信念やとらわれを手放すことすべてが顕著です。実際肉体の問題が含まれることもあります。

2番目の「イニシエーション」は、恐れ、恨み、妬み、などの感情の問題を克服することです。通常は一度に、1つの問題か1つの組み合わせに取り組みます。

3番目の「イニシエーション」は、精神の本質の問題をマスターするものです。信念や価値を再度検証し、意識と潜在意識にあるパターンを取り除き、癒し、高い精神に整合するときです。

4番目の「イニシエーション」は、高い領域に移行するものです。「十字架」や「大いなる復活」とも呼ばれます。犠牲、苦しみにより示され、激しく困難で、苦痛を伴うものとして捉えられています。ジュワル・クールはこのように述べています。

> 彼は犠牲の祭壇の前にすべてを置いた、彼の完璧な性格さえも。すべてを失い、立った。すべてを放棄した。友人、お金、評判、性格、世界で活躍すること、家族、そして命そのものも。
>
> ――*"Initiation–Human and Solar"*（89ページより）

この後すぐに5番目の「イニシエーション」が続きます。「復活」と「キリスト意識」に至ることです。

イエスが「わたしを通らなければ、だれも父のもとに行くことができない。」（ヨハネによる福音書14章6節）と言ったとき、彼は次のステップに進むため、または「アイ・アム」（訳注2＝個体化した「神」）と統合するためには、自分自身の「キリスト自身」（5番目の「イニシエーション」）とひとつになる必要性を述べたのです。

6番目の「イニシエーション」は「アセンション」という「個体化された神自身」である「父なる神・母なる神」、「アイ・アム・プレゼンス（用語解説）（神聖な自身）」と統合することです。これは「地球」に残り、「神聖な計画」（「ボディー・サットヴァ」の選択）または他の奉仕をする機会を含みます（この個所を何回も読み返したり、じっくりとその深い意味を考えたくなるかもしれません）。

7番目の「イニシエーション」は大いなる気づきと「すべてである神」とつながるときで、選択や行動に厳重な注意を向けるときです。それは単にすべてのこだわりを手放したり、または文字通り以前失ったすべてのものを再び要求することを含みます。

ここである人はそれまで達成したものを失い、達成を再び要求し、損失をもたらした間違いを取り除き修正することになるか、修正が全くされなければ病気になったりするかもしれません。

この段階を完了すれば、高いサイクルを伴って物質レベルに戻ってくるのです。そして次の複雑なレベルに進み「イニシエー

7番目――「すべてであるもの」――「天使界」

6番目――「アイ・アム」――「母なる／父なる本質」

5番目――キリスト

4番目――エーテル

3番目――精神

2番目――感情　または　アストラル

1番目――物質

図表10－4　人類の「イニシエーション」/進化過程の7つの意識の次元

ション」は継続するのです。

一度魂があるレベルの意識と霊的進化を遂げたら、肉体は低いレベルでは健康ではいられません。後ろに倒れたら、その多少を問わず誤りを見つけ、直すことが肝要なのです。これらの誤りは、新しい周波数ではもはや維持できない考え、言葉、行動なのです。

この時代、自分自身やエゴや個人的満足のためではなく、人類のニーズがあまりに大きいため、より大きな霊的成長を遂げるように、常に前に進むように促されているのです。あなた方が引き上げられるにつれて、あなた方と一緒にすべての命が引き上げられます。今はその加速が速いので、あなた方の最も高い、そして真摯な努力が要求されているのです。

あなた方が引き上げられるにつれて、すべての命が引き上げられます。

7番目の「イニシエーション」は、次の7つのサイクルのために物質の次元に戻る機会でもあります。死を通じて肉体を離れ、次の次元に行った場合は、誕生または他の非常に稀な方法で肉体を持ち、物質の次元に戻る前に拡張の段階があるかもしれません。例えば、「偉大な神の存在」が「天界の表現」を物質の次元にもたらすために、「イニシエート」またはシェラ（生徒）の意識と融合するかもしれません。

今のところ、次の「イニシエーション」に進むためには、50パーセントより高いレベルをマスターする必要があるのです。パトリシア・コタ・ローブルズによると、今の時代の要請を満たすために、達成できなかった残りの部分は「神の免除」として与えられるのだそうです。それが意味するのは、完全に新しいエネルギーと気づきのレベルに整合するためには、「イニシエーション」の後にもう少し時間が必要だということです。

このパターンは、より高いレベルの複雑性の中で繰り返します。

人類の進化の過程を完了するには、7つの「イニシエーション」が7組あります。これらの「イニシエーション」は、それぞれの下位の次元を経て、より高いサイクルの「イニシエーション」と習熟への進歩を表しています。これらの段階を進むにしたがって、より大きいレベルでの詳細を含むため発揮されるべき習熟の度合いは拡大します。例えば、ある人が旋盤を学び、もう1人が店全体を管理して、3番目の人が会社を経営するという具合に。これらは物質の次元における複雑さが異なるレベルで、これらのすべてが習熟すべき仕事なのです。

これらのいずれも霊的な習熟を表しているものではありませんが、物質の次元で生きるのに霊的マスターが取り組む作業の一部ではあるのです。同様に、どんなにそれが魅力的で、高収入で、難しいものであっても、特定の仕事を手放すという作業なのです。

図表10－5の図形は、「イニシエーション」のさまざまなサイクルまたは過程を経ていくにつれて、要求される複雑さの度合いが増していく（大きなサイズで表されている）のを表しています。

最初の過程または7つの「イニシエーション」の1組では、それぞれの段階はより制限された性質を持っています（図表10－5の小さな四角）。完全な7つの組は、最初の大きな7つの組の単位となります（斜線の長方形）。

そしてこの完全な1組はもっと大きな7組（大きな四角）の最初の1組になるのです。これが7回繰り返されます（図表10－5には3回目までしか描かれていない）。

人類の進化の過程には7つの「イニシエーション」が7組あるのです。そして「アセンション」には7つのレベルがあり、それぞれ7つの過程があるのです。

「アセンション」は「母なる／父なる神」、個人化した「アイ・アム・プレゼンス」との統合です（「アイ・アム」は他のすべての個人化された「アイ・アム・プレゼンス」と「ひとつ」で共にいます）。後に続く「アセンション」の経験は、より深い「アイ・アム・プレゼンス」との統合となります。

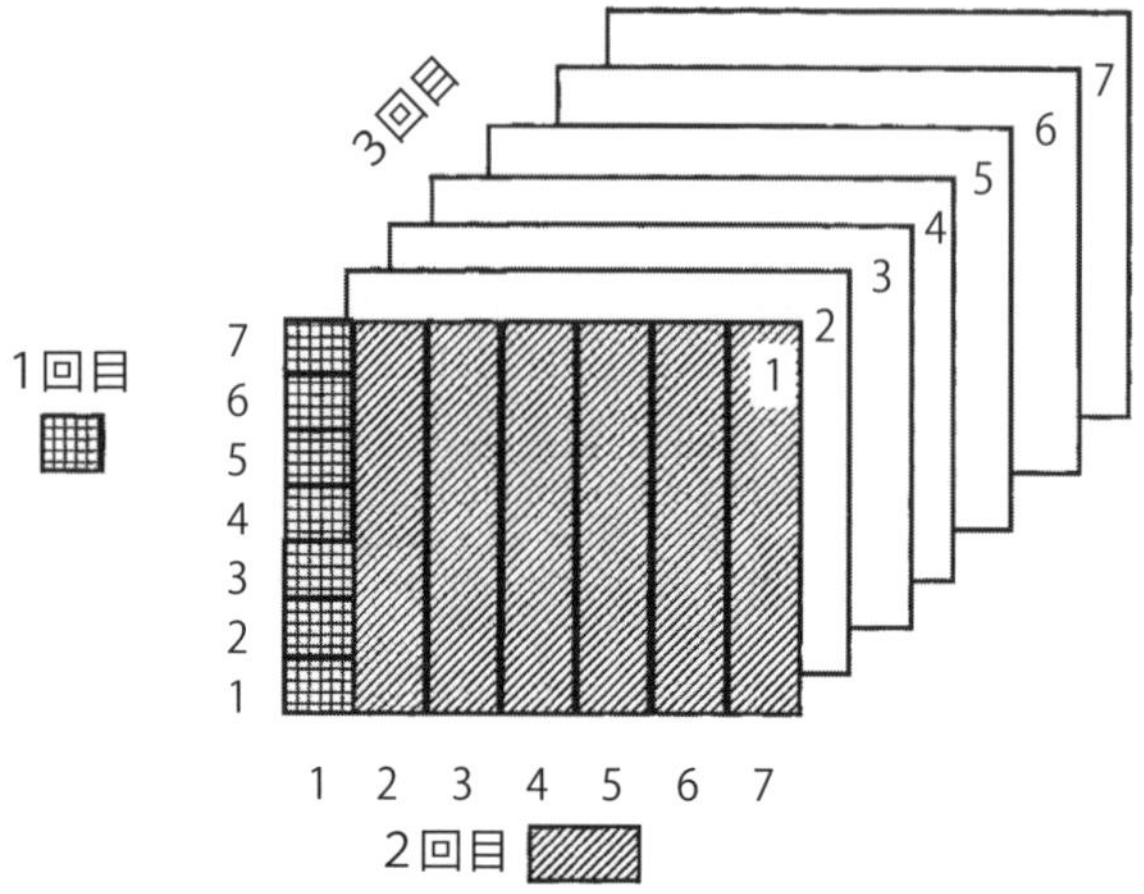

上の図は7つの各過程で完了する例として、より複雑で大きなスケールを表した図です。ここでは7つの過程の最初の3回目までしか網羅していません。これがあと4回続くのだと想像してください。

図表10－5　「イニシエーション」の過程

　この統合のプロセスのある時点で、「アイ・アム・プレゼンス」は「イニシエート」と融合し、「イニシエート」は「ハイアーセルフ」を体現します。そしてさらに広大な「宇宙」のサイクルの「イニシエーション」、成長、学びが続くのです。

　このプロセスは継続し、「イニシエート」が「天使界」のサイクルのレベルを通じてアセンションし、より大きな側面の「アイ・アム」と肉体で融合するのです。

天使界または太陽の進化の過程

人類の進化の7つの過程を7組終了した

ら、「天使界」（または「太陽」）の過程である12段階12組の過程が始まります。ここで「アイ・アム・プレゼンス」のレベルの中で6つのレベルが加わり拡張が起きます。

これらの追加されたレベルには、惑星のブッダ、「宇宙空間」／「神聖な母」の3つのレベル、「宇宙のキリスト」「宇宙のブッダ」と「宇宙の母」が含まれます。これらはすべて明瞭な意識のレベルです。13レベルがサイクルの完了点で、「無限の源」に浸り、次のサイクルの新しいコードを受け取るでしょう。今の時代はいまだかつてないほどに、あなた方は物質レベルから次のより大きなサイクルに早く移行するのです。

「天使界」のサイクルは、肉体を持った「天使」、肉体を持った「神と女神」、肉体を持ったキリスト、ブッダ、肉体を持った「アヴァター」と交流し始めます。あなたは何人もの個人を通じてイエス、聖母マリア、観音、そして多くの他のよく知られた「神聖な存

13番目——「全てであるもの」——「天使界」
12番目＊——「宇宙の母」
11番目＊——「宇宙のブッダ」
10番目＊——「宇宙のキリスト」
9番目＊†——「宇宙空間」——「完全な平和」の中心
8番目＊†——「宇宙空間」——「タオ」——「聖霊」
7番目＊†——「宇宙空間」——「虚空」——「すべて」の可能性
6番目＊——「惑星のブッダ」
5番目——「惑星のキリスト」
4番目——エーテル
3番目——精神
2番目——感情　または　アストラル
1番目——物質

（＊　すべて「アイ・アム・プレゼンス」の範囲）
（†　「聖なる母」のレベル）

図表10－6　12＋1次元の「天使」または「太陽」の「イニシエーション」意識過程

在」に会うと驚くかもしれません。例えばクリシュナは、彼の存命中に1万人の体に存在していたと言われています。

私たちの主な歴史を通じて見ても、これは非常に稀なプロセスです。ただし、今回は「膨大な宇宙サイクル」の影響があり、この「宇宙」のレベルでは前例のない成長の機会があります。そして何千もの「神聖な存在」が今、ここ「地球」に、この膨大な「宇宙」の相互作用に参加するために転生しているのです。

時間のサイクルは、この人類の進化の点に収束されます。

あなた方はこれらの時間周期の終わりに至ったのです

10年周期の終わり――１９９０年代
世紀の終わり――１９９０年代
千年紀の終わり――１０００年代
占星術の時代の終わり――「うお座」から「みずがめ座」へ――（２０００＋数年）
「マヤ暦」の終わり――（１２０００＋数年）
「ユガ」（用語解説）または時代の終わり――（１８６０００＋数年）（カリ・ユガ）

膨大な惑星の、太陽の、銀河のそして宇宙の「イニシエーション」が今起こっていて、これからもまだ起こり続けるでしょう。

ロバート・コックスの著書*“Pillar of Celestial Fire”*（天界の火柱）を読むと「宇宙時間」の周期がとてもよく説明されています。

地球の進化

「地球」は、彼女自身の進化点に到達しました。多くの国や人種の集団が自身の「十字架のイニシエーション」を経るのを見るでしょう。アイルランド人、ユダヤ人、アメリカ先住民族、チベット民族、ヨーロッパ全体、南アフリカ人、カンボジア人、中国人、日本人、ルワンダ人、ハワイの人々、イラクそしてアフガニスタンの人々など、いくつか例を挙げられます。「地球」自身がこの段階を通過するので、予言されたアルマゲドンはすべての人が経験したのです。

多くの人類の働きにより、「地球」は「アセンション」しました。

（著者のメモ／1997年――これから何が起こるのかを見たとき、個人と最も進化が進んだ人から最も遅い人までを含む人類全体の集団的な努力によりけりなので、詳細はヴェールに覆われているのを見ました。最も悲惨な予言は瀬戸際で実際回避されたと言えます）

イニシエーション

ここで述べた「イニシエーション」とは、学びを完了し、目的を成し遂げ、愛を表現したことにより、体の周波数が高い周波数に永続的にシフトすることです。この体験は原子や細胞レベルで、体中でより多くの「光」を感じるので「光明を得る」とも言われるのです。細胞の中でわずかに焼けつくような感覚を体験する人もいます。この新しいレベルにおいて浄化されるべく残っているものが、高い周波数の働きで文字通り焼き切られるのです。

ドアを通って広大な「光」の領域を体験すると、それがあまりにも眩《まぶ》しいのでそこに何があるかを見るためには、内側の視力を調節するのに何日も何週間もかかることがよくあります。

「光」の「イニシエーション」に続き、「愛」を与えたり受け取ったりする大いなる能力を体験するでしょう。それはまるで「自分」の「器」が拡大したように感じられ、そして「叡智」にもっとアクセスすることができるようになるのです。以前にはアクセスできなかったある考え、発想、理解へのアクセスが可能となるのです。（前出の異なる次元の現実に、異なる大きさの粒子があるモデルを参照）。あなたは次の高い周波数帯へのアクセス権を得たので、あなたの意識的なマインドで、その情報に今アクセスすることができるのです。その情報はずっとあなたの周りにあったのかもしれませんが、あなたはその情報とつながったり、理解することができなかったのです。今、あなたの肉体、感情体、精神体の乗り物が変化したので、あなたはその情報を解釈することができるのです。

音、呼吸、風、さまざまな生命に適応できる他の選択の「イニシエーション」もあります。ラマサの最初の本では、彼の「イニシエーション」は風だったと述べています。

ある考え、発想、態度は、新しい「光」のレベルでは共存できないので、認識され、癒され、浄化され、手放されなければならないというのも本当です。

もし認識されなければ、新しい基準と調和のとれない考えや態度などの古いパターンにこだわることで、1つまたはそれ以上の達成したレベルを失うことになる可能性があるのです。その場合は、自分を取り戻し、あなたの基礎をしっかりと固め、もう一度前に進む機会となるのです。このプロセスが始まると、深刻な肉体の損失、低いレベルへの逆戻りにつながり、前に進むために何が必要なのか分からなくなります。

2001年9月11日の出来事は、このことの惑星規模で起きた深刻な事例です。

このようなことは頻繁《ひんぱん》には起こりませんが、起こりえますし、このことに全員が気づく必要があります。これは罰でもあなたを貶《おとし》める「神聖な意志」でもないことを覚えておいてください。むしろそれは、あなたの選択の結果なのです。違う選択をすると、もう一度前に進むことができます。これは時々「剃刀の刃の上を歩く」と言われます。あなたが進むにつれて、不注意な考えをする余地はなくなるのです。

あなた方は個人だけでなく大小のグループとして、時として人類全体として「イニシエーション」を受けるのです。世界中で体験された最近の出来事はプリンセス・ダイアナの死と、2001年9月11日に起こった大災害です。

宇宙空間

（1991年、聖母マリアよりミケーラ・コルドーに授けられる）

「空間」の3つのレベルすべては「神聖な母」の「意識」の部分です。「宇宙空間」の最初のレベルは巨大な「虚空」として経験されます。ある人にとっては、これはとても恐ろしい体験かもしれません。他の人は何も判断しません。(あなたの日常では、混乱したり、方向性を感じられなかったり、方向性を失ったりするかもしれません)

あなたの意識を次のレベルへと進めると、あなたは顕微鏡をかなりの高倍率で拡大しているように思うかもしれません。

2番目のレベルでは、以前は虚空だと捉えていた中に、無数の潜在物質の粒子がランダムに動いているのを捉えるでしょう。それらがランダムに動いている中に、川や大きな流れのように見える粒子の列を捉えることができるでしょう。これが可能性を現実化する、創造の中のすべての選択肢により創られている流れなのです。それが「タオ」――「道」です。

あなたの受容感度を上げていくと、あなたは3番目のレベルに移行することができます。「タオ」の流れの中であなたの意識を移動してください。ここであなたは「完璧な平和」の中心を見出すでしょう。中心の周辺では、渦巻く流れを体験するかもしれません。この渦巻きと中心の静けさは「聖霊」の呼吸と考えられます。

あなたが中心にいると、すべては静かで平和です。実際、この静寂な場所から、あなたは自分にとって完璧なものすべてを引き出しているのです。あなたが必要とするものを完璧に実現するのもこの場所からなのです。あなたの恐れだけが邪魔をするのです。一方、中心から離れていると、あなたは渦巻きを体験します。環境にもてあそばれているように混乱を感じるのです。あなたは絶え間なく中心へと戻されているのです。

自分自身にこれらのレベルを体験させることは、あなたの現実を創造する新しい理解をあなたにもたらすでしょう。

次の節はミケーラ・コルドーが1993年の春にCORコネクションから発表した記事「深淵を渡る」の編集版です。

深淵を渡る

彼らのそれまでの人生でのいっさいのつながり――勤勉、共依存、さまざまな文化により押しつけられた期待や価値を手放した「ライトワーカー」がたくさんいます。彼らは、日常の必要性は「神」によって満たされることを、信頼することを学んでいるのです。彼らはお互いに愛し合い、信じ合うことを学んでいるのです。彼らは「神の意識」「キリストの意識」の中で毎日生活することを学んでいるのです。彼らは内側にいる「スピリット」のガイドに従い、肉体を信頼し尊重することを学んでいるのです。

私たちは、豊かさはお金や物質的繁栄だけでなく、多くの形で現れることを学んでいるのです。私たちは、私たちの人生における「神」の手に気づき、すべてに**感謝する**ことを学んでいるのです。お金や他の形による物質的繁栄は、私たちがそれに値するという感覚を育てる一環であることを受け入れるために、お金に関する私たちの問題を癒すことを学んでいるのです。

私たちは目に見える支援もなく生き残っているように思えます。私はこれを、「深淵を渡る」と呼びます。これは「宇宙空間」の体験の一部なのです。虚空の中で形を形成する原子より小さい粒子、潜在的現実のすべてである粒子を体験します。このことにはっきりと気づくと、人生の流れに完全に整合して現実を創る能力に自信を持てるようになります。「虚空」の中心には、完璧な「平和」の場所、「静けさ」の中心を見出します。ここに人生の新しい観点を見出し、「道」を見出すのです。

この深淵のように見えるものを渡ると「エデンの園」にたどり着くのに気がつきました。それは私たちが常に「神」に導かれ、守られ、私たちが必要とするすべては満たされているという「真実」を完全に信頼する意識の中にいることです。

私たちが自分たちのやり方から踏み出し、喜びの予感と信頼の中に生きることを学ぶと、「神／女神」が常に私たちに送ってくれている贈り物を見ることができます。私たちがどれほど深く愛されているかを信じると、私たち自身がこれらの贈り物にふさわしいとみなせるようになり、その贈り物を受け取ることができるようになるのです。

新しい「千年紀」に入ると同時に、新しい気づきが惑星中で起きました。他の人も、この道を前に歩いたということを思い出させるものなのです。映画で、インディアナ・ジョーンズが崖淵から深淵へと信じて踏み出し、彼の足の下から道が現れたというのを見たことがありますか？

あなたの人生がどのようなものに見えても、あなたは愛されていることを知ってください。道は必要に応じて、時として1歩ずつ明らかになるのです。

退行または進化

今日のあなた方の人生において、「宇宙」の「退行」と「進化」の力は大きく影響を与えています。分かりやすく言うと、退行のエネルギーはあなたのエネルギーを下げます。これらは否定的なパターンを持ち、聖書でいうところの罪、妬み、憎しみ、非難、不満などの態度や嘘、暴飲暴食、盗み、殺人、強姦などの明らかな行動も含みます。進化の選択はあなたのエネルギーを上げ、さらなる「イニシエーション」、成長、魂の成熟へと導きます。赦し、感謝、喜び、笑い、奉仕、分かち合い、献身、聖なる敬虔な音楽と祈り——美徳——の選択は進化を促すのです。

私たちはどこに向かっているのか？

今、あなたには何ができるでしょうか？　自分自身のワークをしてください。あなたの信念、思考、言葉、行いを検証してください。祈り、瞑想し、断食を適切と感じられるときに適時行ってください。キリストの目とブッダの慈愛をもってあなたのこの惑星上での兄弟姉妹を見始めてください。お互いを愛と慈愛をもって見てください。

これから進む大きな1歩は人類全体の集団的なものです。これはあなたが取り組むのであれば、グループの「イニシエーション」となるのです。今まで分かれていたグループが一緒になるのです。宗教はお互いを尊重し合うでしょう。これから「神を称える世界の日」として祈り、瞑想、断食をする日があらゆる人の中に、すべての中に存在する「神」を賛美する祝日ができるでしょう。この日はこの惑星中の誰もが祝う日となるでしょう。

この統一の日、人種間、国家間、宗教間の境界は死と誕生の古い循環を修了し、「新しい天国」と「新しい地球」を顕現する新しいサイクルが始まります。

この日は「苦難」の終わりとなるでしょう。

11章 再整合のプロセス

愛する皆さん、わたしはスナンダです。わたしはあなたの「太陽」です。

皆さん、ここで15分間の瞑想を始めてください。それから先に進みましょう（私はこの指示をこの章を始める前に受け取りました。すべての人が「愛する人」なので、あなた方にも価値あることかもしれません――ミケーラ）。

あなた方は、「愛する皆さん」です。あなた方はたいへんな試練と挑戦のときを過ごしているのです。あなた方が直面している困難と混乱に時々圧倒されているのも十分理解しています。

これらの潜在的な力があなた方の今回の人生に働いているので、これからする説明であなた方にいったい何が起きているかをより正確に理解してもらい、あなた方がこの時代を優雅に、楽に移行することができるようにと望んでいます。

多くの人が２本のＤＮＡが12本になる時代に入っていると聞いているでしょう。

これはあなた方にコード化されている12次元の「太陽光線」の通信媒体を表しています。これらは内側の次元で構築されているのです。１本１本がそれぞれ異なる次元の現実とつながっているのです。

あなたの肉体からエーテル体までを12次元までの各次元に落ち着けると、「生ける光の神殿」がお互いつながるのです。

これが安定するまでは、あなたには多くの機会が訪れるでしょう。あなたの12層のオーラ・フィールドのさまざまなレベルの中で、各媒体が調和する点がそれぞれにあります。またそうでないものは、あなたに全く引き寄せられないでしょう。しかし、これはとても大がかりなことなので、これらの機会のほとんどはあなたのオーラ・フィールドのすべての層と調和しているわけではないのです。

何世紀もの間、あなたの体は3つの次元の現実に落ち着いていました。そのため、あなたは自分自身が引き寄せた状況を生きることができたのです。そしてあなたはエーテルのパターンに大きな歪《ゆが》みがあるときでさえも、往々にして人生のすべての時間をそのように過ごしてきたのです。

今の時代、そのエーテルのパターンは、あなたの「神聖な青写真」と「地球」の「神聖な青写真」の全体性と完全性に整合しているのです。それが整合したのは、長い間信じられてきた信念、文化的規範と期待に大規模な再検証があるからです。

「愛の波動」と調和し共鳴するパターンだけが残り「地球」に落ち着くことができるのです。

この再整合のプロセスを免れるものは何もありません。もう一度言います。「愛」に達しないつながりは、すべて壊れるのです。

「愛」に達しないつながりは、すべて壊れるのです。

そのため貨幣制度、食料の製造、医療、家族、政府、友情、仕事の本質、すべてが「本物」である「真実」

との大規模な再整合の過程に入っているのです。

「この環境に私を引き寄せ、留めているのは〈愛〉なのでしょうか？」。この単純な疑問が、あなた自身の本当に落ち着くところをあなたに探し始めさせるでしょう。あなたは罪悪感、強欲、恐れのために生き、働き、人生を分かち合っているのでしょうか？　日が経つにつれ、これらの理由はますます現実的ではなくなります。何が本当にあなたにとって善いことなのかをあなたの意識がただ聴くのを許すと、あなたはますます純粋な善に気づくようになり、それはあなたの体験となるのです。

あなたは何を求めているのでしょうか？　すべての「欲」やあなたの人生における望みの奥底にある、より深い価値を見出すために、あなた自身にこの質問をしてください。

バーミューダで休暇を過ごしたいですか？　なぜでしょう？　あなたの友人を感心させるためですか。ストレスを解消するためですか。青い空、温かい水、静寂を体験するためですか。特に理由はないけれども内側の促しに従っているのですか。なぜでしょう？

愛する皆さん、深く掘り下げてください。ハートの奥底に行ってそこに潜んでいるあなたが本当は知っている「真実」を見出してください。この残りの2、3年を、あなた自身をより深く愛し、あなた自身のことをよりはっきりと聴き、あなた自身をもっと誠実に信頼することを学ぶときにしてください。

この愛し、聴き、信じるプロセスを通して、見極めがより必要になってくるでしょう。あなたの内なる声を聴くとき、あなたの歪みが反映されていないでしょうか？　傷ついた内なる子供《インナー・チャイルド》は怒っていたり、逃げ隠れしているかもしれません。

恐れと痛みに根差した古いパターンを見つけたら、あなたの「天使」に癒しと支援を求めてください。「愛するイエス」、聖母マリアに慰め、癒し、保護を求めてください。あなたの「ハイアーセルフ」にこの時代の迷宮を歩くとき、正しい選択を見つけられるように助けを求めてください。あなたのマインドとあなたの決定に、癒しと明確さをもたらすように「聖霊」に依頼してください。

愛する皆さん、どれほど迷宮が複雑でも、道がどんなに曲がりくねっていても、間違いなく中心へとあなたを導いているのを忘れないでください。間違った方向はないのです。

あなたが最も信仰し、愛と信頼を寄せている「神」や「神聖な存在」、聖母マリア、イエス、ブッダ、マザー・メーラ、クリシュナ、サイ・ババ、ガネーシャ、観音、「聖なる母」に、あなたのところに来て支援を与えてくれるように依頼してください。「地球」では「神聖」な表現が多くの形をとってきました。その人物が偉大または最高だったのかもしれません。おそらくすべての人物が「ひとつ」の表現だったのです。

ここであなたのハートに、あなたの道案内をしてもらいましょう。「神」はあなたのハートを知っていて、あなたが待ち望み、必要としているものを聴いています。

あらゆる瞬間に、あなたにもたらされている贈り物を見てください。そうすれば、あなたはどれほど深く愛されているかが分かるでしょう。

●エクササイズ11－1　「感謝」

この節を終える前に、このとても簡単なエクササイズをする時間をとってください。静かに、心地よく座って、目を閉じてください。あなたの人生であなたが感謝していることを10見つけて「ありがとう」と言ってください。（これが難しいと感じるのであれば、このエクササイズはもっと必要です）

10のものは何でもいいのです――空気、木、幸せな記憶、微笑み、あなたの愛を分かち合う機会、花、安全で幸せな家庭、あなたの目、健康、善い精神――何でもいいのです。「ありがとうございます。〈神様／女神様〉

ありがとうございます」と言ってください。凝らなくていいのです。このエクササイズは単純に、純粋に行ってください。あなたは何に感謝をしていますか？　書き出して「ありがとう」と言ってください。「毎日私を満たし、私を包む愛に感謝します」とつけ加えたければそうしてください。あなたは気づいていないかもしれませんが、いずれにしろそれは本当なのです。

愛する皆さん、次にあなたが欲しい、または必要と思うことを10挙げてください。リストを作りたければそうしてください。そして次のように言ってください。「〈神様／女神様〉〈ハイアーセルフ〉、私の必要に完全に応えてくださってありがとうございます」

「私の成長と進化、私への慰め、安心、健康のために、完璧な人々、物事、環境をもたらしてくださりありがとうございます」

「聖なる関係、私を満たす仕事、私を支え助ける機器、完全な健康、健康的で安全な環境に感謝します」

「〈愛〉と〈叡智〉と〈力〉に感謝します」

「私の人生における奇跡に感謝します」

「ありがとうございます！」

●エクササイズ11－2　次元間のグラウンディング

今「地球」では、私たちが慣れ親しんだ次元だけでなく、多くの次元の現実が統合されているので、統合のワークが必要です。

このエクササイズは、あなたの高次元体の現実をすべて整合するので、あなたは統一した意識へと進みます。最初にこれを私たちに教えてくれた、非常に才能豊かでスピリチュアル志向のミュージシャンでありヒーラーでもあるエリック・バーグランドに感謝したいと思います。

このエクササイズは特に、何をしたらよいか決められないときに有効です。ある日、代案を真剣に検討するかもしれませんが、次は全く違う案がいちばん善いように思われます。これは往々にしてあなたのさまざまな次元体の未統合が反映されているからです。

ある次元の現実では、ある視点が完璧に思われます。他の次元の現実では、全く別の発想がいちばん善いと思われるのです。すべての次元が統合されると、最も容易に目的が明確になり、あなたのすべての側面にとって何がいちばん善いかが明確になります。

立って腕を横に伸ばして、手のひらを上に向けてください。あなたの腕を前から後ろに回しながらこう唱えてください――「私は、私の13次元の体を12次元の体に、今グラウンディングします!」(「今」を強調してあなたの腕を下に強く動かしてください)
あなたの腕を回し続けながら言ってください――「私は、私の13次元と12次元の体を11次元の体に、今グラウンディングします!」(手で動きを強調して、統合を感じてください)
「私は、私の13次元と12次元と11次元の体を10次元の体に、今グラウンディングします!」(強調して)
「私は、私の13次元と12次元と11次元と10次元の体を9次元の体に、今グラウンディングします!」(強調して)
「私は、私の13次元と12次元と11次元と10次元と9次元の体を8次元の体に、今グラウンディングします!」
(強調して)
「私は、私の13次元と12次元と11次元と10次元と9次元と8次元の体を7次元の体に、今グラウンディング

します！」（強調して）

「私は、私の13次元と12次元と11次元と10次元と9次元と8次元と7次元の体を6次元の体に、今グラウンディングします！」（強調して）

「私は、私の13次元と12次元と11次元と10次元と9次元と8次元と7次元と6次元の体を5次元の体に、今グラウンディングします！」（強調して）

「私は、私の13次元と12次元と11次元と10次元と9次元と8次元と7次元と6次元と5次元の体を4次元の体に、今グラウンディングします！」（強調して）

「私は、私の13次元と12次元と11次元と10次元と9次元と8次元と7次元と6次元と5次元と4次元の体を3次元の体に、今グラウンディングします！」（強調して）

「私は、私の13次元と12次元と11次元と10次元と9次元と8次元と7次元と6次元と5次元と4次元と3次元の体を2次元の体に、今グラウンディングします！」（強調して）

「私は、私の13次元と12次元と11次元と10次元と9次元と8次元と7次元と6次元と5次元と4次元と3次元と2次元の体を1次元の体に、今グラウンディングします！」（強調して）

それぞれのサイクルを完了するたびに統合を感じてください。必要に応じて腕を休めてください。（ある人はもっと多くのレベルとワークしていますので、あなたが正しいと感じるレベルを含めてください）

12章 潜在意識の再プログラム

アシュタール艦長が語ります。

わたしはアシュタールです――(「地球」の移行のために働いている星間船の)最高司令官です。あなたは誰でしょう? あなたは、今現在も行われている歴史的な変化を助けるために「惑星地球」に転生することを選んだチームの一部です。それはあなたにとって何を意味するのでしょうか?

ここでの学びの性質は何だったのでしょうか? (ここでアシュタールはミケーラに筆記で応じます)。人類に対する懸念と、あなた自身の中に内在するあなたが判断している間違いについて回答します。特に、「自由意志は大きな間違いだったのか?」について。ユニティの集団意識に私たちが移行したら、何が起こるのでしょうか? 何の情報も与えられず、ただあなたに言われたことは何でもする単純で精神のない自動化された存在なのでしょうか?

もし学びが何も知る必要がなく、全く何も考える必要がないということであれば、すべての学びの目的、葛藤、困難は、いったい何だったのでしょうか? 「ハイアーセルフ」との統合とは、言われたことすべてに「はい」と答えることを意味しているのでしょうか? あなたには発想も意見も全くもたないのでしょうか?

あなたの得た理解がそのようなものではないことを願っています。あなたの自由意志の学びには実際目的があって、最初はそれほど悪い考えではなかったのです。

人類の集団的表現

最初に、人類の集団的表現という概念は、個人の表現をそれぞれの部分として組み込むものです。次に、「統合されたスピリット」の完全な表現は、現在得られる情報からは想像できないものです。ちょうど多くの細胞が集まって器官を形成し、多くの器官が集まって生きた存在を形成するように、多くの個人が集まって集団で統合された「存在」を形成するのです。

集団の形は部分の形とは全く違いますが、それぞれが欠くことのできない部分なのです。あなた方はまだ個人の部分を完了していないのでいつ統合が起きるのか正確に理解してはいないのですが、おそらく何百年、何千年もかからないでしょう。

自由意志は素晴らしい考えです。自由意志は自分自身へ出す指令と、適切なときに他の人に対して出す指令の目的を理解しようとするすべての人にとっての学びのツールです。それぞれの人が司令官にならなければならないときがあり、指令を受ける準備ができていなければならないときがあるのです。命令に従うときの落とし穴を理解していなかったり、または自分自身の目的の感覚や善悪の感覚に反する命令に従ったりすれば、指令は何の役にも立たず、指令を下せないでしょう。

わたしたちは、今の時代に「ライトワーカー」の意識に拡がっている反発のレベルを懸念しています。愛する皆さん、起きてください！　自分の権力や地位の強化を伴う自己憐憫の誘惑に負けないでください。

あなた方は「神聖な計画」の土台なのです。人間自身が「ハイアーセルフ」の促しや「至高」の呼びかけに抵抗し、実際、日常の些細なことで議論し続けているうちは、革命が起きているのと同じことなのです。

もちろんあなたはすべての善いものに値し、あなたの必要はすべて賄われていますが、あなたの人生の些細なことすべてに不満を持つと、あなたの人生、あなたの魂の成長、あなたの人生の目的に最高の利益をもたらさないのです。

実際、あなたはこれらの方法を用いて自分自身を仕事に合わなくしてしまうのです。あなた方に退行と進化の違いについて説明したいと思います。

退行と進化

ロード・ゴータマ・ブッダとロード・イエス・キリストの時代までは「地球」の人々は退行のプロセスにありました。彼らは個人化を学んでいて、このプロセスで「ひとつなるもの」からますます離れていったのです。彼らは着実に、より深い制限、欠乏、苦しみに落ちていったのです。この偉大な「教師」の人生と手本がこの傾向を反転させる勢いを確立したのです。

最終的にはすべてが進化に貢献しますが、その時、人類に絶望と苦痛の沼から這《は》い出し「神」から離れるスパイラルを反転させるための典型的なツールが示されたのです。今、男性と女性は最も単純な人でも使える「源」に戻る「神」との整合と統一に戻るためのツールを手にしたのです。

今回、実に多くの人が「真実」を支持し、今までの世界では許されていた嘘が社会のあらゆるレベルで突きつけられています。恐れや嘘はもはや受け入れられないのです。

最も高いレベルの「真実」は「神」の理解です。「神の真実」では、あなたは創造主の完璧な子供として常に抱かれています。あなたのマインドがすべての状況の「真実」をしっかりと捉えたら、「愛」のエネルギーがあなたの体に浸透し、あなたという存在の本当の「真実」を反映し、健康と全体性を維持するのを助けるのです。

ある言葉や態度はあなたを「神」から離していきますし、他の言動はあなたを「神」にもっと近づけます。例えば、不満、非難、意図的に他の人を傷つける言葉、あなた自身の利己的な目的で他の人をコントロールしたり、もっとひどい場合には意図的に、または不注意に全く無意味であるかのようにあからさまに悪態をつくのはすべて闇の力とツールなのです。

今、人類の足跡はようやく「家」に向かいました。あらゆる人生におけるあらゆる残酷な言葉、あらゆる歪《ゆが》んだ考え、あらゆる誤用したエネルギーを取り除き変容しなくてはならないのです。あなたがスピリチュアルな道を歩むにつれて、常にそれらのパターンを取り除く機会を与えられるでしょう。毎日、取り組むことが少しずつ増えるでしょう。毎日、あなたの強さと人格は拡がり続けるでしょう。

毎日、徐々に多くのカルマに取り組む機会が増えるでしょう。

現在、惑星全体が未処理の負債を取り除いています。愛する皆さん、あなたは「地球」がアセンションのプロセスを続け、意図された集団的意識レベルに到達するようにと、積み重なった大量の惑星のカルマをいくらか取り除くことを志願したのです。

あなた方が転生をする前に、広範囲にわたって訓練を積んできたことを思い出してください（あなたが忘れたときのために、多くの存在が多くの形で役に立つテクニックを教えています）。この移行の時代を通してお互いを愛し支え合い続けてください。ポジティブで建設的なものに、あなたの注意を向け続けてください。

あなたの取り組むワークの単純なルールは次のようなものです。

◆互いに愛し合いなさい。

◆お互いの中に、そしてすべての命に「神の力」を見てください。

◆すべてに感謝してください。

◆任務があまりにも大きいと感じられるときや、大きさにかかわらず他の任務のすべてについても助けを求めてください。

◆避けようとしているものや、残しているものよりは、あなたがどこに向かっているかに集中してください。

◆「神の意志」は、全体像を理解しているあなたの意志であることを覚えていてください。人生は苦しみの試験ではありません。

◆手放して、「神」が表現されるようにしてください。

◆あなたが理解し、快適に受け止められるような形で物事があなたに与えられるように依頼してください。

◆人生は喜びで満ちています。すべての中に喜びを見出してください。

◆「私は――」で始まる文章を始めるときはいつも、あなたは「神」の名前を――「神の創造の力」を呼んでいるのです。次に言うことが、本当にあなたが創造したいものであることを確認してください。これはたいへん重要なことなので書き出して、あなたが覚えるまで何度も読んでください。私は具合が悪いとか疲れているとか、――「私は寂しい」「私は落ち込んでいる」などと言うときは、いつもあなたは「神」にそれを与えてくれるように求めているのです！

あなたのマインドを非生産的な言葉や態度で満たしていると気づいたら、今、素晴らしい機会があなたに与えられていることに気づいてください。多くの人が、頭がおかしくなってしまったように感じている、と報告しています。すべてを覚えていられなくなってきているのです。何が起こっているのでしょうか？　あなたは、もうあなたに役立たないあらゆる考え、思考形態、古いプログラムなどを今回手放せるように最大限の支援を受けているのです。その代わりにあなたは、マインドを何で満たしたいのかを意識的に選択する機会を与えられているのです。

それは古いソフトウェアでいっぱいになっているコンピューターのようです。多くのことがうまく機能しなくなっていて、しかもいくつかのプログラムにはたいへん多くの間違いがあるのです。あなたの脳も同じような悲しい状態となっています。すべてを消し去ってしまうのは人生を少し複雑にしてしまうので、あなたは少しずつ取り組んでいるのです。これはあなたの潜在意識を再プログラムする機会なのです。

あなたの細胞に若返りのプロセスをインストールして、若さを維持したいですか？　では、そう言ってください。あなたの健康、幸福、急速な癒し、最大限のバイタリティと美しさのための個人的なマスタープログラムを作ってインストールしてください。最高の喜び、遊び、お互いの成長、聖なる性、尊敬に値する友情などの関係だけを引きつけたいですか？

あなたの潜在意識にそう命令してください。常にあなたにはその権限があるのです。あなたは今、意識的な、または無意識の選択であっても、時として破壊的な考えや言動でさえも、あなたがプログラムしているのだということを理解したのです。

あなたは、あなたにとって最高で最善のヴィジョンを抱く権利があるのです。あなたの「魂」は非常に長い間、あなたが指揮をとるのを待っていたのです。今こそあなたのために、新しいパラダイムを創造するときです。そしてそうすることで、人類すべての集団的シフトに加わるのです。新しいものを見つけてプログラムに追加したくなったり、プログラムを完璧なものにしたければ、すべてのプログラムが更新可能であるように確かめることもできます。

あなたの人生のあらゆる部分を見てください。あなたは何を望みますか？　あなた自身のために何を選択しますか？

意味のある仕事？　より大きな喜び？　もっとお金を得ること？　すべての人が豊かになる方法で他の人に奉仕する機会？　愛？　挑戦？　冒険？　言葉にして要求してください！

もちろん、コンピューターからいくつかの古いプログラムがまだ完全に取り除かれていないことにあなたは気づいているでしょう。それでも大丈夫です。穏やかに、努力せずに取り除くコマンドを書いてください。ある学びを理解する重要なところで、その学びが最大限のやさしさと喜びをもって訪れるように、プログラムに追加することができるのです。

これらのコマンドは、どのように見えるのでしょうか？

これらのコマンドは単純です。潜在意識は修士論文を書いて学位をとろうとは思っていません。小学校2、3年の言葉で十分です。単純であるほど善いのです。試したかったら、そうしてください。潜在意識は単純なリズムが好きなのです。だから広告のジングルがとても効果的なのです。

●エクササイズ12−1　「言葉」の「力」

例えば、次のように声に出して始めてください。

◆「アイ・アム」が命じます。

◆私は（　　　　）を命じます。

◆私の力強い「アイ・アム・プレゼンス（神聖な自身）」の全権において、私は命じます。

健康と癒しのためには、次の文章を加えてください。

◆私は今、私の健康と全体性を自ら維持できるように、潜在意識を「神の愛」と私自身の「神聖な青写真」に差し替えます。

人間関係には次の文章を加えてください。

◆健康的で、聖なる、喜びのある生活を分かち合う神聖な正しいパートナーを惹きつけること。（あなたが望むことをできるだけ具体的に言ってください）

◆私の友人、家族、同僚との愛と信頼の絆を強めること。

「ハイアーセルフ」には次の文章を加えてください。

◆私の「ハイアーセルフ」との、「愛」と「喜び」の絆を深めること。

◆私のガイダンスを簡単に、はっきりと、努力せずに聴くことができ、正しい行動と正しいタイミングを十分に理解する能力。

◆今とすべての浄化の過程で、慰め、癒し、容易さと恩寵があること。

◆浄化の過程で、私が学びを選択していることを覚えている能力ともっと微笑み笑う能力を。

基本的に、あなたの人生であなたが望むようにうまくいっていないことに関して依頼してください。古いプログラムと信念を取り除く言葉を見つけてください。つくられてしまった傷を癒してください。健全な注意を必要とするあなた自身の部分を育んでください。あなたの最高の善を表すために必要なものすべてを満たす新しい内的な人生を創造してください。

単純に思えますか？　そうです、単純なのです。あなたは小さいころからプログラムされてしまっているのです。あなたは人生の決定を、赤ん坊や幼い子供として行ってきたのです。あなたの両親や友人が彼らの信念やプログラムを加え、社会や文化がプログラムを加えたのです。さあ、あなたはそれを整理して、まだ持っていたいものがあるのかを決めるのです。あなたの人生を、今あなたが望むように創造してください。

できすぎた話のように思いますか？　試してみてください。あなたが望むようにあなたの人生を創造できるかやってみてください。あなた自身の懐疑的な部分に審判になってもらい、その懐疑的な部分に過程を見させ評価してもらうのです。たぶんその部分は、なぜうまくいっていないのかを指摘するでしょう。おそらくインサイダーだけが見せることができる要素があるでしょう。あなたの内的な懐疑者は、価値ある協力者です。あなたの潜在意識はあなた自身のある部分、あなたの内なる子供《インナー・チャイルド》、体、内なる両親《インナー・ペアレンツ》、内なる反逆者、内なるヒーラーと取り組み、それらをよく知る必要があるのです。

あなたには素晴らしいカウンセラーやアシスタントの内的チームがあります。彼らは新しいスキルや新しい才能の開花、新しい職務などを与えられ、彼らの人生が向上するチャンスをひたすら待っているのです。あなたの内的なチームの「一員」に誰がいるのかを確認してください。会議を開いて、全員を招集してください。ある部分は、お互いに話したことがないかもしれません。ある部分が牢屋に閉じ込められていませんか？　あなた自身を知ってください。あなた自身の最も賢く、最も愛に満ちあふれた部分に、他の部分が過去を手放し、あなたが夢見るような最高の人生をつくり始めるように求めてください。19章には、この概念を探求したエクササイズが含まれています。

麻薬中毒患や過体重はどうでしょう？　そうですね。これらはすべてあなたが、あなたのより大きな善のために（その時、そう思ったように）あなたの人生にもたらしたものです。あなたが本当に望んだものと、あなたが今、本当に望むものを見つけてください。どうして他のものではなくこれを選んだのでしょう？他の方法ではあなたの目的は果たせないのでしょうか？　今、選んでください。

今は、素晴らしいときです。驚くべき変化の機会がたくさん提供されていて、あなた方が自分自身にとって役立つ方法を見出し、さらに他の人が、今は楽に変化を遂げられるということを理解するための支援方法をあなた方が見出していることに、わたしたちはとても喜んでいます。

難しい説明は必要ありません。認知セラピーのように、話すパターンを再度方向づけする進化しつつある心理学システムがあるのです。意識的な言語の概念とあなたの望み、あなたの気持ち、選択を表現するいちばん善い方法だけを選ぶための多くのワークショップがあります。

催眠療法のシステムで、神経言語プログラミング（ＮＬＰ）や多くの技術があります。錬金術的催眠療法のテクニックや疑いの余地なく他の多くの技術が常につくられています。宣言、マントラ、聖典やアセンデッド・マスターの祈りがあります。最近では、ニール・ドナルド・ウォルシュの著書『神との対話』（*Conversations with God*）がこの流れの発想をたくさん含んでいます。

メアリー・マ・マッククライストは１９７０年代からアセンデッド・マスターの教えに取り組んでいて、あなたの波動領域全体やあなたの意識的な言語や言葉の創造、変容、癒し、守護の力を強化するのにとても有効な祈りや宣言文の本を何冊も提供しています。その中に *"Our Daily Bread"*（私たちの日々の糧）、*"The Blessed Mother's Blue Rose of the Healing Heart"*（祝福されたマザー・ブルー・ローズの癒しのハート）があります。

あなたを最も心地よくする言葉を使ってください。ニューエイジの人だけでなく、すべてのタイプの人々がもっと成功するために多くのプロセスが使われています。

聖書でさえ「再誕」と新しい人になることに関して語っています。信念体系に制限はないのです。すべての人がこの再整理のプロセスで〝どのように共同創造者または共同指令者となるか〟という新しい理解を抱くことができるのです。最初は少し変に思われるかもしれませんが、最終的にはあなたより良く理解している存在があなたの意識を再設定するでしょう。あなたは、あなた自身の人生を掌握したいと思うでしょう。ここに完璧な機会があるのです。

「もし間違って、起こったことが気に入らなかったらどうするのですか？」という質問が湧くかもしれません。確かにあなたは、自分が創造したものにものすごい勢いで不平を言っていました！　ここにもう少し良くする機会があるのです。それはまだ具体的に固まってはいません。もちろん、あなたは気に入らないものを変えることができるのです。

あなたが言ったことを覚えていませんか？　あなたが自分自身のために創造したことの記録をとって見直し、あなたが望むように編集して一向に構わないのです。それをシステムの更新と呼びましょう。実際それはとてもいい考えなのです。今、あなたのマインドにあるプログラムの記録をとるのはいいことです。あなたは、あなたの人生を左右してきたすべての信念や考えを見てきっと驚くことでしょう。

「なぜ、私はこれらを決して欲しいと思わないのでしょうか」とあなたは尋ねるかもしれません。ここにあなたが欲しいと思うものを欲しいと言う機会があるのです。
ここでは、あなたがあなたの人生で、あなたの望むものを正確に創造するいくつもの考えや提案を提供します。あなたがすでに示した考えを歓迎し、これから説明するものをとても楽しみにしていることを望みます。

●潜在意識を再プログラムするエクササイズ

領域を設定する――宣言（はっきりと声に出して言ってください）。

私は、私の「ハイアーセルフ」、私の「天使」「ガイド」、そして愛する「アセンデッド・マスター」の「存在」を呼び出します。彼らの助けと支援に今日感謝します。

私は、まばゆく光る「白い光」のチューブが私を囲み、私を守るように要請します（もし必要であれば、もう1つグループを包むものを要請してください）。それぞれのチューブは無限に上に伸び、下は地球の中心へと伸びています。私に入ってくるエネルギーと私から出ていくエネルギーが最高のものだけとなるように、「変容の紫の炎《ヴァイオレット・フレーム》」でチューブを満たすよう命じます。私は、過去の学びすべてに感謝し、今私が「地上の天国」の共同創造者となるのに、より役立つものを私が創造することを許します。

私は、今日私が行うすべてが健康の増進、より豊かな繁栄、より大きな愛、より多くの叡智と理解のために最高のものとなるように依頼します。私は今、潜在意識にある私を傷つけるすべてのものから私を守ろうとする私自身の一部と交流します。「あなたの過去における奉仕のすべてに感謝します。私は今日、私自身の愛する〈力強いアイ・アム・プレゼンス〉の〈光〉と〈愛〉と〈力〉を拡大する次のレベルに、徐々に楽々と進むために、もう役に立たないプログラムを手放し、今選ぶプログラムと入れ替える支援を、私の強力な〈アイ・

アム・プレゼンス〉と一体となり、あなたに依頼します。

私自身の個人的な必要性に最も適した言葉と考えに気づかせてください。私は、今日創造したすべての変化が未来のどの時点においても、さらなる明確さと更新に適したものであるよう命令します。

●エクササイズ12－2　手

（このエクササイズは体のどの部分と行ってもいいです）

座るか横になってください。とても楽な姿勢をとってください。あなたが赤ん坊だったころを思い出してください。あなたの手の素晴らしさを見てください。手がほとんど思ったように動かなかったころを思い出してください。時を重ねて、手はとても繊細な道具となったのです。あなたが赤ん坊のころのあなたを抱いているところを想像して、その子とその可能性にあふれた小さな手を見て、あなたに流れている大いなる愛を感じてください。

さあ、大人になったあなたの手を見てください。あなたの手の絵を描いてください（5分ほど、紙とペンまたは鉛筆で書いてください）。

次に、手があなたにもたらす喜びの視覚的記憶を10想像してください。リストを作成してください。それから、あなたの手の絵をもう1つ描いてください。

描き終わったら、あなたの手を見て、何か違いがあるかを注意して見てください。時間をとってあなたの手に感謝すると、あなたの手が違って見えませんか？　（最初このエクササイズをしたとき、私ミケーラは、最初の絵はざっと描かれていて、2つ目の絵がより細かい注意やより多くの愛情と感謝をもって描かれたことに気づきました）。あなたの手は、癒し、祝福し、与え、受け取る素晴らしい力の道具なのです。手があなたにもたらす多くの贈り物を称える時間をとってください。私たちがお互いに相手に感謝することを10考える時間をとったらどうなるでしょうか？　私たちはお互いを違ったように見るでしょうか？

宣言——私は、私の「力強いアイ・アム・プレゼンス」に、今生またはあらゆる人生において私の手が誰かまたは何かを傷つけるために使われたり、他の人の手で傷つけられた記録、記憶、パターン、痕跡のすべてを、私の存在のすべての細胞、原子から解放するように求めます。これらのエネルギーが「変容と赦しの紫の炎」の中に、今そして永遠に解放されますように。

私自身の「光」と「愛するアイ・アム・プレゼンスの力」を通じて、私の手が「聖なる完全性」の道具であり、私の人生と世界の「神聖な計画」の一部であるように命じます。私は今、「黄金の太陽」が私の頭の冠の上に光り、輝かすように求めます。私は今、この燦然《さんぜん》と輝く白と黄金の光を、私のクラウン・チャクラと第3の目に注ぎます。そして私の手の貢献を祝福し、癒し、「神／女神／すべてであるもの」の「愛」と「光」に奉仕するように、意識と潜在意識、全神経経路と私の肉体の脳を再プログラムし再定義します。私はこの白と黄金の光を私のハートに取り込み、私の腕と手に出します。

宣言——私は「地球」を、特に手を使ったエネルギーの誤用に関する記録を、私の手を通して祝福し癒すために、すべての「愛」である「無限の源」から祝福を呼び出します。私は「紫の炎の天使」と「大天使」に、過去、現在、未来のすべての次元の現実とすべての人生におけるこれらのエネルギーを永久に変容することを求めます。私は「紫の炎」が「地球」を包み込み、誤用されたエネルギーすべてを完全に燃やし尽くすのを想像します。私は集合意識にあるこれらの記録を、手が聖なる「神」の道具だという考えに置き換えます。（あ

なたのヴィジョンを書き出し、グループでワークしているのであればそれを分かち合うのもよいでしょう）

●エクササイズ12－3　「癒し」と「無条件の愛」

（パートナーと一緒に行うのが最も望ましいですが、1人で行う場合はパートナーと行っていると想像してください）

背骨のつけ根からグラウンディング・コードが伸びているのを想像してください。そのグラウンディング・コードを「地球」の中心まで伸ばしてください。あなたの呼吸に合わせて、吸って、吐いて、ゆっくりと優しく、平和とより深い受容の空間へと入っていってください。「地球」を包むように、あなた自身の体から外へと意識を向けてください。

あなたを楽に優しく包む、守護と純粋さの白い光のチューブを依頼してください。そのチューブは無限に上へと伸び、下は「地球」の中心へ伸びています。あなたが今日受けたネガティブなエネルギーを変容するために、「紫の炎」でこの光の柱を取り囲むように依頼してください。

呼吸に意識を合わせてください。「地球」を満たし、「地球」から発せられる無条件の「愛」のエネルギーを引き出してください。「愛」のエネルギーの色、音、気持ちに気づいてください。一呼吸ごとに、あなたの足裏から「光」を引き上げ、脚に、腰に「光」を流し、骨盤のあたりに「光」を集めてください。

さあ、あなたの注意を宇宙の「愛」のエネルギーに向けてください。呼吸に合わせて、そのエネルギーを天界の次元からクラウン・チャクラを通じて脊柱に降ろし、地球のエネルギーと組み合わせるため骨盤まで降ろしてください。これらのエネルギーを混ぜ合わせて上昇させ、穏やかに渦を巻き、それぞれのチャクラを浄化してください。優しく呼吸して、それぞれのチャクラを通して吸ったり吐いたりしてください。

1番目、背骨のつけ根――生存と創造
2番目、お臍《へそ》の下――感情、セクシュアリティ
3番目、太陽神経叢《そう》――力の中心
4番目、ハートの辺り――愛、人間関係
5番目、のどの辺り――コミュニケーション
6番目、眉間――第3の目、透視能力、マインド
7番目、頭の冠（かんむり）――霊的つながり

ハートに注意を向けて、「地球」と「宇宙」の無条件の「愛」の一体化したエネルギーが手から出るように、肩に、腕に流してください。あなたのパートナーにこの「愛」を分かち合う許可を得てください。順番に、あなたのパートナーの「愛」と「癒し」のエネルギーを受け取りたがっている痛みと不快な部分を感じ、聴き、見て（あなたの感覚すべてを使って）ください。

あなたの手をこの部分に当て、最高の善のために、あなたのパートナーが癒しと祝福を受け取るように「父なる／母なる神／すべてであるもの」から「地球」と「宇宙の愛」の緑と金色の「愛の光」（他の色でもいいです）があなたを流れ、あなたのハートを通り、あなたの手からあなたのパートナーへと流れるように流してください（宇宙にそれがどのように見えるはずなのかを伝えようとしないでください）。「光」があなたを通過すると、愛、慰め、癒し、祝福の言葉が浮かぶかもしれません。癒しが完了するまで「光」が移動するのを許してください。癒しが完了したら、あなた自身のエネルギー全部を優しく呼び戻して、あなたを流れた「愛」と一緒にしてください。あなたに入ってきたパートナーのエネルギーを手放し、パートナーに戻してあげてください。あなたの光のチューブの「紫の炎」を通過すると、すべてのエネルギーは浄化され変容されるのです。深呼吸

を2、3回して、今の瞬間にあなたの全意識を戻してください。

●エクササイズ12－4　目、耳、鼻、口、触覚器官の癒し

（生命と若返りの要求と死のホルモンの停止）

あなたが赤ん坊だったころを想像してください。あなたは純粋で無垢でオープンでした。あなたの目で見た、不快や恐れにつながるすべての記憶を過らせてください。もう一度「紫の炎」を呼び、あなたの未来の行動や選択のために、最高の理解と叡智の学びを得るように、これらの記憶に変容と赦しの炎を通過させてください。

あなたの目は十分、恐れ、痛み、死、恐怖、破壊を見てきました。すべてを炎の中に入れましょう。1巻きのフィルムのように、炎の中で永遠に変容するように広げてください。炎が踊り、大きくなり、柱、壁、世界が「紫の炎」となるように、醜さ、不正、盲目さ、暗さを焼き尽くし変容させてください。目は魂の窓です。美しさと完璧さに至らない魂の記憶すべてを炎の中に解放してください。あなたの細胞の記録、あなたのRNAとDNA、原子の回転と軌道そのものの根源を炎で変容してください。すべてを浄化してください。

宣言――私は肉体、感情体、精神体、エーテル体を完全に浄化するように求めます。私は4つの低次体を「キリスト意識」（オーラの層の5番目のレベルに保たれている）と「神聖な青写真」の完璧さに完全に整合するよう求めます。

子供は無垢な状態で天国の領域を反映します。新しい目で見て、新しくなった感覚で感じるようになったら、あなたの天国の家をあなたの中に取り戻してください。あなたの目を通して世界へと、天国をより輝かせてください。

あなたの目を通して、クラウン・チャクラを通して「光」をもたらしてください。そして下垂体と松果体を浄化してください。死のプログラムを「生命」と若返りに再設定するときです。

宣言――「力強いアイ・アム・プレゼンス」の名において、私は退行と死のエネルギーから永遠に解放されることを命令します。私は、私の体のすべての細胞を新しくし、若返らせるホルモンの活性化と補充を求めます。私は今、私の注意とすべての「生命」エネルギーを、私とすべての命の最高の善のために、永遠に拡大し続ける健康、美、愛、繁栄、喜び、叡智に向け直します。

耳の浄化――目のときと同じように、非難、残酷さ、からかい、中傷、悪口、怒り、憎み、拒否、不調和、破壊の恐ろしい音――私たちの耳に入ってくる内側または外側の不調和な音と歪んだエネルギーの大きさを、少しの間反映してください。すべての次元の現実の最も古いものから現在のものまで、すべてに「焼き尽くす紫の炎」を通過させます。そして浄化させたものを解放し、無限へと返すのです。私たちは、耳や聴覚を通過した「愛」「真実」「美」「喜び」「明確さ」「叡智」が拡大し、私たちの内側と外側の聴覚を通じ、「生命」の完璧さと偉大さを伴い、私たちに大いなる霊的成長をもたらすものを、私たちの記録や記憶に加え続ける環境をもたらすように依頼します。私たちは話すことと聴くことの両方において、調和的で高揚させるものに注意を向け続けることを自分自身に思い出させます。

このプロセスを嗅覚、味覚、触角に行ってください。今回はあなたにとって問題となっている特定の過去の記憶やパターンに焦点を当ててください。「紫の炎」で取り除き、あなたが自分の「最高の善」のために、今選ぶ命令に差し替えてください。

さらなる浄化と統合のため、過去そうであったものから、今後そうなるものへの変化のエネルギーを表すアートワークをしてもよいのです。カラーペン、クレヨン、絵具を使って描きたくなるかもしれません。ある人は自由な形の抽象的なアプローチを好むかもしれませんし、他の人は何かの再現描写を好むかもしれません。あなたの直感に従ってください。あなたが意図すると、この浄化と統合は言語を超えたレベルで働きます。これらの変化を4つの低次体すべてと統合するためにダンスや運動を選ぶかもしれません。

ただ立ってあなたの中で今起きているシフトを感じ、自由に動いてください。あなたの体はエネルギーを動かすのに何が必要かを知っています。音楽を使いたければ使ってもいいですし、使わなくてもいいのです。

最後に「神／女神／すべてであるもの」と、あなたに日々訪れる「愛」「癒し」「祝福」に感謝してください。

13章 エレメンタルの役割

ロード・スナンダが語ります。

愛する皆さん、わたしはスナンダです。今日は皆さんにお伝えすることがあり、わたしたちは皆さんと共にいます。それはエレメンタルの役割についてです。愛する皆さん――エレメンタルはエロヒム（訳注1＝この宇宙の創造主である神）の系統の初期段階の存在なのです。彼らは基本段階の形を創造します。

わたしたちがエレメンタルについてエレメンタルのために語るのは、あなた方がエレメンタルとは何であり、何をしているのかを知り理解することが非常に重要だからです。「地球」を一掃するこの膨大な成長の波の中で、確実にあなたがなるべきものになるためには、あなたが誰であり、誰であったのかをよく検証する必要があります。

分離の幻想の中で、あなた方は自分自身を神から離れたものとして、天使から離れたものとして、お互いに離れたものとして、鉱物、植物、動物王国を管理し、魂を宿す生命の力から離れたものとして経験しました。その結果、あなた自身からも離れてしまったのです。

「ユニティ」の意識では、すべては互いにつながった部分でつくられた1つの巨大なシステムであることが分かるでしょう。あなたの考えや気持ちは、直接、エレメンタルである岩、植物、動物、空気、大地、火、水、エーテルが、あなたの召使としてあなた方が実際製造した機械そのものの命や意識も含んだあなたの周りに直接影響します。

これにはどういう意味があるのでしょうか?

これはあなたの人生のネガティブな環境を、もう「事故」や「不運」のせいにできないということなのです。あなたはこれらを自分の選択で創造したのです。無知と無行動は、知識と行動と同じように選択なのです。

わたしたちはここで残酷さ、判断、厳しさを望んではいません。わたしたちは、あなた方の力、あなた方の権限、あなた方の人生を完全にマスターすることを、あなた方が求めることを願っています。

あなた方があまりにも長い間生きてきた恐怖は、もしあなた方に本当の力(神が禁じた)があれば、間違いを起こして大きな災いをもたらしたでしょう。

マルデック(かつての地球の姉妹惑星で、その破片は今、小惑星帯にある)の破壊、アトランティスの破壊と堕落の記憶は力とクリスタルテクノロジーの誤用によるもので、アダムとイブの過ち、天使の反抗とそれに続く堕落でもあり、あなたの魂を恐怖で満たしました。もしわたしが間違った選択をして力を誤用したら、何が起こると思いますか。わたしはそんなことを起こしたくありません!

愛する皆さん、あなたが望もうが望むまいが、あなたには力があるのです。目やマインドを閉じても真実は消えません。

もしすべての赤ん坊が「いや、私は立ったり歩いたりしないの。私は転ぶかもしれないし、おバカさんに見えるかもしれないわ」と言ったらどうなるか想像してください。幸いなことに、そんなことは赤ん坊のマインドに入ってこないようです。無垢に信頼することで赤ん坊は内なる導きに従い、体や世界をマスターしていくのです。

成長と文化的適応のどこかで、無垢であることと信頼することが失われるのです。それでもほとんどの人が歩いたり話したりできるのです。

あなたのマスター性の要求には、あなたの選択や行動に伴う明らかな、または予期しない災難の可能性を見る能力も含みます。マスター性を要求するということは、あなたの最高の理解と誠実さから行動するという意味で、すべての潜在的な結果を知らなくてもあなたの人生を選択し生きることで、常に予測しようとすることではないのです。

あなたが全く理解をもたない力が常に働くでしょう。あなたはアメリカの西半分が海に沈むのかどうか、いつ沈むのかを知ることはないでしょう。あなたは、あなたの食べ物や水が汚染されているのか、いつタイヤがパンクするのか、さらに言えば、なぜそれらが起こるのかを常に知っているわけではないでしょう。

それでもあなたは世界で行動するように要求されているのです。あなたの支援がどこで違いを生むのかを理解し、その支援を与えることを要求されているのです。あなたは拒否されるかもしれません。あなたの贈り物が認識されるまでに何百年もかかるかもしれませんが、今こそあなた自身を与える、あなたの独自性を分かち合うときなのです。

この「新しい天国」と「新しい地球」の共同創造をあなたと一緒に行うのがエレメンタルの願いなのです。

今回は、エレメンタルについてあなた方に話します。なぜなら、この「新しい天国」と「新しい地球」の共同創造をあなたと一緒に行うのがエレメンタルの願いなのです。

愛する皆さん、あなた方の体から始めましょう。あなた方の体は統一された全体として相互に働き統合された多くの複雑な部分から成り立っています。

ジェーン・ロバーツが彼女の『セスは語る』（*Seth*）という本に、彼女のオーバーソウルが、彼女の「自由意志」を助けた日に何が起きたかについて、とても面白い話があります。彼女は何かを取ろうとして手を伸ばしたのですが、それを倒すかそうでなければ鼻を擦りむくかという選択になりました。ここにちょっとしたことですが重要な鍵があるのです。考えてみてください。全体は何かを達成するために協働しているのです。彼女はこの練習から多くを学びました。彼女の話からあなた方は多くを学べるかもしれません。

では、あなたの体のエレメンタルについて話を始めさせてください。あなたという存在の意識の粒子や原子の中で意識が生きて働いているのです。あなた方が胃、肌、心臓、血液、髪、足などと呼ぶ意識も同様に生きて働いているのです。そして全体としてすべてを管理しているチーフがいます。あなたが寝ているとき、瞑想しているとき、魂の旅をしているとき、あなたの体は呼吸し続け、消化し続け、血液は循環し続けていますね？　あなたのマインドがどこか別のところにあるとき、いったい誰があなたという車を運転していると思いますか？

あなたの体の叡智を聴き始めてください。あなたの足と話す簡単なエクササイズから始めましょう。

●エクササイズ13－1　あなたの足との会話

（次のエクササイズを終えたときに、あなたの思いを書くノートが近くにあるといいと思うかもしれません。これをもう一度読んで、目を閉じて指示に従いたくなるかもしれません。目を閉じたまま意識を集中して聴けるように、これを声に出して読んで、録音し再生するのを選ぶかもしれません）

静かに座り、あなた自身の部分と話すことができると思ってください。それが足でも。あなたの足と話すために行く、あなたの内側にある部屋を想像してください。どのような部屋なのか、そこに座るとどのように感じるのかを想像してください。この場所がどのようなものか見て、聴いて、嗅いで、感じてください。

あなたの周りを観察して、これを十分行えることを理解してください。この部屋を居心地よく、あなたらしくするために、置きたいものは何でも置いてください。例えば、居心地のよい椅子、壁に掛ける絵、暖炉があなたを心地よくさせるかもしれません。そしてあなたにとって、意味のある会話を創造することができると思ってみてください。

静かに座って、目を閉じて、呼吸に従っていると想像してください。静かに、穏やかに、何回か吸ったり、吐いたりするのに意識を向けてください。次に、呼吸があなたの体を流れ、足まで達するのを想像し始めてください。吸ったり吐いたり、あなたの体中に流れ続けます。

あなたの意識を、呼吸をしながら足まで流してください。何かを感じますか？　色を見たり、音を聴いたりしますか？　ただ呼吸をして、少しの間、感じてみてください。それから、愛と感謝を足に送ってください。

「ありがとう」と言うことから始めましょう。あなたは足を無視したり、与えられたままに当たり前のことと思っているかもしれません。今、彼らがあなた方に提供している奉仕をすべて思い出してください（もしあなたの足が機能していなかったり、足がない場合は、足があなたに何をしてあげたいのかを想像してみてください。そして全体のために担っている彼らの犠牲に感謝してください）。あなたの足が健康なら、そうでない人のために少し祈る時間をとってもいいでしょう。

それから、あなたの意識を足に向けてください。あなたの足は触ってもらったり、マッサージをしてもらいたいでしょうか？　ほとんどの人が自分でそうすることができるでしょう。時間をとってあなたの足を意識的に愛をもって触ってください。また、あなたのエーテルの手があなたの足やあなたのエーテルの足に届き、愛情を込めて触っているのを想像してください。

あなたの足に、彼らとあなたにとってだいじなメッセージを伝えるように依頼してください。足に提案、思い、考えを提供してもらってください。足はかなり現実的です。抽象的な概念はあまり期待しないでください。とても実用的なアドバイスを聴くかもしれません。普段、私たちは忙しすぎてこのようなコミュニケーションをとることを考えもしないのですが、ペースを落として私たちの体の声を聴くのは価値あることなのです。

あなたが彼らの言いたいことを想像していると自分に言いきかせるのが楽になったら先に進んでください。あなたの意識的（たいてい批判的）なマインドは脇に退き、判断や制限なしに起こっていることをただ観察してください。

ここでいったん止まって、彼らからあなた自身へのメッセージを聴いてください。

私が聴いたことを読む前にこれを行ってください。私の考えがあなたに制限をもたらすのは望ましくないのです。紙と鉛筆を使って考えを書きとるか、会話が始まったら録音してもいいのです。

著者のコメント――初めてこのエクササイズを行ったとき、「もっと心地よい靴を買って」と言うのを聴きました。それまで履いていた靴は、足を痛めていたのです。今日私は「ビタミンAとEが入ったローションをつけてください。そして毎日2時間、太陽の光を浴びてください。靴を脱いで芝生を歩いて、〈地球〉に触れてください。あなたの足の声を聴くことを学んでください。私たちはいつがあなたにとって方向が合っているのか、そうでないのかを教えるでしょう。私たちは〈地球〉のエレメンタルとつながっているのです。私たちを洗い過ぎるのもよくありません。お風呂の前後にはオイルかクリームを塗ってください」（これは私の乾い

てひび割れたかかとに驚くほど効きました)

「私たちをパートナーとして一緒に歩んでください。あなたに新しい状況をもたらさせてください。ダンスをするときには、私たちをもっと自由に動かしてください。つま先を小刻みに動かしてください。私たちにもっと自由を与えてください。私たちはあなたの行きたいところに連れていきます」

そして今、あなたの意識を手に移しましょう。手を見てください。手があなたにしてくれていることを10考えてください。手が他の人と一緒にすることをすべて見てください――握手、合図、分かち合い、料理、労いを込めて肩を軽く叩くこと、ゲーム、書くこと、自分自身に触れること、お互いに触れること。

「ありがとう」と言ってください。片方の手を、もう片方の手で支えてください。素晴らしい奉仕者です。私たちは手を尊重していますか、それとも酷使していますか? 先ほどのエクササイズを今度は手に繰り返してください。私が受け取ったことを読む前に、あなた自身が経験し、それを記録してください。

ミケーラの手はこう言いました「お母さん、あなたは自分自身に厳しすぎます。あなたはいつも、あなたが本当にしたいことからあなた自身を引っ込めてしまいます。あなたはしたくないことを、自分自身に強制しています。あのコンピューターゲームでさえ、あなたの本当にしたいことからあなたを遠ざけています」

「自分を信頼したらどうですか? もちろんやることはありますが、私たちはそれをすることが大好きです」

「あなたがしていることを好きになりましょう。あなたのしていることにすべての意識を注ぐのです。あなたは些細な部分に注意を払いすぎて、とても多くの時間を費やしているのです。完全に、今にいてください。あなたの人生から逃げるのはやめてください」

「何かをしようと思うなら、やってください！」

「あなたの残りの部分はどこにいるのですか？　あなたのしたいことは何でも助けますが、それをしている間はここに（意識して）いてください」

エレメンタルの役割に関しては新しい考えが浮上しています。彼らはあなたの道の共同創造者になりたいと望んでいるのです。

あなたの体のさまざまな部分である体のエレメンタルと会話をするようになると、あなたは「あなた方は、どう私の道のりを助けられるのかしら？　どうしたらもっと多くの喜びを、より多くの達成感を、今の瞬間に聖なるものをもっともたらすことができるのか？」ときくかもしれません。その答えはあなたを驚かせるかもしれません。あなたの足は選択や方向の決断をするとき、彼らとどのように一緒に働くかというヒントをくれるでしょう。あなたの胃、消化システムは、肉体の最大限の完璧さと光を保ち発揮する能力を高めるためにいつ食べ、何をどのくらい飲み、食べたりすればいいのかを勧めてくれるかもしれません。あなたの目は、目の役割に関連したことを勧めてくれるかもしれません。あなたのそれぞれの部分がもっと霊的にまとまり、もっと元気になるのです。

コミュニケーションする時間をとり、しっかり聴いて、聴いたことを尊重するようになると、関係はさらに発展し、あなたが予想もしていなかった方向に発展するでしょう。これは実験です。人類はこのようなアプローチを今までとってきませんでした。多くの聖なる人々が、過去に体を無視し罰してきました。今、あなた方は物質を十分に霊的なものとしなければならないのです。そして物質の役割は、あなた方を毎日とり囲み、次々と起きる奇跡となることなのです。

●エクササイズ13－2　「はい」と「いいえ」の（個人的な）はっきりとしたサインを確立する

静かに座って、呼吸と心臓に3分ほど集中してください。あなたが明快で、バランスがとれているように依頼してください。

オプション1――このエクササイズでは、あなたの体は振り子のように動きます。あなたのハートの上に両手を重ねて立ち、「はい」「いいえ」で答えられる質問をするのです。答えが「はい」であれば、あなたは前に傾きます。「いいえ」であれば後ろに傾きます（ある人は体が少し違ったサインを出すようです。何があなたにとって真実かを確認してください）。時々何の変化も起こらなくて答えがはっきりしなかったり、質問が不明瞭だったりします。この方法には多くの微妙なヴァリエーションがありえます。例えば、しばらく真っすぐに立っていて、それからゆっくりと前に傾くときは、これは「はい、でも後で」という意味かもしれません。経験が教えてくれることでしょう。

オプション2――あなたの目を開けて、こう言ってください。「私自身の〈キリスト自身〉、私の〈ブッダ自身（本質）〉、私の〈アイ・アム・プレゼンス（神聖な自身）〉に、私の質問や要請に対するあなたの確認を依頼したら、はっきりとした、簡単な、分かりやすい個人的なサインを与えてくれるように求めます」

次に、こう言ってください。「〈はい〉のサインを見せてください」。サインは肉体的なものとして、体の痙攣《けいれん》、右手や指の動き、頭のうなずき、あなたの体を通るうずきの感覚（真実の流れ）、またはあなたが選択するサインかもしれません。あまりに微《かす》かであれば、納得がいくまで他のサインを依頼してください。

あなたが確信する必要があれば、2回繰り返すように依頼するとよいかもしれません。エーテルのサインは、音楽、色、感情かもしれません。あなたは「はい」と言う声を聴くかもしれません。目を閉じてあなたの意識を呼吸に戻してサインを受け取ってください。

「いいえ」のサインのために、このエクササイズを繰り返してください。

(これがうまくいかない場合は、他の方法を試してください)

これらのサインを、完了したかどうか、正確かどうかを確認するのに使ってください。「私は正確に理解していますか?」「これで終わりですか?」「私はさらに助けが必要ですか?」「これが、私が今できるすべてでしょうか?」

サインを定期的に使うのは、あなたの自信と理屈ではない経験に基づく信頼を築くのに役立ちます。特に感情的な内容ではない選択に、毎日、何度もこのテクニックを使うといいでしょう。例えば、晩御飯にはニンジンとブロッコリーのどちらを買うべきでしょうか? このりんごは、この種類のものよりもおいしいでしょうか? 今晩はどの映画が善いでしょうか? このように今まで蓄積してきたものに頼ることなく、全く経験のないものに対して行った決定に自信が持てるようになります。

もしこの章やこのエクササイズが難しいと感じるようであれば、あなたに必要な支援を与えられるさまざまな種類のトレーニングを行う「ライトワーカー」が世界中にいます。あなたの「天使」に、あなたの意識に適切な援助をもたらすように、あなたが「天使」の助けを信じて助けを進んで受け取ることができるように依頼をしてください。

もしこの内容に抵抗を感じるのであれば、あなたが見たくないと思うものや認めたくないものがあるという可能性を受け入れてください。

あなたの旅が進むにつれて、今まではアクセスすることができなかった意識のレベルで新しいことが起きるかもしれないことも覚えていてください。あなたはそれが起こってから、またいつでも、これらのエクササイズを繰り返したいと望むかもしれません。

14章 兆候と不思議なもの

イエスが語ります。

愛する皆さん、今の時代はあなたの人生における兆候と不思議なものに注意を向ける必要があります。あなたに方向性を知らせる多くの兆候があります。この道を行きなさい、これをしなさい、それはしないほうがいいと。そこにあなたのハートがあるのです。

あなたは他の人の好き嫌い、他の人が欲しいもの、欲しくないものを聞いてしょっちゅう巻き込まれてしまい、あなたが本当に欲しいものを見つけるのに少し問題が生じています。

ですから、あなたの人生の詳細に注意を払ってください。あなたの一部はこれを引きつけ、あなたがずっと無視し続けてきたものに注意を向けることができるのです。

内側の促しに注意を向けてください。そこにあなたのハートがあるのです。

愛する皆さん、あなたの人生は、あなたが内側の促しに注意を払うだけでもっと楽になるでしょう。

わたしたちがここでしたいことは、あなたが毎日の活動に必要とする単純な道具を分かち合うことです。

「地球」で光が増え続けるにつれて、ますます潜在意識に埋まったものが浮上し、取り組まなくてはならなくなるのです。それはしっかりと埋まって隠されたままにはならないのです。

あなたの進化のレベルにかかわらず、取り組まなくてはならないことがあるのです。あなたのではなくても、あなたが責任を負う家族のカルマ、人種、宗教、性、年齢、国、惑星のカルマの問題があるのです。

イギリスにいる人は、君主制に対する問題に取り組まなくてはなりません。今日、それは何の目的に叶っているのでしょうか？　人々が受ける価値は何でしょうか？　「王族」は千年以上も続いた役割の中で、彼らの魂の目的が果たされるのかに取り組まなくてはなりません。イギリス人は、何百年にもわたるイギリスによる世界支配の影響に対しても責任を負わなくてはなりません。

アメリカ人は、人種のるつぼと言われる社会の人種問題や、個人の自由と責任について取り組まなくてはならないのです。

日本人は、個人対集団と社会的規範に取り組んでいます。

中国人は、何百年にも及ぶ貧困、虐待、精霊魔術思考、道教のマスターの古い叡智と、60年にもわたる混乱と神を否定するプロパガンダが混ざった社会、文化、経済の改革に取り組んでいます。

ロシア人は、力による「共産圏」統一の問題、偉大なる芸術と情熱の国の魂に連動した何世紀にも及ぶ抑圧と虐待に取り組んでいます。

それぞれの国が基本的な性格と性質を持っています。それぞれが贈り物である天然資源、肉体労働者と頭脳労働者の両方と、その基本的性質を持ち、この惑星全体の活力の独特な一部を形成しています。

天国と地獄の違いに関する冗談があります。天国では、フランス人が料理し、イギリス人が政治を行い、スイス人が警察を管理し、ドイツ人がエンジニアリングを行い、イタリア人が愛します。

地獄では、フランス人がエンジニアリングを行い、イギリス人が料理し、スイス人が愛し、ドイツ人が警察を管理し、イタリア人が政治を行います。

それぞれの国に住む人には、その人独特の贈り物と才能があります——もしこの冗談があなたを笑わせたなら、あなた方は国や個人として得手・不得手があることが分かるでしょう。

あなた方は個人として、あなた方の贈り物と長所を称え、自分自身の完璧な活かしどころを見つけることができるでしょうか？　あなた方は、さまざまな国々の個人の強みを褒《ほ》めることができるでしょうか？　そうすれば、わたしたちは「神の計画」の表現である「全体としてひとつになり、豊になる」ことができるでしょう。

自分自身と子供たちのためにこれができるのであれば、それは私たちの国にも広がるでしょう。そうすれば、地獄の機能不全や苦痛の代わりに、天国の調和と喜びの中で生きることでしょう。

地球を見る

愛する皆さん、少しの間、「地球」を取り囲んでいる大気を見てみましょう。

「地球」を宇宙船が取り囲んでいます。彼らの主な目的は、人類全体のエネルギー・パターン、「地球」の周りの感情帯、精神帯を見て問題のある個所を確認することです。それから、彼らは「地球」で肉体を持っている仲間に、健康と全体性を最大限確保するために注意と癒しの技術を集中させるように指示するのです。

最初に何が起こっているのか「地球」の主な地域を選んで見ていきましょう。それから、あなたの注意を惑星のヒーラーの仕事に向け、これらの取り組みに全員が参加する方法を提案します。そしてすでに取り組んでいる人には、あなたの時間、エネルギー、注意をいかに高められるかについて提案します。

あなたが大きな宇宙船の指令室のスクリーンの前に立っているところを想像してください。あなたの前には「地球」があります。スクリーンは、高さ3・6メートル、幅は9メートルです。スクリーンの右にはいくつものダイヤルがあり、さまざまな状況を近くで見たり、集団的感情エネルギーや集団的精神エネルギーの覆いを見ることができます。かなり熟練した専門家は色のパターンや健康、調和、平和から、怒り、破壊、病気までの地球全体のエネルギーが何を表しているのかに精通しています。

別の部屋では、「地球」の音のパターン――交通騒音、シャワーを浴びているときや職場で口笛を吹いている音、ロックコンサート、核爆発、鳥のさえずり、軍隊の行進の音まで――をモニターする特別な機器で埋め尽くされています。

個人として、集団として、音は「地球」で何が起こっているかを測るうえで重要なものさしなのです。音は「神」の想像力の一部です。「初めに言《ことば》があった……」（ヨハネによる福音書 1章1節）これらの集団的調和のパターンは、「地球」上での直近の（2、3週間以内の）変化のパターンを決めるのです。

揃った軍隊の行進が橋を破壊する音の波を創り出すように、さまざまな音が植物、動物、個人、家族、グループ、組織、国、さまざまな「地球」の構造の成長や破壊を促進するのです。（聖書の例では、ヨシュアがジェリコの街の周りを軍隊で行進させたとき、ラッパの音で壁が崩れた）

最初の部屋では、技術者が取り組んでいるパターンをあなた方に理解してもらうために、いくつかの主要な区域を見せて説明しています。

最初の区域は**ボスニア**です。濃い光のパターンの波がこの地域をいくつかの方向に押し流しているようです。焦点を広げて東欧、中欧までを含めると、ボスニアが中心点に向かう川の支流ように小さなエネルギー・

パターンの合流地点であるのが分かります。この地域（ボスニア）は、まるで深刻な人間関係の問題がある家族の「特定された患者」のように拡大され、焦点を合わせられています。実際、そこは共産主義の崩壊に続き表面化した、集団的怒り、葛藤、混乱の解放点なのです。共産主義は、これらの感情エネルギーを恐怖で抑圧してきたのです。「地球」で光の波動が増えると、恐れに基づいた構造は分解されるので、これらの蓄積した感情が表出するのです。

聖母マリアがメジュゴリィエに現れたのも「地球」の助けを求める叫びに対する天界の対応の一部でした。聖母マリアへの献身的な祈りと、彼女の行った御業と奇跡への関心の高まりは、強烈な痛みと苦しみの解放にバランスをもたらす愛と癒しの焦点を創造する助けとなりました。

共産主義とその後遺症に苦しんでいる人々に対するあなたの祈りは違いもたらすのです。これらの人々には多くの瞑想、宣言、祈りが引き続き必要となるでしょう。中東で爆発しようとしている痛みと苦しみにも同じことが言えます。

音のパターンの影響

ここでモニターされている音のパターンについて理解するために、音の技術者が先ほどの音のパターンと

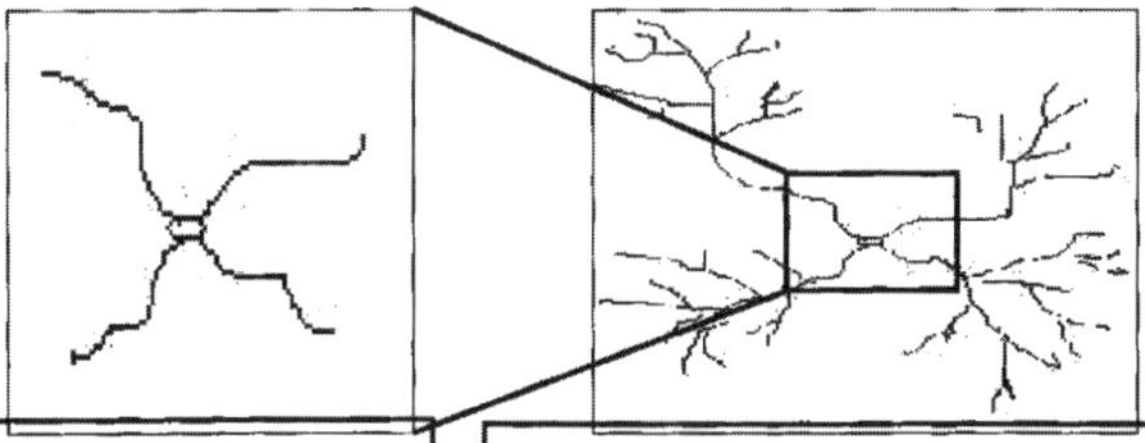

図表 14－1　ボスニア

図表 14－2　ボスニアがエネルギー・パターンの合流点であることを表している東ヨーロッパの略図

比較するために健全な田園地方のパターンを見せてくれています。

健全な状況では、鳥、虫、水、風が、共同で人間の（混乱していて、そのために破壊的な）パターンを吸収する流れるシンフォニーをつくっています。

木は、彼らの葉で風の音のパターンを分け、低い音の振動パターンである「地球」の「心音」と調和的に共鳴するとても高い周波数の変調を生む重要な役割を果たしています。

大きな山岳地帯は、これらの低い音のパターンを持ち、それを取り囲む田園地域（そこに住む人々、動物、植物）が調和するのを助けます。

核爆発と実験、銃、装甲車、行進する兵士、爆発などの大きな戦いへの準備は強烈な不調和のパターンを創造し、この惑星を取り囲むエネルギー・フィールド（オーラ）（用語解説）である「地球」自身の健康的なパターンに歪《ゆが》みをもたらします。

有機体として十分な平和があれば、「地球自身」の治癒力は自らを修復します。あらゆる側面からの攻撃が彼女の修復力を大いに妨げています。

今までの地域ほどはっきりとはしていないかもしれませんが、「地球」に影響を与えている他の３つの地域も具体的に見てみましょう。すでによく報告されている熱帯雨林の破壊や海の被害については詳しくは触れませんが、わたしたちが述べる事柄からも分かるように、それらも現在、あなた方が体験している「地球」の変化に重要な役割を担っていることを理解するでしょう。

黒魔術の影響

次に指摘する場所はインドです。ここでは黒魔術と、それよりは控え目ですが破壊のレベルは決して小さくない人の強欲による何世紀にもわたる破壊的な影響への反転がありました。

インドは、遠い過去の人々により分かち合われた偉大なる霊的叡智と膨大な豊かさの中心でした。「カリの時代」にこれらの文化、美、科学、深い霊的調和の文明は、暴れ回るより低い文化に転覆させられてしまったのです。

この圧倒的な破壊を食い止める方法を探る試みとして、ある熟練したヨギたちが彼らの力を誤用し始めてしまったのです。時間の経過と共にこの力の誤用は、インドの本当の強さと豊かさを完全に破壊した秘密組織に集中し、人々と土地の膨大な資源をほんの一握りしかいない要人たちに向かわせ、彼らの力と影響をさらに拡大するために利用されたのです。

これらの強力な組織の残党は、いまだに今日も機能しています。彼らの主な影響は13～14世紀と18～19世紀でした。なぜなら、ある個人が時の権力者にのし上がり、世界のパターンを利用することができたからです。

インドにおけるイギリス総督がこのパターンをひっくり返し、（ほとんど無意識で）眠れる巨人を起こす状況をつくり出しました。ガンジーが現れ、人々のハートとマインドを捉え、イギリスのインド支配を終わらせることに代表される自由とインドの人々の力を再び要求し、自分たちの服をもう一度自分たちで織り、彼らの財産と力を自国に蓄えることで、彼らの象徴的遺産を再び要求することに意識を向ける中心的な役割を果たしました。

同時にイギリスの到来は、闇の熟練したブラザーフッドを最初はイギリスに、それから19世紀半ばには拠点をアンダルシアに移動する機会をつくりました。この拠点から第1次世界大戦と第2次世界大戦が指示され、世界の資源を、兵器や物資などに、また特定の産業と主な金融企業に向かわせようとしたのです。

いわゆるイルミナティがこの闇のブラザーフッドの経営／財務力の大部分で——その「数人の人」は、イルミナティのトップの人たちでさえも決して知らされていないのです。彼らは、残念なことに権力の幻想が続く限り、物事を実際にコントロールしている人に気づかないふりをすることを選んでいるのです。

この闇のブラザーフッドはこの30年ほど、惑星中で「ライトワーカー」が目覚め、勢力を増し、膨大な数の人類の祈りの蓄積によって勢いが大幅に衰えました。文字通り何千という「ライトワーカー」がすべて「神の導き」のもとに、それぞれまたは2、3人の小グループで働き、何世紀にも及ぶ力の誤用に反対しているのです。

これが「神の表現」なので、操作で世界支配を試みようとする者、特に地球外生命とのつながりとさまざまな歪んだ力の源を通じて「宇宙悪」の力を取り出そうとする闇の熟練者とのつながりを常に解体してきました。

ですから「ベルリンの壁の崩壊」、ヨーロッパの共産主義の衰退、ロシアの解放は、闇の力のエネルギー支配（同じ闇の力でヒトラーやスターリンもコントロールされていた）から解放されたミカエル・ゴルバチョフの優れた取り組みに大いによるところなのです。世界の歴史の重要な瞬間にゴルバチョフは、大天使ミカエルの庇護のもとにあったのです。ゴルバチョフは、力を持つ者が何が起こっているのかを知る前に、単独で彼の国の方向転換をしたのです。

インドの話に戻ります。多くの霊的教師やグルが何千、何百万の命に触れています。ここで特に、あなたの注意をマザー・テレサの質素な生活と仕事に、そして彼女の献身的な奉仕者の集団に向けてほしいのです。「神の叡智」に従い働くことによって、貧しい中でも最も貧しい人（私たちのほとんどではないにしても、力のある人からは全く価値がないと判断された人々）と、彼女はひたすら1歩ずつ、謙遜の伝統とアッシジの聖フランシスと彼女が名前をもらったリジューの聖テレーズの奉仕に則り、世界的組織を設立したのです。1歩ずつ、1滴ごと、慈愛の海が今のように世界中を流れるまで、この「地球」で今までは見られなかった最も重要な善い変化の1歩が起きたのです。

（この部分はマザー・テレサの死後、まもなく書かれました。そして聖人の中でも今上位に置かれている彼女の魂の偉大さと彼女の奉仕に対する熱意に、ここで改めて敬意を表します）

インドの貧困は、何世紀にもわたる闇の力による富、資源、土地と人々の物理的活力流出の影響に直結した結果です。マザー・テレサと彼女を信奉した人々の弛《たゆ》まぬ献身的努力で、この問題に直接立ち向かい流れを止めたのです。

1997年のダイアナ妃の死は、マザー・テレサと同じ週で1997年9月16日の「銀河」のポータルが開き、「白い叡智の光」を固定する間、世界中の人々のハートを開き、光の流入と、次のレベルの「光」「愛」「叡智」「力」へと人類が集団で前進するため、団結する準備を整えるのに貢献しました。「地球」のイニシエーションは、彼らの代わりにと団結したあふれんばかりの愛と献身のお陰で可能となりました。

1週間で2人の気高い魂を失った人類は課題を特定し、仕事を新しい担い手に引き継ぐ必要がありました。その課題に対応できたのでしょうか？　あなたは答えの一部になりたいですか？

マザー・テレサは、肉体を持った「宇宙の母」の愛と慈愛の表現でした。彼女は文字通り「地獄」を歩きましたが、そこに閉じ込められていた魂を救ったのです。（彼女は、確かに聖テレーズの生まれ変わりであることを証明し、大きな願いを持つ小さな花は地獄に行き、そこで苦しんでいる魂を救ったのです）

インドは、彼ら自身の神聖な性質を理解するために、他の人々を導く多くの重要な聖人や「アヴァター」（用語解説）を輩出していることも指摘しておきます。ラマクリシュナ、グル・マイ・チドゥヴァラサナンダ、アマチ、サイ・ババは世界中から多くの信奉者を惹《ひ》きつけ、世界中を汚すためにインドから広がった汚点を癒したのです。彼らは信奉者に、学校、病院、水のプロジェクトを立て、すべての人々とのユニティとすべての霊的な規律を下敷きとした愛と分かち合いの原則に基づいた社会と倫理の刷新をもたらす大きな影響を与えました。

次に、**メキシコ**について話したいと思います。メキシコも支配勢力と霊的熟達者が黒魔術で支配勢力に反対する試みに苦しみました。出来事が方向転換し、実際中央アメリカと南アメリカには、膨大な富が征服者とその子孫には決して渡らないようにという呪いがかけられています。（これは1989年惑星のヒーラー・グループによって外されました）

ですから、**ラテンアメリカ**中にはびこる貧困は別の性質のものです。ここでは倫理や肉体の癒しを人々にもたらす偉大な聖人は現れていないのです。キリスト教伝道者の善意の努力は何世紀もの間、人々を裸足のままで、妊娠させ、虐待や搾取の対象に留めている一握りの人の金銭的利益のために遮《さえぎ》られてきました。残念ながら伝道者自身も解決よりは問題の一部であることが多かったのです。

世界の多くの他の地域とは違い、ここではある先住民族が何世紀も伝統的な精神的習慣を固く守り続け、マヤやインカの習慣の中で、弟子、シャーマン、教師が、代々核心部分を守ってきたのです。この影響下で何千もの中央アメリカと南アメリカ中の「ライトワーカー」が目覚め、現れ、生きた変化の波を創造しているのです。

「ライトワーカー」の主な仕事はエーテルレベルなので、現在の権力構造にとって彼らは何の脅威でもないように思われたのです。彼らの仕事は大陸間区域全体のエーテル体のテンプレートに作用するので、その影響は捉えにくいですが確かに現実的なのです。

起こっていることは人々のハートとマインドの劇的なシフトで、「新しい地上」の「新しい天国」の意識へとシフトしているのです。マジックナンバーに達する点に来ると「100匹目の猿」といわれる現象が起こり、急に2つの大陸で膨大な意識のシフトが生じるのです。ハートとマインドははっきりと機能するようになり、ラテンアメリカ中の社会が復活する、霊的ガイドに則った社会的活動が築かれるのです。

核となる原則は古代の習慣、クリスチャンの信条、新しく出現したスピリチュアリティを混ぜたもので、文字通り何百、何千もの目覚めた「ライトワーカー」が共同創造しているのです。

ここで聖母マリアが何百万もの人の希望の先駆けとなったメキシコの「私たちのゴーダルーペのレディー」として現れたことを伝えておきます。何百万もの人々の献身的な実践が過去何百年にもわたる膨大な虐待と征服の意識と傷を癒したのです。

献身的な人々も、同じように変わろうとしない変えられない社会に陥《おとしい》れられたのです。息の詰まるような魂の痛くなる伝統的なやり方を乗り越え、新しいパラダイムとしてラテンアメリカ中に再生の基礎となるエーテルのテンプレートをつくるのが、まさに「ライトワーカー」の取り組みでした。

ラテンアメリカをキリスト意識に変化させる「神聖な青写真」はすでに整い、この新しいレベルの「真実」「美」「愛」「自由」と全体の「繁栄」にハートとマインドが整合すると古いパラダイムは分解します。20年以内に移行は完了するでしょう。新しい世代が今、希望とヴィジョンをもって育ちつつあり、成熟すると素晴らしい実をもたらし始めるでしょう。

今回、**中国**については話しませんが中国の不安定さは続き、大いなる学びに資することはないでしょう。それもまた運命なのです。

アメリカ合衆国に関しては少しだけ述べます。過去100年間を振り返ると、明らかな変化が念入りに仕上げられています。

今世紀のはじめには**アメリカ人**の大半には理想主義と無垢さがあり、2つの世界大戦で、特に第2次世界大戦で大いに影響を受けました。

第2次世界大戦中ヨーロッパで直面した不正は、それに直面した人のハートとマインドに持ち帰られました。あなた方はナチスの虐殺の悪臭に汚染されました。あなた方それぞれが、あなた方の社会にがんのように広がったこの恐怖を肥やした信念の質をあなた方の魂の中に探さなくてはならないのです。

あなた方は、あなた方自身からこの恐怖を根絶する重要な作業を引き受けました。あなた方は偏見、年齢差別、人種差別、性差別にどのように取り組んだのでしょうか？

あなた方は国としてそれを引き受けたのです。それは個人が取り組むには大きすぎるのです。おそらく、遅いと思われたでしょう。おそらく、あなた方の癒しの願いを政治の正しさに求めすぎたのでしょう。けれども今、皆さんの周りを見てください。変化が起こっています。変化が起こっているのです。

この葛藤が大衆に見直されるまでは、映画が主なメディアであり続けるでしょう。

現在の問題に関する考察

音楽――世界の文化における音楽の与える影響について少し話したいと思います。50年代、60年代、70年代の音楽は、文化的行き詰まりと無気力さの強烈な思考パターンをまさに壊すビートでした。そしてそれは新しいパラダイムが育つ空間をつくったのです。公民権運動、女性の権利、人権――すべてが余地を見つけました。なぜなら音楽がその運動を起こす波を、パターンをつくったからです。

今、あなたが何を聴いているか、正確に把握することが重要です。あなたはパターンを砕き、壊す必要がありますか？　それとも強化し更新したほうがあなたにとって役に立ちますか？

音楽は娯楽媒体以上の働きがあり、数年後にはあなた方の現実を創造する重要なツールとして、もっと認識されるでしょう。

中毒――アルコール、タバコ、コーヒー、麻薬は、まだあなた方の社会では葛藤の分野です。

2000年にわたる叡智の一片を授けましょう。「悪人に手向かってはならない、むしろ善をもって悪と戦いなさい。」（マタイによる福音書　5章39節～48節）

ドラッグの戦争は、貧困、テロリズムの戦争と同じように、お金、エネルギー、力を問題につぎ込むだけで、自己防衛を強めるだけなのです。禁止も機能しませんでした。ドラッグの戦争はたいへんな失敗です。不健康な論理に根差した概念です。力は正義をもたらすことはありません。主として麻薬カルテルに巨額のお金を流し込んでしまったのです。

あなたの道に障害物があったら、どこに行きたいかに集中して、何を避けたいかには焦点を合わせないこ

と。

以前、友達でもあり教師でもある人から、簡単なアイディアをミケーラはもらいました。それは日々の生活の指針としても大いに役立つものです。自動車教習所の教官は初心者にこれを教えます。高速に乗って道に障害物があるときは、周りの安全な道に集中しなさい。障害物に集中すると、無意識にそこに向かってしまうから。社会として、あなた方はこの分野の行きたいところに集中することができるのです。

堕胎――愛する皆さん、この分野の懸念や混乱は正しく取り組まなくてはなりません。人の命に攻撃があるときはいつも、それは嘆かわしいことであると気づいてください。この習慣に対して、暴力を行使することが適当だということではありません。もう一度「善をもって悪と戦う」ことを思い出してください。

この件は、今の時代の大きな社会的変化の結果なのです。多くの人が彼らの価値観と人類の選択肢すべてとの間で葛藤しています。

彼らの選択により、彼らを判断しないでください。また胎児の命を奪うことは、個人的、心理的、倫理的、社会的結果を伴わないと思わないでください。

端的に言うと、あなたが解決の一部でなければ、あなたは問題の一部なのです。どんな解決方法があるのでしょうか？　あなた方はさまざまな方法で、母子が健康で、安全で、金銭的にも安定した生活を送れる健康的な選択肢をつくることができるのです。いくつかの方法はすでにあります。もしこの問題に関心があれば、何がうまくいっているのかを見出し支援してください。

健康的な社会では、すべての子供は貴重な贈り物として認識されています。「地球」の現在の社会のほとんどは、この理想からかけ離れています。健康的な社会では、母子に産前、産後の十分な支援があります。

これは福祉国家をつくるという意味ではありません。それはすべての人が、彼らの持つ最高の潜在力を活かせる社会をつくるということなのです。

15章 地球のチャクラ

ロード・スナンダが語ります。

愛する皆さん、今日、そしていつもわたしたちはあなた方と一緒です。

わたしはあなたの「太陽」です。

今日はまさに、ハワイとハワイにいるエレメンタルについて話します。今の時代は、永遠に拡大する祝福がハワイにあるという大きな喜びがあります。ハワイにある古代レムリアのエネルギーは、とても波動が高く、とてもエーテル的だったころのエネルギーです。

これらの古代のとても美しいパターンは、ハワイの土地のリズムに合わない西洋文化と技術、金儲け中心のやり方の中で多くの歪《ゆが》みを体験しました。

2、3年前に、この2つのパターンのバランスをとったので、今はより調和しています。ハワイの土地と調和しないものは徐々に取り除かれるか方向性を変えられるのです。

ハワイは地球の「調和」と「美」の中心です（9番目の光のエネルギー）。海洋エネルギーの組み合わせは、特にクジラにより高められ、クジラの歌の周波数は、「大気」「大地」「火」「水」と相乗効果的に、とても強く相互に作用しています。それはとても創造的なエネルギーです。山、火山、風、雨、海のエネルギーです。

ここでは原始のエネルギーが融合するのです。ここに住む人々は彼ら自身の中で、これらの力と取り組むことができなければならないのです。

整合しないものは撥ねられ、端の方に飛ばされ、取り除かれるのです。

多くの人が考えるように、そこは休息とリラックスのための場所ではないのです。むしろ大いなる拡大、成長、若返りの場所なのです。

表面的には平和でくつろいでいるように見えますが、深いところでは原始の力があふれ、新しいものを生み出しているのです。「地球」の原始のパターンはハワイから来ます。クジラが高調波を見つけ、クジラの歌で世界中に中継するのです。

「地球」の新しい周波数はハワイから生まれるのです。それはシリウスのエネルギーで青の周波数です。山は大気、大地、火、水の組み合わせの中で最も不安定な部分です。ハワイの土地は、その強烈な周波数がここでひとつになるのでほとんどバランスを保つことができません。

これがもうすぐ、今は深い海底にあるレムリア系統の大きな大陸を呼び出すことになるでしょう。レムリア大陸の山は、今「地球」に出現している生命のパターンを保つために上昇しなくてはならないのです。

広大な大陸の上昇は、バランスをとるために必然的に他の場所が沈む原因となります。2017年までに、これらの大きな大陸のシフトはかなり明確になるでしょう。

とても速い変化と、とても遅い変化の両方があるでしょう。あなた方がより親しんでいる種の進化的変化もあるでしょう。大規模な大陸の調整は、これから2000年かけて起きるかもしれません。次の200年が最も劇的でしょう。

次に、オーストラリアのウルル（エアーズロックの辺り）について話します。これはたいへん神聖な土地で、ほんの一握りの献身的な奉仕者を除き、ずっと居住できない場所でした。

アボリジニは「地球」のこのパワー・ポイントを、何千年も神聖な神託として守ってきました。彼らは「地球」と同調していて、彼らの移動、行脚のほとんどは、この闇の時代を通じて「地球」を団結させるためにいちばん重要なものでした。

彼らが、彼らだけが「宇宙」のパターンを歩き、「地球」のグリッドにつながっていたのです。宇宙を貫くエネルギーを統合し、彼らの日常行動を通じて見えない世界とのユニティを、安全を、まさに「地球」という存在を保っていたのです。

次にチベットのカイラス山について話します。世界で最も高いこの山で保たれている「光」の周波数は、今は分散しています。この「光」の周波数は、あるチベット僧たちのエーテル体に保たれていて、彼らの旅でさまざまな地球の小さなチャクラ・ポイントに固定され、中継されています。

カイラス山の力の中心は不活性化されました。かつては最も高い精神エネルギーが「地球」に入るシード・ポイントだったので、「地球」の高い精神次元の調整を担っていました。

今、「地球」の「ライトワーカー」が聖歌、祈り、宣言、アファーメーションを通じ、集団で精神次元を再構築しています。まだ新しいパワー・ポイントの再献納の時期ではありません。ブッダの「光明」と「悟り」の「黄金の光線」の活動をしている人が最終的な決定の鍵となるでしょう。大規模な大陸のシフトが起きるまでは、パワー・ポイントが再び元の場所に戻ることはないでしょう。今は一時的に大衆には解放されない秘かな場所で保たれています。

もう1つの主要なポイントは富士山で、大陸のシフトを予期して同じように不活性化されています。アラスカのデナリ山が「地球」の「ルート・チャクラ」のフィールドを活性化しています。デナリ山は、今はマッキンリー山と呼ばれている山の本来の名前です。この新しい名前は、デナリ山の現す波動を保つことができないので変えなくてはならないのです。

大陸がシフトし、極が回転すると、デナリ山はより肥沃で温暖な気候帯となります。極の氷冠もほぼ間違いなく溶けるでしょう。もうすぐこれが起こるのです——10年以内に。(1997年9月に受信され、極のシフトに関しては、2007年前を意味している)

2002年10月の更新——前にお話しした極のシフトの類は起こらなくなりました。この状況は、ある人類のグループの重要な選択により、劇的に変更したのです。この節で書いた変化のほとんどが、私たちが述べたように継続するでしょう。けれども、特にこの「極のシフト」という変化はおそらく起こらないでしょう。むしろ地球全体が5次元へとシフトし、シフトの結果もたらされる変化は、ある予言が提示したものよりはるかに穏やかで調和的なものになるでしょう。

この世界を変える最も重要な選択は、この本の最後にある新しい章に書かれています。

私たちは前の段落をそのままにしてあるので、この本の初版と第2版の違いを比べたい方には、それができるようになっています。

アメリカ先住民族の伝統的な方法が、この移行の鍵となるでしょう。ドラムとダンスは、ここ北アメリカで新しいパターンを構成するフィールドを設定するのです。それぞれの種族が独自の儀式、音楽、ダンスで、モザイクのユニークな一片を作っているのです。これは中央アメリカにまで延び、さまざまな種族の伝統的、文化的パターンに沿い、自然に起こるでしょう。

現代のあるロックミュージックのビートは（わたしたちはそれがどれかは言いませんが）個人と「地球」両方の古いパターンを壊すのに貢献しました。１９５０年代からの変化を見てください。これらの変化は、ロックンロールとして知られ、世界に導入された音楽パターンの直接的な結果です。新しく出現しているパターンはもっとゆっくりで、深いリズムで、新しい「光」の衣を身に着ける「母なる地球」との完全な調和が要求されるでしょう。より純粋に古代の方法に整合すれば、この出現がよりはっきりとするでしょう。

古代の方法では、聖歌や神聖な踊りを通じて「光」を編み、エーテル体の枠組みをつくっているのです。これが今すでにある基本的な枠組みの上に細かいパターンをつくるでしょう。

パターンが拡大すると、より高い精妙な調和が可能となり、パターンはさらに高い段階で調整されるでしょう。そのため、このパターンは一夜にしてつくられるのではなく何年も要するのです。実際、常に改善され、さらなる変化を遂げていく継続するプロセスなのです。

デナリ山はこの音楽の鼓動を保ち、「光」と「地球」の整合を保っているのです。ここから、正しい暮らしを見出すのに必要な調和――全体にとって善い、個人と「地球」のパターンの統合が可能となるのです。

南アメリカでは、マチュピチュが「エメラルドの光線」を保ち、「聖なる癒しの神殿」が再び出現しています。重要なクリスタルがここに埋まっているのです。旅行地としてのマチュピチュへの関心の高まりが、本来の性質である重要な活性化ポイントと銀河間のゲート・ウェイとしての役割を果たすために十分に活性化させる道を開くでしょう。実際、マチュピチュの観光業は「活性化の仕事」に戻り、活性化を大いに促進し拡大します。それほど遠くない将来に、この場所は完全に活性化されるでしょう。

ペルーのチチカカ湖は、「太陽の神殿」（他にも「地球」上でいくつかの場所が指定されている）を再開するでしょう。そこはプレアデスのエネルギーが強いのです。新しい宗教はそこを聖地とみなすでしょう。統合のエネルギーが既存の宗教の分離の壁を崩し去ったとき、新しい宗教が出現するでしょう。再び地域の政治が一時的に本来の表現を妨げるかもしれません。

メキシコのパランケは、かつては古代の聖なる宗教と主要なパワー・センターでしたが、まだかなり汚染されているので完全に不活性化されるでしょう。

2000年4月の更新――「地球」の癒しのためにパランケやメソ・アメリカの地域を旅しながら、多くの人々が行ったワークを賞賛したいと思います。

「地球」の前のエネルギー・マトリックスの中核部にあたるレベルが傷つけられていたので、この地域で大量の命を失わずに修正することはできないのですが、それは必要なことではなく役に立つとも思えません。

むしろパランケは、制限された意識が世界と力をより制限された目的に合うように再編成しようとすると何が起きるのかを、私たちに思い出させるものとして残るでしょう。それが残ることで、今「地球」上で表現されている「神の計画」の活性化と成就の妨げとはならないでしょう。

このことに関しては、さらに詳しく説明する時でも場所でもないので、この件と他の「地球」のヒーリングに関してかなり興味がある人は、その興味をさらに探求し取り組む、密やかな国際会議を開くことをお勧めします。

実際、現時点でこれらのことに関わった人から歴史的資料などのできる限り詳細な情報を集め始めるのは、ある程度の価値があるでしょう。過去には必要とされていたあなたの素性や仕事を隠すための秘密のヴェールはもう必要ないのです。もしヴェールがまだ必要だと感じるのであれば、そうし続けてください。けれども、この仕事は5次元以上の仕事で外的政治環境にかかわらず、低い次元の意識を持っている人には理解されず、真剣に捉えられないでしょう。

パランケに代わる新しい場所は、出現するアトランティス大陸になるでしょう。そこが使えるようになるには何百年はかかるでしょう。しばらくは、ブラジルのリオデジャネイロを見守っている「イエスの像」が、一時的にいくつもの銀河の送信機から流れるエネルギーをつなぐ拠点となっています。

イギリスのストーンヘンジは、いまだにその潜在力を十分に再活性化する過程の最中です。また観光客が集まると、この場所が「地球」の「電池」として使われる再奉納に道を開くことになるでしょう。内的レベルで訓練を受けた人は、ここで神聖な科学的仕事に従事するでしょう。ある重要な送信はこの石の環を通じて行われるので、この場所に集中するでしょう。

「宇宙の歌」の一部は、このツールを通じて中継されます。過去にアヴァターによって触発された偉大な運動が、「地球」にある真実をもたらしました。何世紀も経て、それは徐々に衰退し儀式と形のみが残り空虚な殻となっています。

将来、このツールの再構築と再生があるでしょう。今や種は、来る偉大な時に備えて撒かれたのです。過去と現在の灰の中から、科学、宗教、芸術、教育、農業、「地球」の受諾管理の分野から、私たちの大いなる未来の「不死鳥」が現れるでしょう。

過去と現在の灰の中から、私たちの大いなる未来の「不死鳥」が現れるでしょう。

イギリスは、さまざまな大陸の変化にもかかわらず残るでしょう。スコットランド、アイルランドは、古代ケルトの物語と伝説が新しい科学と霊性に根差したテクノロジーの資源であることに気づくでしょう。鍵は島中に埋められた古代のクリスタルストーンです。

グラストンベリーは他の世界、実は「地獄」への古代のポータルで永久に閉ざされています。この地獄の領域に閉じ込められた魂は解放され、彼らの次の進化の場所に送られました。

エイヴバリーの石は、地球を訪れた地球外生命の来訪者すべての歴史を記録しています。それぞれの石は、異なる星のシステムと「地球」との相互作用の性質を記録しています。例えば、クジラやイルカの情報、恐竜の存在、今日まで続いている彼らの調査についての情報もあります。プレアデス、アルクトゥルス、シリウスからの情報もあります。

その情報の理解と解釈の鍵はまもなく解き明かされるでしょう。素晴らしい「大学」がこの情報を保管し調査するために発展するでしょう。壊された石は、すべての記録が取り戻され、記録する作業が完了してからでなければ取り除かれません。ここでは「事故」はありえません。そこはとても古い古代の星の港です。近い将来そこは、より目に見える活動的な役割を担うでしょう。

イギリスは「地球」の歴史上、キング・アーサーの小国を統一する試みから近代史におけるイギリス流政府を世界のさまざまな国々にもたらし支配下に置くことまで、主要な役割を果たしてきました。多くのことが学ばれ、イギリスが世界に与えるものはまだたくさんあります。

ニュージーランドは「純粋さの光線」を持っています。主要な「アセンションの神殿」はここに置かれるでしょう。最終的には、地上で他に5つの「アセンションの神殿」ができるでしょう。

エジプトはアトランティスの秘儀を長い間温存し、ルクソールに「アセンションの神殿」をエーテルの場に持っていますが、中東の不安定な地域に近すぎるため、現在は一部しか活性化していない「大ピラミッド」を全面的に不活性化しなくてはならないかもしれません。まだ具体的な決定はなされていません。「大ピラミッド」と「ルクソールの神殿」は、政治的、社会的不安定が取り除かれるまでは使用されないままでしょう。ここで癒しが必要となります――現時点ではそれが可能かどうかはまだ分かりませんが――「大ピラミッド」と「ルクソールの神殿」は、過去にそうであったように、学びの偉大な中心地と宇宙の主要な港として使われる可能性があるのです。過去の宇宙の存在によって造られたピラミッドの利用は、将来にも確かな可能性があるのです。

今のところは、「アセンションの光線」の実質的な中心地は、最終的に安定した場所が定まるまでインドのある具体的な場所（また明らかにされていませんが）を通じて、インドのサイ・ババが保っています。彼の肉体の死は（自分で90年代に起きるだろうと予言していた）、彼がそのような「詳細」を超越しても何ら変わることはないでしょう。

（著者のコメント――1997年から重要な変化があったので、アヴァター・サイ・ババの情報を更新するように促されていると感じています。彼が一個人として保持していたエネルギーは、彼の死後、この惑星中にいる数人の個人を通じて分配されています。これらの人には、彼の数人の信奉者と私たちが知っている幼い子供も含まれています。今カナダに、奇跡と顕在化を行っている男性がいるとの報告があります。これにより多くの人が個人または人間としての表現に着目するのではなく、愛とこの「存在」の祝福を経験することができるようになるのではないでしょうか）

ドイツのマザー・メーラは「神聖な母」の生まれ変わりで、最終的にはウラル山脈に集中する予定の重要なパワー・ポイントのエネルギーワークを一手に引き受けています。今の時代の地域的政治の不安定さが、今のところ予見される将来においてこの移行を不可能にしています。ヨーロッパにある物理的な場所の詳細はまだ明らかにされていません。

マザー・メーラは、ドイツのヒトラーとロシアのスターリンによって念入りにつくられた強い嫌悪を取り除く作業もしていました。両方とも「地球」からは取り除かれていた悪意を持つものの影響下にあったのです。ナチ集団の残党などの出現はやや弱いこの影響の結果で、今行われているより大きな「一掃」プログラムの一部なのです。

歴史上の事実を明らかにしたいというあなた方の要求にもかかわらず収容所を維持し、虐殺に注意を向けることは、実際これらのエネルギーを継続させ恐怖をはびこらせるプロセスの一部になることを皆さんに知っておいてほしいのです。

確かにここには多くの要素があり、それは認識していますが、そのような恐怖に直面したときは向きを変えて、「紫の炎《ヴァイオレット・フレーム》」の周波数を使い、現在そして過去に関連したあらゆる思考形態を変容し赦すことを勧めます。

南アフリカの「ダイアモンド鉱山」は、「地球のマトリックス」の主なポイントです。今のところ、どこに集中点があるのかはまだ見つかっていません。これはその地域にいる「ライトワーカー」たちの仕事で、彼らと宇宙船のつながりによって見つかるでしょう。何世紀にもわたる奴隷制度、種族間抗争、西洋の強欲がアフリカの人々を汚染し、（宇宙船の）干渉を必要としました。これは珍しいことで、その仕事はできるだけ早く、完全に人類に引き継がれるでしょう。

わたしたちが話す南アフリカにおける虐待では、インドやメキシコで存在した汚染は生じませんでした、そのため土地は宇宙の目的に叶うように発展する可能性があるのです。ここではヒトラーとスターリンの強い嫌悪の影響については取り扱いません。

シャスタ山――地球のクラウン・チャクラ

北アメリカのカリフォルニアにあるシャスタ山は、「地球」上で全面的に機能している唯一のパワー・ポイントです。シャスタ山は今「地球」のクラウン・チャクラの役目を果たしています。そこは聖《セイント》ジャーメインの「紫の光線《ヴァイオレット》」の拠点です。またシャスタ山は、新しいパターンが安定して「叡智の教師」が「地球」の主要なチャクラと整列するさまざまな場所にある神殿に移動するまで、一時的にすべての光線のアンカー・ポイントにもなっています。

今「地球」上で、最高レベルの学びとワークを求める人々がこの場所に引きつけられています。ここでは神聖な神官が肉体と内的レベルの両方を集団的に活性化する訓練を受けているのです。

ここから人類のために新しい「希望の光線」が生じ、ここで奉仕する人々と、ここでの短期滞在の後「世界」に彼らの学びをもたらす人々の人生を「永遠の存在」に固定します。

大いなる奉仕と「光」との調和にもかかわらず、ここの「ライトワーカー」は「地球の鼓動」とより直接的に調和する必要があります。彼らの高次領域との調和は素晴らしいのですが、「地球」とのつながりを失いがちです。ごくわずかの人が「地球」との完全な調和を保っています。彼らの使命を完璧に実現するためには、「地球」との完全な調和が不可欠なのです。

シャスタ山から発せられるエネルギーの集中効果は、あらゆる方向に160キロ先にも及んでいます。周囲の地域で現れている活動の多様性は、この分野にいる人たちの人生パターンの脈が早まるにつれて表現を要求する、このエネルギーの共鳴周波数によるものなのです。

バリ――宇宙のキリストの神殿

バリに関しては最後までとっておきました。なぜなら、そこは蓮の花の中の宝石、「地球」上で愛が最もよく表れているところだからです。「地球」の「ハート・センター」はバリから脈動するでしょう。ピンクは「新しい夜明け」のエネルギーです。「愛」は「命」の周波数です。ここでは「愛の神殿」が本来の最も素晴らしい形で出現するでしょう。バリに「愛」するために、そして「ひとつであるもの」を賛美しに来る人には、より多くのことが明かされるでしょう。

大きな星がこの場所を照らしているのです。それは「宇宙のキリストの神殿」となるでしょう。これから数年、多くの人がここに惹かれて来るでしょう。大いなる愛のみが残ることができますが、バリに来たすべての人が感動することでしょう。

ある大きなスターゲートがバリのマトリックスを通じて接触し、そこに次の2000年間のフィールドと焦点を設定したのです。

要約すると、

富士山――不活性化。

パランケ――不活性化／閉鎖。

カイラス山――不活性化。

中国――語られませんでしたが、祈りは常に適切でしょう。

エジプト、大ピラミッド――不活性化される可能性があり、展開は未決定でオプションとして宇宙の港が検討されています。「太陽の神殿」はルクソールになる可能性があります。

「地球のチャクラ」――引き続く「地球」の変化のため、今のところはほとんどのチャクラが、第1チャクラ、第2チャクラなどのようには決められていません。

デナリ山――ルート・チャクラ、「地球」のベース音。

北インドにあるダライ・ラマのアシュラム（一時的に）――悟りと仏教意識の「黄金の光線」。

バリ――ハート・チャクラ――ピンクの光線、「愛の神殿」。

シャスタ山――「変容の第7光線」「アセンションの第4光線」、すべての光線（一時的に）。「地球」の主要な霊的大学の1つがここに固定されます。

ニュージーランド――「純粋な白い光線」――「第4光線」でもある「希望」と「アセンション（用語解説）」。

マチュピチュ――「第5光線」――「エメラルドの炎の癒しの神殿」。

チャクラではないですが、重要なチチカカ湖――「太陽の神殿」（6つの神殿のうちの1つ）、集団的「神への献身」の目的で大いに貢献するでしょう。

イギリスのストーンヘンジ――「第1光線」のエネルギー、コミュニケーションと統治。行動する「神の意志」「明確さ」。ここに主要な大学が置かれるでしょう。

ハワイ――「調和と美」――「第9光線」――創造、「クジラの歌」。

リオデジャネイロを見守るキリスト像（一時的に）――「平和の黄金の炎」「変貌」の「虹色オパール光線」。

南インド（一時的に）――「喜び」「虹色ピーチ光線」。インドのサイ・ババ――「アセンションの炎」。（エジプトを参照）

ドイツ（一時的に）――マザー・メーラ――「母の光線」、大量の汚染を癒しています。最終的な場所が「母」なるロシアのウラル山脈で活性化されるまで担っています。

南アフリカのダイアモンド鉱山――「神聖な力を与えられた自身に変容」する「ダイアモンド」の周波数。

ウルル（エアーズロック）――14次元以上の「高い周波数」、「この宇宙のパターンと他次元宇宙のパターン」とのつながり。

他の「聖なる光線」は、より精妙でもうじき明らかにされるのでここでは取り上げません。いくつかの光線は、光線を正しく使うのに要求される意図の純粋さがこの惑星に備わったらレムリア大陸で保たれるでしょう。これらの光線が人類に解放されたら、大いなる豊かさと科学的進歩の源となるでしょう。それまでは、これらの光線は霊的に十分成長し、光線に安全にアクセスし、正しく使う人のみが利用できるでしょう。

皆さんにもお分かりの通り、多くの移行が現在行われていて、人類の作業と何百万人という「ライトワーカー」のお陰で「地球」のエネルギーはシフトし、変化し続けているため、しばらくの間は大小の「地球のチャクラ」の変更や活性化は続くでしょう。

上記の主要なチャクラ・ポイントにもう1つ追加があります。それはアリゾナのセドナで、さまざまな要素、その際立った美しさと物理的、霊的な影響を体験するために、毎年ここに惹かれる何百万人という人々により、セドナは霊的イニシエーション（用語解説）と成長の新しい中心地となりました。「地球のチャクラ」ではありませんが、何百万人もの人々にとって、急速に「地球」の活性化ポイントとなっています。

この場所を訪れ、体験した世界中の人々から素晴らしい反応があるので、この地域にある大量のクリスタルが埋まった地層を通じて、エネルギーの拡大と光の集中が続くでしょう。

特に毎年、イースター後の満月にあるウエサク祭のときは、ブッダが強烈なエネルギーを注入するので、何百万人もの観光客は、以前よりもはるかに大きな目覚めと人生の目的の実現という祝福を持ち帰るでしょう。

16章 天候

わたしはイエスです。わたしはスナンダ(用語解説)です。わたしは「アイ・アム」です。

愛する皆さん、天候パターンの変化を観察したら、これらの変化とこれから起こる変化について話しましょう。

愛する皆さん、あなたの周りを見てください。「地球」が見えるでしょう。空が見えるでしょう。太陽が輝いていますが、皆さんは何世紀もの間、世界に対する、そして世界を取り巻き支える大気に対する責任を拒否してきました。

空気は無料で「神」からの贈り物です。天気——誰もが話していますが、誰も何もしません。

あなた方の神話や伝説では、古代の王は気候と収穫に関して責任を負っていました。今日の科学的態度では、人々は迷信を信じていてそんなことを信じるほど無知だったとみなしています。

わたしたちはあなた方に今ここで、実際は神話や伝説で伝えられている通りだったことを教えます。何世紀もの間、王は王国の健康と繁栄を命じるために自然の王国である空気、大地、火、水のエレメンタルと協働する力と権限の訓練を受けてきました。これには「神」と自然との深い霊的な調和が必要だったのです。王国中のすべてにとって善いことを願う必要がありました。人とすべての命が内的につながっているという意識は、この闇のサイクルの中で失われてしまいました。

わずかな人々が何世紀もの間そのことを理解していましたが、多くの人は笑われ、または夢想家で本当の現実を受け入れていないと叱られました。彼らが一般的に信じられている大衆の限定された思考を受け入れなかったことも事実です。

しかし物事が変わりました。あなた方は目覚めつつあるのです。スコットランドの海岸にある砂地の荒涼とした土地にフィンドホーンというコミュニティを造り、「現実世界」のすべての予想に反し、彼らがそこで育てているものの大きさや美しさで世界を驚かせたピーターとアイリーン・キャディのような人がいます。なぜ、そんなことができたのでしょうか？　彼らは自然王国のエレメンタルとの協働関係と「神」との深い個人的なつながりを築いたからなのです。彼らには妖精、エルフ、自然霊は実在する存在で、それらの言うことを聴き、学んだのです。過去40年以上にわたる彼らとコミュニティの働きにより、フィンドホーンは今や、よく知られたニューエイジ旅行者の行き先です。

ミシェル・スモール・ライトもアメリカ合衆国の東側にあるペレランドラ・ガーデンで同じことをしています。彼女の本、ビデオ、ワークショップは多くの人の目とハートを開きました。

私たちは何だってできる、と考えるあなた方は何者でしょうか？

このことが気候と何の関係があるのでしょうか？　そして、私たちは何だってできる、と考えるあなた方は何者でしょうか？　あなた方は、「神／女神／すべてであるもの」の息子と娘で、「神」の姿に似せて創られ、その「存在」と「共同創造者」となるべく運命づけられているのです。

あなた方は、「神／女神／すべてであるもの」の息子と娘で、「神」の姿に似せて創られ、その「存在」と「共同創造者」となるべく運命づけられているのです。

「神の意志」とすべての「生命」にとっての最高の善に、あなた自身を整合させる選択をすると、あなたは世界の善の力になり、天候すら変えることができるようになるのです。

でも誰がそのような責任を担いたがるでしょうか？　それはあまりにも強い力です。そう思いませんか？絶対的な力は必ず滅びるのでしょうか？　違います！

「愛」と「叡智」のない「力」は誤用され、腐敗をもたらします。今回は「神聖な愛」と「神聖な叡智」と調和のとれた「神聖な計画」を成就し、あなたの力をすべて、再び要求するときなのです。だからあなたの意志と「神の意志」に分離はないのです。あなたは個人的な利益を求めているのではないのです。むしろ全体の善を求め、あなた自身もそこに含めているのです。それは「啓《ひら》かれた自己の利益」です。

すべてにとっての最高の善に叶うようにと求めることによってのみ、あなた方自身の最高の利益にも叶うように行動できるのです。「なんてことだ！　それはヒトラーとその仲間が行った王道ではないですか」と言うあなた方の叫びが聞こえてきそうです。

いいえ、全く違います。あなた方（の大半）には、人間の性格としてある歪《ゆが》んだパターンがあるというのは事実です。あなたの力を明け渡すのは解決策ではありません。無知や無力を装うことで問題は遠ざかりません。

唯一の解決策は、あなたの力と責任を再び要求し、あなたの能力の最高のレベルにおいて選択をすること、あなたの成しうる最大の誠実さとヴィジョンをもって行動する選択をすることです。上へと向かう1歩が次のレベルの成長をもたらします。下へ下がる1歩は破壊をもたらします。立ったままでいる選択肢はありません。聖書には「あなたがたは生ぬるく、熱くも冷たくもないので、わたしの口から吐き出そう。」（ヨハネの黙示録 3章16節）と共感をもって書かれています。

アメリカ先住民族の伝統には、雨を呼んだり遠ざけたりする力が含まれています。シャーマンとメディスン・マン／ウーマンは、何が必要とされているのかを明確に知っていました。誰もが雨乞いの踊りを聞いたことがあるでしょう。

気候は、その地域の肉体、感情、精神のエネルギーの集団的な蓄積に反応しているのです。大いなる天候の霊であるディーバは、無意識にまたは意識的に彼らとコミュニケーションをとることを選択した人や、人類からの意識的な命令に応えるでしょう。

もし雨、晴天、敵を成敗するための激しい嵐などの1万もの矛盾する要請があれば、明確なコミュニケーションや良い天気にはならないでしょう。ばらばらなものになる可能性があります。

天候のパターンを効果的かつ責任のある形で指示するには何が必要であり、なぜあなた方がやらなければならないのでしょうか？　それは「神の意志」を妨げることにならないのでしょうか？

「真実」と「愛」に完全に整合した力と権威を人類が要求することこそが「神の意志」なのです。

「愛」なく使われる「力」は災いです。あなたの力を否定することは、あなたが犠牲者になることにつながり、それもまた解決方法ではないのです。この道を歩くにつれて、失敗から学ぶことはあるかもしれません。それがあなた自身の「神聖な性質」との整合が進む理由なのです。「すべてであるもの」とひとつであるあなたの部分は、何が適切な行動なのかを知っています。あなたが得られる力は「源」との整合度合いによるのです。

「真実」と「愛」に完全に整合した力と権威を人類が要求することこそが「神の意志」なのです。

このことの安全な側面は、行動が反応を呼ぶということです。原因と結果があります。「地球」の高まり続ける波動のため、あなたが発したものはすぐにあなたに返ってきます。以前は一生もの時間がかかっていたのですが、今はわずか数時間や数秒で返ってくるのです。

今「地球」では、以前よりも高い波動の光線が多くあり、低い波動の光線の占める割合は縮小しています。このことが「地球」の波動の全体的な上昇をもたらしているのです。

これによって、あなたが依頼したことがすぐに成就し、その余波である結果もとても早く返ってくるのです。簡単な原則が理解されると、まともな人は誰しも、想像しうる最高の方法以外では行動しなくなります。なぜなら、そうでないものは返ってくる結果を知るより早く自ら直面することになるからです。

あなた方は天候を変えたいとは全く思わなくなるかもしれません。分かりました。今度はそれがあなたの望みで、あなたの真実だと仮定しましょう。ある日、あなたの気が変わるかもしれないので、わたしたちはあなたが気づくようにしているのです。いつか台風から身を守ったり、あなたの庭に雨を必要とするかもしれないからです。

以下が原則です――いつかあなたがこれらを必要としたり、使おうと思ったときのために。

◆「ハイアーセルフ」（用語解説）――「キリスト自身」――「ブッダ自身」――「アイ・アム自身」――「母なる／父なる自身」の「存在」の支援を求めてください。

◆庭や地域を見守っている「天使」に一緒にいてくれるよう求めてください。
◆あなたの依頼が、関係するすべての人にとって「最高の善」のためだけの依頼であり、あなたの気づいていないすべての要素とも整合するものかを確認してください。
◆すべてが愛、喜び、調和、平和、安全のうちに進むように依頼してください。
◆あなたが望むことを、はっきりと具体的に述べてください（命令として述べてもかまいません）。意識的な言語がここでは重要です。ニール・ドナルド・ウォルシュの著書『神との対話 I』に、神は「私は、――を望みます」と言うと、あなたはそうしたい状況を望んでいるという意味になるので、そうしたくなる状況を与えると指摘されています。「私は、――を選択します」または「――をもたらしてくださり、ありがとうございました」と言うようにしてください。
◆感謝を述べる。
◆手放す。

あなたは単にアゼリアやバラの茂みを良くしたいだけなのかもしれません。アゼリアのディーバやバラのディーバと話してみてください。彼らの言っていることが聞こえないかもしれませんが、必要な情報が他の方法であなたに与えられるように、それが訪れたときにあなたが分かるように依頼してください。

激しい雷雨の中で1万人もの人々が外に立ち、雨がやむように叫ぶようになるのでしょうか？　そうならないことを祈ります。1万人の人が無知で暮らすよりも、1万人または1千万人の人が「ここでのあなたの望みは何でしょう？　すべてにとっての最高の善とは何でしょうか？」と「神」に依頼するのを学ぶことを望みます。

1万人または1千万人の人が「地球」の大気の状態を、調和と優しさでバランスが保たれるように愛情のこもった意図を向ければ、それは違いをつくり出すことになりませんか？　どう思いますか？

あなた方は1万人または1千万人の人が祈り、愛と善い意図を天候の「天使」とディーバに送ることを意識的に選択すれば大きな違いをもたらすのを見ています。

あなたはサハラ砂漠に雨を送ろうとしたり、オゾン層を元に戻そうとしなくてもよいのです。単に「調和」「愛」「喜び」「平和」が大気に浸透し、すべての人がそれらをハートとマインドで自由に使えるようにと依頼するだけでいいのです。雨が「地球」とすべての生命にとって祝福となるように、太陽が祝福となるように、集団的な苦痛、恐怖、怒りからくる歪みが「愛」の力で分解されるように依頼してください。

あなたは今、違いをつくる「力」があるのです。

あなたには今、違いをつくる「力」があるのです。あなたの「力」を「愛」と「叡智」と共に「神の意志」と完全に整合し、すべてにとっての善のために使ってください。多くを与えた者には多くが与えられるでしょう。

汚染により被害を受け破壊された土地を再生するように、湖、川、水路を癒すように、あなたの住む場所もしくは海外の農家に有機農法をもたらすように、やがて世界で働くように、あなたはおそらく呼ばれているように感じるでしょう。

あなたにとっての正しい暮らしがどのようなものであれ、あなたにこれをもたらすための段階があります。

◆「神」の声を聞くことを学ぶこと。

◆すべての最高の善のために依頼し祈ること。
◆「愛」と「叡智」でバランスのとれたあなたの個人的な「力」と強さを要求するのに前向きなこと。
◆あなたが必要なものを依頼するのに十分なほど、自分自身とすべての命を愛すること。
◆「地球」と調和することを学び、「地球」との適切な関係を見つけること。
◆すべての王国、エレメンタル、人類、天使の王国との調和、愛、バランスの中で協働することを学ぶこと。
◆全体と整合した個人として働くことを学ぶこと。
◆あなたが愛する者、誰を愛しているのか、あなたは誰なのか、あなたは何を与えなくてはならないのかを学ぶこと。
◆家族の期待、文化的な期待――あなたが誰であるかの「神のヴィジョン」に至るまでのあらゆる期待を超えて、あなた自身に最高の自分になることを許すこと。

問題を多く抱えた今の時代に、世界の健康、調和、平和、繁栄を依頼するのにもこれらの原則は同じように効果があります。政府や企業が善い決断をすることを祈ってください。戦争や自然災害で引き裂かれた国々のために癒しを祈ってください。混乱と葛藤する考えではなく、1つにまとまった目的が「地球」のマインドを満たすように、同じような意図を持ったすべての人々とつながるように祈ってください。

あなたは今、違いをつくる「力」があるのです。

17章 「力」の正しい使い方

愛する皆さん、わたしはスナンダです。

わたしたちは今日、まさに魔術について話します。わたしたちはあなたの力を再び要求するようにと言いませんでしたか。集合無意識にある恐怖の中に、往々にして魔術と誤って関連づけられている力の誤用があります。

ウィッカ（訳注12＝古代ヨーロッパからの魔術、多神教、女神信仰など）の習慣は、本当に力にアクセスする方法です。過去数百年に、ある人たちによってひどく誤用されてきましたが、決して全員が誤用していたわけではありません。

中世の時代に教会が善悪を問わず唯一の力の源となろうとしていた当時は、教会の中で多くの腐敗があり、教会以外のものすべてに対する迫害はますます激しさを増していたのです。

野蛮な行為、中世の拷問はひどいものでした。「力」の評判がかなり悪いのも不思議ではありません。

多くの誠実なハーバリストやヒーラーも、さまざまな魔女狩りで殺されました。あなた方に言っておきますが、間違いなく「力」の誤用は確実に悪のツールです。大きな力にアクセスすると、その人がその力を使えるかどうか、闇の力による試練も厳しくなります。

しかし「力」を行使したり誤用するのに魔女になる必要は全くないのです。

ここでは特に魔術について話します。なぜなら数世紀にわたり、多くの人が面白半分で魔術に手を出したからです。今日多くの人がいまだに多くの魔術のエネルギーをオーラ・フィールドに携えているのがわたしたちには見えます。

わたしたちが言ったように、今が選択のときなのです。できるだけ多くの人が意識的に選択することを願っています。

「女神」のどの局面が崇拝されているかが、ここでは重要になってきます。闇の道を歩いた人は汚れのないままではいられないのです。なぜなら、この宇宙の表現を汚した歪《ゆが》みがそれを不可能にしているのです。

そしてこの歪みを経験することでのみ、あなた方は歪みを理解し、それを取り除く方法を見つけることができるのです。浄化は「地球」上と「地球」が表す銀河とのつながりのすべてでほぼ完了しています。

わたしたちはこの問題について、まだあなたに残っている他の存在が、あなたを掴み続けている痕跡をどのように取り除くのかをここでもっと具体的に話します。

最初に鏡で自分自身をよく見てください。あなたは伝統的な魔女のような格好をしていますか？　あなたは黒（または赤）の服をたくさん着ていますか？　あなたの目や口の周りに黒い部分は多いですか？

そうであったとしても、現在あなたが魔術（または黒魔術）を使っていたり、使おうという思いがあるというわけではないのです。

それはまだ解決していない過去世があるかもしれないというしるしなのです。もっと重要なのは、彼らの人生はその過去世を通じて今生においても出血し続けているかもしれないのです。そのような過去世の存在は、今生の人生にいるあなた（そして他の人生でのあなた）からエネルギーを吸い取るのに、当然彼らの力を使うことができるのです。

すぐにこれらのつながりを断ち、あなたの力のすべてを再び要求し、現在に戻し、あなた自身の目的のためにあなたの力を使えるように浄化する必要があるのです。


あなたの識別力を使ってください。


今日、多くの人がウィッカを探求することに惹《ひ》かれています。主に過去世の解決されていない問題のためかもしれません。多くの女性（そして男性）に、自分自身の女性性の本質を本当に知り、称え、「女神」の理解を取り戻し、崇拝したいという願いもあるようです。

もしあなたの人生にこのようなことがあるのであれば、あなた自身の識別力を使ってください。わたしたちはウィッカに関して判断を下すのではありません。けれども、本当にこの世で黒魔術の使い方を探求している存在がいるのです。そしてあなたがそれに捕まったら、危険なことになるということに気づいていなければなりません。

ここで「キリスト教」と「イスラム教」の両方で同様に、「神」の表現を乱暴で恐ろしい「父」と歪めている重要な誤用があることを事実として認めたいと思います。しかしこの節では、この問題を取り上げません。

今の時代にウィッカを探求している人々のほとんどは、明確な非常に高い意図をもって探求しています。私たちは彼らの選択や宗教の表現を判断するつもりは全くありません。

これらの内容はウィッカに惹かれていて、彼らの取り組んでいる問題の複雑さを理解していない人に対するものです。また無知を装うことで、彼らが直面する危険にも気づいてはいないでしょう。

イエスは40日間砂漠で断食をし、サタンと対峙し、試練を受けました。それはイエスに与えられようとしている力をイエスが誤用するかどうかの試練だったのです。イエスはその試練と彼の人生を通じて現れた試練に耐えました。

イエスの人生は、自分自身の力、自分自身の「キリスト性」を再び要求する際に受ける試練の模範でした。「キリスト教」が問題となり、解決となっていない人たちに謝ります。だからといって、それは「神／神のハート」／「父なる／母なる神」に戻る旅のテンプレートであるイエスの生涯の有効性を否定するものではありません。

わたしたちは前に意識のレベルについて話しました。

「キリスト意識」は、これらの他のレベルに行くためには必要な段階なのです。愛はすべての真実の基礎で、この「宇宙」とそれを超える「生命の根源」と完全に一体となっているのです。

愛は力と精神の成長を許し、それらを正しく保つための均衡点なのです。

あなたは過去世に影響されていますか？

前の話しに戻り、今、あなた自身に問う重要な質問は、「今の私に影響を与えている黒魔術を使っている存在、黒魔術や闇の術との隠れたつながりがありますか？」です。

間違いようのない肉体のサインで、あなたの質問の重要な答えである「はい」か「いいえ」をもらうのはとてもいい考えです。明確な肉体のサインがまだなければ、13章にそれを確立するエクササイズがあります。

今のところはあなたが内なる声を聞くことができて、はっきりとした答えを聞けると仮定します。

わたしたちは、すべての人にこのエクササイズを完了するように要請します。なぜなら、あなたは個人的には必要がないかもしれませんが、他の誰かのために知っておくと役に立つかもしれないからです。

●エクササイズ17－1　「力」の誤用と乱用にまつわる「過去世のエネルギー」を取り除く

（このエクササイズは、はっきりと大きな声で行うのがいいです）

私は大天使ミカエルと彼の「保護の青い炎《ブルー・フレーム》の天使」を呼び出します。

私はロード・メタトロン（最大、最強の大天使）に現れ、必要に応じて支援を与えてくれるように求めます。

私はここにいてくれるようにロード・イエス・キリストを呼び出します。

私は「アルファとオメガ」（「グレート・セントラル・サン」）の「父なる／母なる神」）、「ヘリオスとヴェスタ」（この太陽系の「神／女神」／「太陽のロゴス」）、私の「守護天使」、私の「ハイアーセルフ」、私と取り組んでいるあらゆる「愛」と「光」の「ガイド」と「教師」を呼び出します。

「聖霊」の力により、私はこの次元と他の次元または別の現実における人、組織、場所、もの、過去、現在、未来のすべてからのコードまたはサイキックなつながりを断ちます。（3回繰り返す）

私は大天使ミカエルに今、私自身の「炎の真実の剣」を手渡してもらい、私の周りのそれらすべてのコードとつながりを断ちます。（エーテルの「剣」を実際に掴んであなたの腕を動かし、あなたの体の周り、前、後ろ、上、下、側面のつながりを断ち切る）

私は「紫の炎《ヴァイオレット・フレーム》の天使」と「神聖な母の天使」を呼び、私の内側と周りにあるネガティブなエネルギー、特にすべての宇宙の、すべての次元の現実と、すべての時間、時間のないところ、空間のないところにおける黒魔術の使用、「力」の誤用につながるエネルギーのすべてを取り除き、浄化し、完全に変容するために、変容、癒し、赦しの光線をもたらしてくれるように求めます。

私は、私の「真に神聖な性質」である傷のない完璧な「神聖な青写真」の完全な回復と私の体、私のエーテル記録、私の遺伝群にある歪みとネガティブなものすべてを取り除き癒すように求めます。私は、私のオーラのすべての層を「金と白の太陽光」で満たし、さらに私の存在のすべての層を満たすように求めます。

私は、私の「力強いアイ・アム・プレゼンス（神聖な自身）」の名において、私自身と私に責任がある遺伝と魂の系列にいるすべての存在にこの取り除きと癒しが行われることを求めます。そうなりました！（3回繰り返す）

私は、私がかつて話した（または思った）、または受けたすべての呪いの記録、記憶、パターン、痕跡の取り除きと消去を求めます。そうなりました！（3回繰り返す）

「愛するアイ・アム」「愛するアイ・アム」「愛するアイ・アム」

私は、今すぐ私自身、私の家族、私の遺伝系列にいる全員、私の魂の系列にいる全員、私の人種、私の信条、私の国、私の世界、私の銀河、私の宇宙に、この取り除き、浄化、癒しが「神の力」のすべてをもってなされるように依頼します。

私は、エーテル的なそれより高い次元で、または物理的な悪とのあらゆる形態のあらゆる契約を燃やすように求めます。（これを今、完璧に変容し浄化するのにいちばん善いと感じる白、金、または紫《ヴァイオレット》の光を使って、契約が1つずつ燃やされるのをイメージする）

私は光を選びます。私は光を選びます。私は光を選びます。

私は愛を選びます。私は愛を選びます。私は愛を選びます。
私は命を選びます。私は命を選びます。私は命を選びます。
私は自由です。私は自由です。私は自由です。

私は、今生とすべての生涯で私の魂の完全な浄化と解放が行われるように求めます。そうなりました！（3回繰り返す）

「変容」と「浄化」の「紫の炎」と「金と白のキリストの光」を使って、あらゆる方法によって私が明け渡し、または失った私個人の力のすべてを呼び戻します。（あなたのエネルギーが戻るのを感じるのに必要なだけ時間をとる）

私はこのエネルギーが私に戻ってくるときに、完全に浄化されることを命じます。私は、私がかつて意識的にまたは無意識に取り上げた他の人の力を返します。また私が解放するすべてのエネルギーが完全に変容し浄化されるように命じます。

「私」は今、私の「キリスト自身」と完全に統合します。「私」は今、私自身の「ブッダ自身」と完全に統合します。「私」は今、私自身の「アイ・アム・プレゼンス」（「母なる／父なる自身」）と完全に統合します。

「神／女神／すべてであるもの」の名において、「私」はあらゆるネガティブな影響、特にあらゆる宗教、カルト、信念体系におけるネガティブな影響を完全に取り除き変容するように求めます。

私はそれぞれとの、そしてこのような性質のすべての体験とのあらゆるカルマ的なつながりから私が完全に自由になるように、私自身と迫害する人々を赦します。

私は、私自身とこの「宇宙」のあらゆるレベルにおける——創造されたまたは形のない「神聖な女性性」の完全な癒し、浄化、復活を求めます。

私は、私自身とこの「宇宙」のあらゆるレベルにおける——創造されたまたは形のない「神聖な男性性」の完全な癒し、浄化、復活を求めます。

私は、「神／女神／すべてであるもの」とそれを超えるものとの完全な統合へと戻る旅に踏み出し、永遠に用心深くあり続けます。

●エクササイズ17－2　「光」の全面的な最終選択

最新です！　今の時代のとても重要な個人の出来事には、個人が最終的に「光」を選択することが必要不可欠なこととして含まれていることにあなた方は気づきました。これはいくつかの事実に基づいていて、今までの選択では十分ではないかもしれないので注意深く読んでください。あなた方は今回、この宇宙のサイクルの終わりの年にいるので、まもなくあなたは、この選択をしなくてはならないと考えられるでしょう。

今の時代には堕天使として知られるものの取り除きと癒しの機会があるので、これらの問題に取り組んでいるという気がするのであれば、次のことを理解するのはとても重要なことなのです。「光」の選択は、あなたが重要な新しいレベルに到達したときに、必ずしもなくてはならないのです。それは常に明らかではないかもしれないので必ず確認してください。「私は〈光〉を選択したでしょうか？　私は〈光〉の中に立っているでしょうか？　今これをする必要があるでしょうか？」ときいてください。１回選択しただけでは十分ではないかもしれません。

新しいレベルを達成すると、常に新しいものを取り除いたり、新しい学びや、取り組むべき課題があります。

この選択は各レベルでは起きません。あなた方は、どこにその重要な選択をする点があるのかをまだ特定していないので、定期的にきくのがいちばん善いでしょう。

今確実に分かっているのは、あなたが「新しい天国」と「新しい地球」へ移行するときには、このことを十分に理解し、明確な選択をする必要があるということです。

世界には多くの異なる哲学や宗教の世界観があり、ある超越した信条も含んでいるのです。これらの教えを通じて、すべての世界の宗教が真実の要素を保っていることが明らかになるように教師と生徒が教えを理解できるように試みたのですが、どの教えもすべての真実を網羅しているわけではありません。実際、今の「地球」のすべての教えは、これから知られるものの小さな部分でしかないのです。

ここでの問題に関して、「光」――「最高の善」――さまざまな宗教の伝統とも整合するいくつかの方法の選択肢を提供しようと思います。

これは魂の選択で、知力の練習ではありません。（これはとても重要なので、もう一度読みます）

あなたに、主にクリスチャンの背景があるのであれば、「救い主」イエス・キリストと整合するのを選択するでしょう。またはイエス・キリストに、あなたの「真実」と整合した御言葉にすぐに導いてくれるように依頼してもよいでしょう。

「仏教」の伝統が背景にある場合は、「ボディー・サットヴァ」の誓いも適しているでしょう。

他の伝統、特に「女神」の伝統に傾注している場合は「地球」を称え、「地球」に奉仕する約束をしてもいいのです。

私たちはこれらの選択に替わる選択肢をまだ見出していません。私が直接イエスに人々は何をしたらよいかをきいたとき、イエスはこのように言いました。「アイ・アムで十分です」

「アイ・アムで十分です」

もう一度言いますが、これは魂の選択です。二言三言、言えば十分だというものではありません。あなたは明確な、個人的な魂の約束をしなくてはならないのです。

あなたの宗教の伝統や信念体系があなたに合っているように思えないようであれば、あなたの魂の必要性に沿ったこの「光」の全面的な最終選択をするために正しい考え、気持ち、言葉に導いてくれるように依頼してください。

18章 交通

愛する皆さん、わたしはスナンダです。

わたしは今も、そして常にあなたと共にいます。「この本は、本当は何に関する本なのですか?」とあなたは尋ねるかもしれません。

これは変容についての本なのです。それはふさわしいものになることです。その内容は、何が起こっているのかということと、「地球」におけるあなたの役割、「天国」／「高い意識」(あなたが望むように言って構いません)にいるわたしたちの役割に関する概要なのです。

それでは、今日は何について書きましょうか? わたしたちはどこでこれを話しているのでしょうか? 少し静かに振り返ってみて、それから始めましょう。

今日、わたしたちは新しい交通手段について書きます。布石としての過去の交通手段は、今や制限となってしまいました。

蝶がサナギの殻と芋虫の交通システムを必要としないように、あなた方は新しい方法に移行しています。かつては電車が最新、最速の交通手段でしたが、今電車はもっと限られた役割を果たしています。飛行機が多くの長距離旅行者を引き継いだのです。

今日は蝶も飛行機のことも話すつもりはありません。「愛」について話したいのです。将来、あなたは「愛」の周波数の上に乗って旅行するのです。これがおかしな考えに思えますか？　では、新しいスーパー・ハイウェイについて述べることから始めましょう。

新しいスーパー・ハイウェイは、「地球」の青写真の新しい「マトリックス」を形成する光の柱や運河です。それらは最初に地球の主なチャクラに接続し、小さいチャクラが活性化してつながるのです。

世界中の都市を接続する飛行機の地図を見たことがあるなら、新しい「地球」のグリッドはそのように見えるものなのです。

主要なポイントは大都市ではなく、主要な「地球」のパワー・ポイントまたはチャクラなのです。

これからの数年間、愛する皆さんは「地球」の主要な、そして小さなパワー・ポイントで過ごすのに惹《ひ》かれるでしょう。ここであなたは、最終的な取り除きや調整を受けるでしょう。あなたの個人的な青写真は、これらの場所で完璧な、そして最終的な調整をするように計画されています。

これからの数年間、あなたは「地球」の主要な、そして小さな「パワー・ポイント」で過ごしたくなるでしょう。

あなたが個人的な調和を高めるにつれて、あなたの個人的に合っている場所との調和に移るでしょう。あなたの「運命」またはあなたが生まれる前にした選択は、より快適に自然に展開し始めるでしょう。

光の生きたマトリックスとして、あなたは「地球」の周りを流れるパターンに従うようになるでしょう。あなたの個人的なマトリックスは、ある人々、場所、そして環境と調和的に共鳴するでしょう。あなたは磁石のように他の場所から跳ね返され、他の場所に引きつけられるでしょう。

もう誤った信念や歪んだ期待は、あなたを育み支える「愛」や「光」のないところに留めておけないでしょう。むしろあなたは、まさにあなたと最も調和する人々、場所、環境に、あなたの贈り物と才能が最も楽に与えられ受け取れる場所に、あなたの成長と進化が喜びと恩寵と共に達成される場所に惹かれるでしょう。

あなたの天賦の才能が音楽や芸術であれば、あなたの必要とする素材、あなたと最高の仕事をする人々などと出会うでしょう。あなたの興味や才能が仕事に向いているのであれば、あなたとあなたの仕事を最も支援するもの、そしてあなたの提供するものやサービスに惹かれるでしょう。

新しい交通手段はどうなるのでしょうか？　しばらくの間は、あなたのハートでこれらの新しいパターンの流れを聴くことを学ぶまではかなり簡素になるでしょう。交通があまりに楽になると、あなたにとって正しい場所を探すのに葛藤が生まれます。あなた方は、まだ過去の栄光にとらわれているので、シンシナティに行くよりもザンジバルまでドライブしたり飛行機に乗って行くほうがまだかなり楽なのです。あなたのメモリーバンクは、遠いところにある山に登ったり、異国情緒がある場所を旅することが冒険だと決めつけています。かつては「誰も行ったことがないところへ行く」のがまさにあなたの運命でしたが、今はあなたの魂は別の学び、別の種類の冒険を待ち望んでいるのです。

今、あなた方の「地球」とあなたのエーテルのパターンを組み直しているのは「統合」のエネルギーなのです。

あなたを新しい冒険に呼んでいるのは、わたしという「統合」の「アヴァター」なのです。今あなたを引きつけるものはなくなりません。個別化と分離は、統一と全体性へと戻る旅なのです。この旅のはじめの段階はコミュニティです。

コミュニティへの呼びかけ

あなたは、あなたと似たような考えを持った人たちと楽しい調和の中で生活したり、遊んだり、働いたりするのを待ち望み、惹かれるのを感じませんか？　あなたの人生を隔離された核家族の単位ではなく、多くの人と分かち合いたいという欲求が育っています。あなたは、あなた個人の生活の中で、社会全体の中で、意識的に意図を持ったコミュニティで生活するとはどういうことかを再定義しているのです。

すでにそれを行い、探求し、異なるモデルを実験した開拓者たちがいます。いくつか例を挙げると、アーミッシュ、オネイダ・コミュニティ、ルドルフ・シュタイナー、B・F・スキナーなどがいます。現代の新しいコミュニティのモデルとしては、ドイツのゼグやスコットランドのフィンドホーン、イタリア（ダマヌール）とデンマーク（クリスチャンスボルグ）に新しい思想のコミュニティがあります。

あなたは「拡大した家族」、コミュニティの仲間、似たような考えの人たちと地域社会の中にあるコミュニティで一緒に生活していますか？　ほとんどの人が別々の家で近すぎず遠すぎずというところで、まだ生活しているのではないでしょうか。

これはコミュニティを創る途中の段階です。あなた方を一緒に引きつけるエネルギーは、まだ解決されていない古いパターンと拮抗していてあなたを引き離しているのです。

そしてアメリカ中で、世界中で古いパターンは分解し、新しいパターンが出現しているのです。公式に、そして非公式に、あなた方はあれこれと適用しています。あなた方の家族の概念は再定義され、拡大しているのです。あなた方が愛する人たちはどのような理由があれ、あなた方の新しい家族となるのです。

アセンデッド・マスターのチャネラーであり教師であるボブ・フィックスは、かつてソウルメイトまたはツイン・エッセンスを引きつけるという話をしているときに、マーリン（訳注13＝アーサー王に仕えた魔術師）から、ある考えを受け取りました。彼が言ったことを分かりやすく言いうと「すぐ隣にいてほしいと願う、あなたの愛する人々がいます。そして、近い場合は部屋の反対側または3200キロほど離れたところにあなたの愛する人がいます」。この自然な惹かれる感覚または調和的共鳴は、自由な表現が許されたとき、あなたをあなた自身に合った場所へと引きつけるでしょう。

（著者のコメント――シャスタ山でどこかに行く途中で通過するはずだったのに、車が時として何週間も壊れて動けなくなってしまった人の話を聞くと、私たちは微笑みます。ここではよくあることで、結局彼らはしばらくの間滞在することになるのですが、ある人にとってはそれが次の場所に向かう前の短い調整となっているのです）

今は、よく聴いて、信じることを学ぶときなのです。

あなたの人生の流れを信頼することを、あなた自身に許すのには多少調整が必要となるでしょう。それは「やらなければならないこと」や「するはず」を手放すことを意味します。それはあなたのハート、あなたの内的な智慧《ちえ》、すべての環境、あなたの人生の押すものと引くものを聴くことを意味しています。健康、成長、愛のためのあなたの最高の選択はどこにあるのでしょう？　今はよく聴いて、信じることを学ぶときなのです。

人生はあなたのそばにあります。あなたが人生を肯定するものに従っているときは、あなたが待ち望んでいた喜び、愛、安心を見出すでしょう。それは常に成長し、常に拡大している潜在能力なのです。

これらの新しいコミュニティは、個人の人生を改善するもので押さえつけるものではありません。あなたの善はすべてにとっての善と調和し、誰も犠牲を払いません。

そこで新しい交通システムは、出現するコミュニティのモデルであり、ある資源または日用品を他のコミュニティと分かち合ったり、他の物と交換したりする必要性により出現するでしょう。

そして新しいパターンがすべての人の経済や物質的健全性を保つようになるまで、他のパターン（古くて崩壊しているもの）の上に新しいパターン（新しく出現するもの）の層があり続けるでしょう。

インターネット（コミュニケーション、共通の言語）や愛とコミュニティの原則に根差したさまざまな企業とビジネスの成長を見るのであれば、このプロセスが進んでいることが分かるでしょう。それは「ニューエイジ」やアメリカ合衆国に限ったことではないのです。

いまだに独裁者がいたり抑圧がある国々でも、新しいパターンは出現しているのです。

さまざまな形態の恐怖を通じて進化のプロセスが抑圧されていたのなら、もっと劇的な大地を揺るがすほどの変化があったでしょう。そしてあなた方の人生には、まだこれらの小さなゆさぶりがあるのです。大地はシフトしています。それは今、この言葉を書いている間にも起こっていて、ゆっくりですがより対応しやすいペースで進んでいます。

反重力装置は未来にもありますが、今すぐあなたは、「地球」のエーテルのグリッド・ワークにつながることができるのです。今すぐあなたは、あなたの「真実」、あなたの「存在」、あなたの「愛」を「すべて」に働いている「命」の流れに整合させることができるのです。

今すぐあなたは、「ひとつ」である「愛」と「命」との大いなる調和へと、あなた自身の次の1歩を踏み出すための人々、選択、機会を人生があなたにもたらすのを許すことができるのです。

そしてこのようにして、あなたとあなた方を補助する機械のすべては、新しい交通やコミュニケーション・システムの一部となるのです。あなたの人生は、今あるがままで出現するものの一部になることができるのです。そしてあなたが手放しているものは進化のプロセスの一部なのです。

あなたが友人や知らない人を車に乗せてあげれば、それは「愛」のスーパー・ハイウェイの新しい公共輸送システムの一部となります（そして識別がまだ必要です。全員があなたと同じ道を行くわけではないのです）。あなたが提供する部屋は、「地球」でそれぞれのペースで出現している新しいコミュニティの一部となるのです。

●エクササイズ18　旅の天使

私たちの道を見守り、私たちのために道を準備することを任された天使がいます。私たちにはそれぞれ多くの質問と多くの機会があります。今、あなたをそこに連れていって、あなたの道にいるあなた自身を感じてみてください。あなたの道案内をしている「天使」に気づき、感じてみてください。

静かに呼吸をして、すべてがあるがままであることを許してください。あなた自身を信じ、あなたが必要とすることを見て、聴いてください。この重大な変化の時代にいるあなた自身とあなたのプロセスを信頼してください。

あなたの足を見てください。「地球」とのつながりを感じてください。空気を、太陽を感じてください。あらゆる音を聴いてください。たった今この瞬間に、あなたがどこにいようともそこが旅をしているあなたのいる場所なのです。

楽ですか、それとも難しいですか？　楽しいですか、それとも悲しいでしょうか？　あなたは望むようにあなたの「真実」、あなたの「存在」、あなたの「目的」、あなた自身の「ハイアーセルフ」と整合しているでしょうか？

さあ、前を見てください。あなたの道があなたの前に開いていますか？　少し時間をとって、あなたの「天使」に助けを求めてください。選択はどのように見えますか？　それはどこに向かっていますか？　喜びと感謝の中で、あなたの前に何が開けていますか？　どの部分が閉鎖されていますか？　どんな選択ですか？　喜びはどこにありますか？　とても長い間、喜びを感じていないあなた自身の部分がありますか？　それらを前に出し、「天使」の祝福と癒しを受けさせてください。

あなたの道に生命を吹き込んでください。あなたは「天使」に、あなたの道の正しい位置に、正しい方向にあなたを置いてくれるように求めてください。「神」の――「聖霊」の――「命」の力に、あなたを通して呼吸するように求めてください。

もう一度、あなたの道を見てください。あなたの約束を再確認してください。その上にあなたの足をしっかりと置いてください。あなたの「天使」に感謝してください。「地球」に感謝してください。そしてより大きな偉大な「光」に向かって前に歩んでください。

一体となり、癒され、あなた方は「ひとつ」である永遠の完全性に戻っているのです。

この「神」へと戻る旅は、あなた方のすべての部分に一緒に戻るように呼びかけているのです。一体となり、癒され、あなた方は「ひとつ」である永遠の完全性へと戻っているのです。

地球のグリッドの更新

1999年12月、まさに古い千年紀の終わりに、わたしたちの数人が集まり「地球」のグリッドを観察しました。地球のグリッドはネガティブな生命体にかなり妨げられていました。瞑想によってこれらの影響を取り除く支援をあなた方に依頼したとき、わたしたちは今までのグリッドと置き換えるために、全く新しいパラダイムが現れたのを見ました。

形成されていたのはグリッドでも思考形態でもなく、共鳴する多次元的なフィールドでした。それは「地球」の真ん中にバラと蓮（キリストとブッダのフィールドを表している）があり、それはドーナツ状のエネルギー（トーラス）のような脈を打つように動く光のフィールドに包まれていました。「地球」は穏やかにその中で休んでいました。

「地球」のすべての人がそれぞれの人の内側と周りに、小さいけれども完璧な「地球」全体のフィールドを持っています（まるでホログラムのように）。あなた方1人1人がそのフィールドの完璧な部分なのです。これが前に踏み出す大きな1歩を表しているのです。

そのフィールドが合体し強化されると、宇宙のハートが「地球」に移動するのに気づきました。この共鳴するフィールドは「愛」と「叡智」のバランスを保っていて、今はわたしたちの宇宙全体に光り輝く焦点の1つになっていたのです。

それから、わたしたちは星の多面体（多角的な3次元の形態）を、全体の周りに保護フィールドとして追加し、それから少し後に他次元的フィールドを支えるために保護フィールドを更新するように導かれました。その星の多面体の各先端部は他の星系につながっていて光を送ったり受け取ったりするのです。

わたしたちの理解では、これは恒久的なシフトですが詳細に関してはまだ変更が続いています。さまざまな集団的思考形態を保つ「地球」のグリッドがまだあることもさらに理解していますが、新しいバラと蓮のパターンは、「地球」の主要な共鳴フィールドです。

次のテキストで個人と「地球」のグリッドに関してさらに詳しく扱います。

19章 聖なる関係

愛する皆さん、わたしはスナンダです。わたしは、あなたの「太陽」です。

わたしたちは今日出現している愛と「新しい関係」について、そしてあなたのハートの呼びかけである永遠に「ひとつ」に統合されることについて語ります。

あぁ、「祝福された愛する皆さん」。最初にあなた自身の中に「愛」を見つけなくてはなりません。あなた自身を十分にたいせつにするように自分自身を愛さなくてはなりません。あなたは自分自身を愛し、自分自身を信じ、自分自身を尊重し、自分自身を信頼しなくてはならないのです。

何よりもあなたは、生きた「神の神殿」なのです――使われて捨てられたもぬけの殻ではなく「すべて」と「ひとつ」で、無限に尊く、無限に価値があるものと不可分なのです。

このことをあなた自身が知ると、他の人も同じように見ることができます。彼らの贈り物、彼らの存在を称え、価値を認められるようになります。そして何があなた自身と調和していて、何が調和していないのかが分かり始めます。あなたは、誰の独自性があなたの独自性を補完する「相性」なのかが分かります。あなたは誰と共に仕事をし生活すると、喜びを分かち合い、祝福を分かち合い、愛を分かち合えるのかが分かります。

そしてあなたは永遠に成長し続ける愛の輪の中に、あなた方を呼び集めるのが「神の計画」の性質なのだということを信頼できるようになります。

すべての人に「合っている場所」と「合っている関係」があるのが「人生」の性質だということなのです。これらからあなた方を遠ざけているのは執着と判断に基づく制限された信念なのです。

あなたの学びと成長の過程で、あなたが理想の人に出会ったとしましょう。

最初はあなたはとても幸せですが、物事がうまくいかなくなり、しばらくしてあなたは、ほとんど幸せではなくなりました。つまりこれは、あなたの過去か彼らの過去、過去のパターンなどのためだと言えます。それでもあなたはそのままで、解決していない問題、学び、必要性などがあるままで完璧であり、今望ましい、楽しい関係を探すことが完全に可能でそれを手に入れられるのです。

あなたはそれを信じられますか？　人生に「はい！」と言うよりも、ほとんどの人は古い諺《ことわざ》に頼ります。「藁山の中で針を探すようなものだ」「私は年をとりすぎた」「私にはもう遅すぎる」「二兎を追う者は一兎をも得ず」。そしてあなたは絶望的な寂しさ、不幸な人生を生きるのです。それはあまりにも危険で、あまりにも恐ろしいものです。

しかし今、もう一度選択してください。あなた自身のために善い選択をしてください。最高のものを得るのに十分なほど、あなた自身を愛する選択をしてください。

これは以前の関係が間違っているということでしょうか？　全くそうではありません。すべての関係は成長と学びであり、自分自身を愛し、他の人を愛するための学びなのです。失ったり捨てられることへの恐れが、学びを得て共に過ごした時間を完了しても、まだうまくいかない関係にいつまでもしがみつかせているのです。

「人生」は生きるためにあるのです！
「愛」は与えるためにあるのです！

そうなのです、愛する皆さん。お互いにあなた方の約束を尊重するのはだいじなことですが、人生は生きるためにあるのです！　愛は与えるためにあるのです！

あなたの愛を与える能力は十分ですか？　マザー・テレサは多くのものを与えました。彼女に会った人は皆、彼女から愛を受けました。すべての人がカップルになる運命だったり、またはそのような選択をするわけではありませんが、すべての人が愛を与え、受け取る必要があります。

あなたのハートをよく聴いてください。もしあなたがそのような関係にある場合は、あなたの必要が満たされているのかを聴いてください。あなた自身の内側もよく見てください。あなた方のパートナーは、自分自身の鏡です。あなたの必要が満たされるようにすることを、あなた自身に許していますか？

あなたはこの人生を、あなたの選択で創っているのです。そこにあるものすべてに感謝してください。そしてあなたはより多くを望み、それに値するという前向きさも持っていてください。おそらくあなたは、今いるところでそれを創る選択ができるのです。それはどのようなものに見えますか？

あなたはより多くのコミュニケーション、セックス、優しさ、正直さ、一緒にいる時間を望んでいるのでしょうか？　あなた自身から始めてください。これらを求めることを自分に許すのに何が邪魔をしているのでしょう？　あなたのある部分が「いや！　そんなことは無理だ。そんなものは欲しくない」と言っていますか？

さあ今、あなたの望むもののリストを作ってください。あなたが１００パーセント確かであれば、控えたり

れるでしょう。

「もしできれば」「もし」「でも」ということが全くなければ、あなたは確実にあなたの人生でそれを手に入れるでしょう。

あなたのどの部分がこれを望まないのでしょう?

ここにあなた自身を探求するいい方法があります。あなた自身の異なるすべての部分とコミュニケーションをとる内的会話の技術を使うことができるのです。ある人々はこれらの部分をサブパーソナリティーと呼んでいて、ある人はより大きな原型の反映だと見ています。それらを感じるのであれば、認識して取り組むことができます。コミュニケーションと理解が、無意識であったものをあなたの意識的な気づきの中にもたらし、あなたにより多くの選択を許すようにするのです。

●エクササイズ19　内的家族の会話

12・75×16・5センチの紙を用意し、大きな円を書いてください。グループ会議の場所を設定していると想像してください。ある人は丸テーブルを想像するでしょう。他の人は丸椅子やソファーを使いたいと思うかもしれません。そして他の人たちは、外でベンチや切り株または草の上に座ることを想像します。あなたの描いた円の周りに、12人が座れるスペースを設け、誰が何を言ったのかが分かるように、時計のように番号を円の周りに書いてください。それぞれのサブパーソナリティー(または他の内なる声)は、座りたい座席番号のところに座るでしょう。

あなたの「ゲスト」が到着する前に、彼らに取り組んでもらいたい問題を文章にして書いてください。案としては「私は理想体重の○○キロになります(日付)」「私は望ましいパートナーと幸せで誠実な関係を選択します」「私は買い過ぎから自由になります」などです。

次に、あなたの頭の中で考えられる訪問者のリストを見直してください。誰が発言しそうですか？（私のリストの一部を載せましょう。あなた自身のリストと同じかもしれないし、全く違うかもしれません）

一般的な参加者と彼らの善い性質

（あなたは他の性質を思い浮かべるかもしれません。取り除きたい否定的な特徴がある場合は、あなたのチームメンバーを再教育するか職務内容を更新する必要があるでしょう）

内なる子供《インナー・チャイルド》――遊ぶことが好きで明るく創造的、育てられるのが好き。新しい内的な聖なる両親の選択と内なる恋人の承認を大いに助けてくれます。

内なる裁判官――職務、正義、秩序、慎重な判断、規律（たいていひどい育児環境で汚染されている）を重んじる。

内なる懐疑者――常に質問し、疑い、隠れた問題を探しています。

内なる母――愛し、育て、女性の意見を支援します。もし育ての親がこれらの性質やあなたの必要とするものを最もよく表していないのであれば下がってもらい、代わりに新しい「聖なる母」が呼ばれ、内的なレベルで交代します。（よく訓練された人がよい）

内なる父――支援を提供し、仕事や男の人と関わる際のアドバイスをします。また愛と智慧《ちえ》も与えます（内なる母のときと同じように、あなたの必要に合っていなければ下がってもらうことができる）。内なる母や父を「聖なる親」と交代させるときは、内なる子供が両親を必要とするので、下がってもらったらすぐに交代させてください。また内なる子供は選択のプロセスにとても協力的で、快適でいなくてはなりません。（詳細はエクササイズ24―2参照）

内なる反抗者――乱暴で規則や制限を嫌い、企業家タイプ、他人、特に裁判官を信用しないのでほとんど参加したがりません。他の「チーム」が彼と協力できないため、ある人は刑務所に入ったり、精神的に閉じ込められていたりします。

内なる王子または王女――いつもいちばんいいものを要求し、それに値することを知っています。

内なるグルまたは霊的教師――時々価値ある貢献をします。それ以外のときは、誤った考えに基づいた宗教のプログラムで汚染されています。

内なる犠牲者または殉教者――ああ、かわいそうな私、人生はなんて厳しいのでしょう。私はきっと苦しむのが当然なのだと思っています。この性格は改善できます。時間がかかり、考えを改める必要があるので「ハイアーセルフ」に助けを求めてください。

冒険家――旅行、刺激的なことが好きでリスクを許容します。

ハイアーセルフ――智慧と無条件の愛、あなたの問題すべてにおいて高いものの見方を提供します。

ミスターまたはミズ・トゥゲザー――社会や仕事でどのように振る舞えばよいかを知っています。一緒に行動したがります。ちょっと表面的かもしれません。

内なるロマンチスト――恋愛をどのように楽しめばいいかを知っています。

内なる恋人――たいてい自分とは違う性で、ハイアーセルフのレベルであなたが望んでいるすべての愛を提供します。たいせつにし、育て、刺激的です。

他にも多くの可能性があります。あなたの内なる《インナー》チームがどのようなものか見てください。あなたが健康の

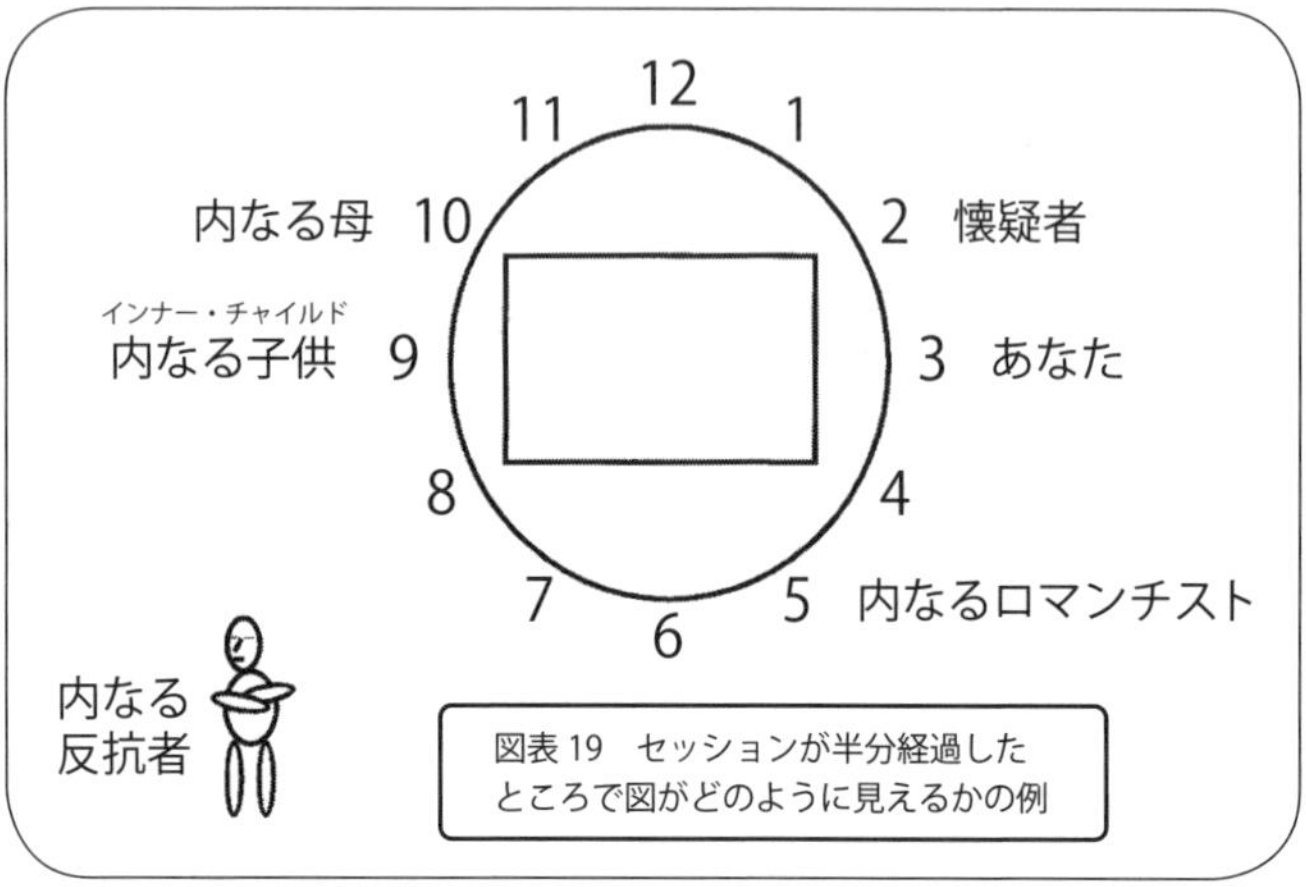

図表19　セッションが半分経過したところで図がどのように見えるかの例

問題について取り組んでいるのなら、体の部分が内なるチームにいるのを見出すかもしれません。例えば、足、胃、あなたの脳など。時々サボタージュが現れます。このキャラクター（または他のキャラクター）が心地よくなければ、彼らを他の人と調和させられる誰かがチームにいることを確かめるか、安全に彼らを取り除いてください。現れる人すべてが、あなたの内なるチームに属しているわけではないのです。

内なるヘルパーと保護者は大天使ミカエル、あなたの「守護天使」、または「ハイアーセルフ」を含みます。時々あなたが安全で守られていると感じられるように助けてもらうため、天使の全軍が現れることをあなたは望むかもしれません（これは簡単にイメージできます）。あなたが適切だと感じるのであればそれでいいのです。

鍵がかかった部屋やガラスで囲まれた部屋は、あなたが潜在的に恐れているメンバーが含まれているのです。あなたが子供のとき、または大人になって虐待されたのであれば、虐待した人はあなたの内的な場面で役割があり、その問題に取り組んでいる間あなたが安全だと感じるためにそのような保護がよく必要となるのです。このような深刻な問題を扱うには、通常はあなたの体験の記憶を通じてあなたを安全にガイドし、健康的で回復した新しいものの見方に導くことができる訓練を受けたセラピストや施術者と一緒に行うのがいちばん善いでしょう。

あなたが彼らに賛成しなくても、それぞれの人は尊厳をもって扱われなくてはならないのです。あなたが彼らとコミュニケーションをとりたいのであればなおのことです。これはあなたが怒りや憤怒も含む感情を表せないということではありませんが、プロセスがあなたの問題を解決へと導くでしょう——未解決のまま放置され、引き続きその問題を繰り返すということにはなりません。（この文章は重要なので、もう一度読みます）

最も健康的で、最も明快なコミュニケーションを見出すのが、この問題を解決する最も早い方法なのです。あなたの人生を前に進めたいのなら、あなたの潜在意識の中で何が起こっているのかを知る必要があります。

最初に円の中であなた自身の場所を選んでください。それから、あなたの内なるチームのキャラクターに1人ずつ入ってくるように依頼してください。席を選んでもらってください。彼らの名前を尋ねるか、彼らにどう呼んでもらいたいかをきいてください。彼らの名前またはラベルを座席番号の隣に書き出してください。あなたの提起した話題や問題について、彼らに手短に意見を言ってもらってください。彼らが言ったことを書き出してください。

彼らがどのように見えるかを想像できるときは、彼らがどのように座ってまたは立っているのか、彼らの態度などを描写してもいいでしょう。彼らに感謝して、次の人に入ってもらうように依頼し、あなたの円が埋まるかあなたが完了したと感じるまで続けてください。

あなたの円を描いてください。椅子を引いて。誰が来てどのように決をとるのでしょうか？　彼らはあなたの目的に協力的でしょうか、それとも反対でしょうか？　ここにあなたが意識的に望むものを手に入れられない本当の理由があります。あなたは、あなたの意識的な選択に完全に賛成しない内なる声でいっぱいなのです。

本当にあなたが望むものを手に入れたいのであれば、あなたには合意が必要です。あなたは自分自身で、彼らの上げる声をあなたに賛成するように説得できますか？　それとも、あなたは訓練を受けたセラピストの専門的助けが必要でしょうか？

見極めてください。さあきいてください。誰が何を望んでいますか？　あなたの質問または望みから始めてください。私は［　　　］を選択しています（意識的な言語は「望む」の代わりに「選択する」を使うよう勧めている）。私の内側の部分のすべての意見はどのようなものでしょうか。正直に言ってください。

エクササイズは、次のようなものかもしれません。次の例は内なるチームと1回以上のセッションに取り組むことになったものです。問題が書かれ、それぞれの参加者は自己紹介をし歓迎されました。

問題——私は満ち足りて、健康的で、セクシーで、スピリチュアルな関係を持つことを選択します。

内なる裁判官——あなたにそんなものは手に入れてほしくないし、あなたはそれに値しない。あなたは社会の規則に従っていないし、あなたは罰せられるべきで報いられるべきではない。私が手に入れられなかったのだから、あなたも手に入れてはいけない。あなたは選択しなくてはいけない——愛か充足か。あなたは両方を手に入れられないのだから。（この声はマスクをした地球の母に代わる）

内なる子供——私はたいせつにされたいけど、安心を手放すのがとても怖いの。

内なる母——かわいい子ね、あなたが望むものは手に入れられるのよ。あなたにはたくさんの愛が注がれているの。これは確かよ。（これはこの患者が必要としている「聖なる女性」を完璧に反映する「聖なる母」の側面。前回のセッションで患者の地球の両親を癒し、取り除いたときに代わってもらった）

ミズ・トゥゲザー――ええ、私たちは結構セクシーに見えると思うわ。でも私の望む人はどこにいるのかしら？

冒険家――私は楽しい冒険に出かけられるように自由になりたいわ。誰も私を引き止めないでほしいの。

シニカル／懐疑者――どうして君が望むものがいつか手に入るなんて思うんだい？　馬鹿げているじゃないか。そんなことを考えるなんて馬鹿だよ。

反抗者――おい！　俺の場所を空けてくれ。俺は1人になる場所が必要なんだ。いつものことだが俺に他人のルールを押しつけないでくれ。

犠牲者――ああ、私たちは聖人になるためにすべてをあきらめなくてはならないのです。あなたの望むものは手に入れられません。あきらめなさい。手放しなさい。

内なる恋人――「私」は今ここにいます。「私」と一緒に過ごしませんか？　あなたは「私」を本物ではないみたいに否定するけど「私」は本物です。「私」はあなたが探している人なのです。（もう1つの「神聖な側面」がここに反映されている。この内的な関係は多くの場合、物理的な出会いに先立つものだ）

内なるロマンチスト――私はもう準備ができているわ。皆さん、ここで合意をしましょう。私たちの望むものはすべて手に入るって。

内なる魔女――私には力も愛も手に入らない。誰がそんな私を欲しいって？

意識的な自分――ええ、私は全員がリストにある基本的な要求に同意できると思うわ。すべてが手に入らないとは思えわないわ。

キャラクター同士の会話が今始まります。

意識的な自分から内なる子供へ――「あなたは安心で、愛され、たいせつにされ、守られていると感じたいのよね。内なる恋人はあなたをたいせつにしてくれる？」。「うん」（小さな声で）。「そう思うのなら大きな声で言って」。「うん、いいわ」。「ＯＫ、じゃあ、今すぐ彼のところに行ってね。彼が抱きしめてくれるから。いい？」。「わかった」

魔女に――「他の力のある女性が彼女らの人生で、セクシーで素晴らしい男性と一緒にいるのを見ることができますか？」。「はい……」。「あなたはそれに値すると信じますか？」。「……はい……」。「あなたはその人を誰か他の人から盗む必要がありますか？」。「……いいえ……」。「もう十分言いたいことは言いましたか？」。「……はい……」。「どのくらい強くなりたいのですか？」。「……とても……」。「どれほど愛らしくなりたいですか？」。「……最大限……」「あなたの名前とイメージを変えることができますか？」。「……ＯＫ……」。「女神はどうですか？」。「……ふーん、それはいいね。強そうだし。ああそう！　セクシー。うーん、とっても愛らしい！　ＯＫ、ＯＫ！」

内なる恋人――落ち着いてください。私のたいせつな人、すべてはうまくいきますよ。それがいつか教えてあげますね。

内なる母――かわいい子、あなたにはいちばんいいものがふさわしいのよ。もうすぐあなたの準備ができるわ。あなたの愛を与える機会が訪れるのよ。

内なる子供――もう大丈夫みたい。

反抗者――まあまあ、俺が俺自身でいられればいいさ。箱の中では生きられないからな。

冒険家――すでにあまりにたくさんの妥協と制約があるじゃないの。私はより多くの自由を選ぶわ。素敵で、たくましく、かっこいい車を選ぶわ。私は遊んで、成長して、可能性を拡げ、探求するのに前向きなパートナーを選ぶわ。

アイ・アム・プレゼンス（神聖な自身）――あなたには最高のものがふさわしいのです。あなたは最高です。信じなさい。あなたが望むものはすべてもたらしましょう。あなたの腕を広げてそれを今受け取りなさい。過去の制限から踏み出してください。あなたが選んだ世界へ通じるドアを見てください、そして今、ドアを通ってください。

（大きく開いているドアを想像する。患者はドアを通り抜け、幸せで楽しい声、笑い、そして盛大なパーティーに迎えられる。一緒に遊ぼうと待っている友達がいる）

このシナリオは、問題が解決する唯一のシナリオではありません。たいていチームのあるメンバーに理解してもらうにためは、多くの話し合いが必要となります。時々、機能していない家族体験のため、かなりの汚染が生じている場合もあります。

もっと難しいメンバーとやりとりする自信がなければ、それを引き受けてくれる人がグループの中にいるか（ハイアーセルフのように）尋ねてください。

（私、ミケーラは、かつて統合しようとしてできなかった性格があり、私は彼のことが好きになれませんでした。彼に我慢ができなかったのです！　私は、彼には全く望みがないと思いました。自己中心的で、卑怯で、冷酷で。私の内なるチームに助けを求めたとき、私の内なる子供がやってきて彼の手をとったのです。私は打ちのめされました。内なる声が私に言いました。「さあ、ミケーラ、すべてが悪い人は誰もいないのよ」）

あなた方の多くが、このエクササイズを簡単に行うだけの人生の技術と体験があると思います。他の読者は、このエクササイズはすぐに取りかかるには新しいものだということに気づくでしょう。ここでは経験が役に立ちます。あなたがこれらの技術に関する練習をたくさんしていたとしても、客観的な助力はたいへん役に立ちます。

ヴォイス・ダイアログや錬金術的な催眠術などの精神統合の方法の訓練を受けてきた人は、このような技術であなたを支援することができます。

トランスパーソナル心理学の訓練を受けたカウンセラーは、霊的観点からも非常に価値があります。そしてあなたと心がよく通じ合う人を選ぶのは必要なことです。これらの技術はたいへん強力で即効性があるのですが、カウンセラーや催眠術師があなたの必要性やあなたを支援するのに最も役に立つ適切な経験をしているかということに敏感でいなくてはならないのです。

20章 「愛」と「統合のアヴァター」

ロード・イエス／スナンダが語ります。

天国での忠誠とは？

天国では、階級は愛に基づいています――どれだけ多くの愛があるか、逆に言えば、どれほど多くの愛を与えているかです。あなたの持つ愛より多くの愛を分かち合いたいと願うと、より多くの愛を持つレベルへと移行し、多くの愛が与えられます。

「愛」は高い低いではなく、どれだけ分かち合いたいかによります。そのため、より多くの愛を与えると、より多くの愛を得ることになるのです。聖書にも「押し入れ、揺すり入れ、あふれるほどに量りをよくして、ふところに入れてもらえる。」（ルカによる福音書　6章38節）。本当に、「愛」に制限はないのです。

あなた方のハートが、まさにその本質である「愛」に惹《ひ》かれているのに気づくでしょう。なぜ何百万人もの人がクリシュナ、ラマ、シバ、イエス、ブッダ、　観音、　聖母マリア、「女神」に惹かれるのでしょう？　それは彼らの「愛」を感じ体験するからです。

「愛」は、「人生」を引きつけるエネルギーです。原子よりも小さい最小の粒子から、男性と女性、神と女神まで、離れている1つまたはそれ以上のものに惹かれ、より偉大なものを形成します。お互いを引きつけ合うのは「愛」なのです。

キリスト――「統合のアヴァター」は「ユニティ」を創造するために、力と「愛」の法則を通じてお互いを引き寄せ合います。

この「アヴァターの法則」が「ユニティ」を創造するために、多くの形で表現されていてはおかしいでしょうか？

すべての偉大な宗教の「原則」には、この「愛」が流れています。そして「愛」は「統合」の本質で、「ユニティ」を創造するうえで障害となっているように思われるものをすべて越え、この統合の「ヴィジョン」を通過させるでしょう。

今、あなたのハートの中のこれらの障害を見て、これらの障害を取り除くように「天使」やあなたの「ハイアーセルフ」に求めてください。今は「愛」が育つときなのです。

●エクササイズ20　「ハート」を癒す

あなたのハートにつながるドアを想像してください。「天使」と共に行き、癒され、取り除かれるべき隅や裂け目をランプを灯して探してください。あなたのハートの中のあらゆる場所を「愛」で満たしましょう。あなたのハートを癒してもらいましょう。癒すときが来たのです。

時間をとって、慎重にこれを行ってください。指示は短いですが体験は短いものではないでしょう。


ミケーラはずいぶん前に、あなた方が統一された意識のどこに向かっているかの真実について、いくつかのヴィジョンを与えられました。ここで彼女自身の言葉でそれらを伝えてもらいます。

最初のヴィジョンは、私の「道」を意識的に探求し始めた、かなり早い時期にやってきました（1986年ごろ）。その時は、おそらくこのようなヴィジョンはよくあることだと思っていたのですが、それからそれが稀で、とても貴重であることを学んだのです。

人々が7つのグループに集まり、まるで炭素環の炭素原子のように結合していたのを見せられたのです。

炭素環では、炭素原子は化学結合の強さから密着し、安定した環を形成するために結合するのです。この惑星の細胞、臓器、ホルモン、植物、肉体を形成する蛋白質と複雑な炭水化物のすべては、この結合により成り立っているのです。そのため、複雑な生命体のすべてはこの単純な原理から成り立っているのです。

6から7へと移行するのは、私にとって重要に思えました。私は、それが全く新しいレベルの創造が可能になったことを示唆しているのではないかと思ったのです。

それから私は、それぞれの人が中央で結びつきを形成し、炭素環の構造の上で複雑な蛋白質が形成されたような複雑な関係を形成するのを見まし

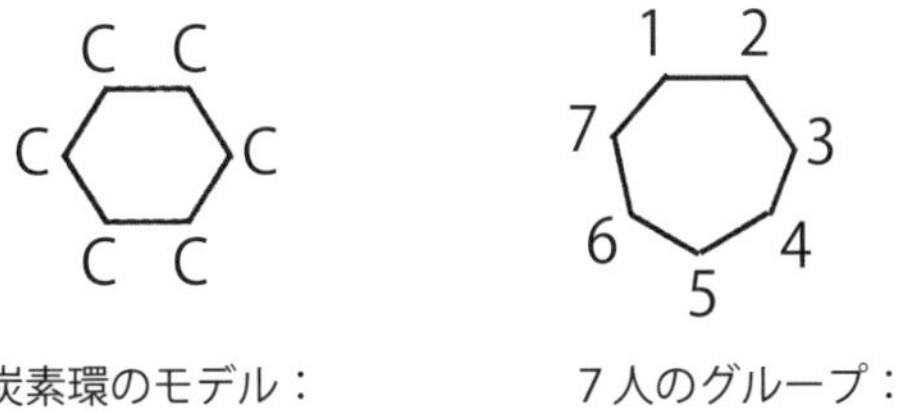

炭素環のモデル：
「C」は炭素原子を表す
線は化学結合

7人のグループ：
結合のモデル

図表20－1

た。この時つくられた関係が人類の愛の絆だったのです。

私はこれが、私たちの惑星で「神の体」（または「キリストの体」）を築くことだと理解したのです。私たちは前例のないレベルで「神」との共同創造に参加する準備が整ったのです。

集合意識が個人としての私たちそれぞれの上に形成され現れています。バーバラ・マルクス・フバードは、未来を描いた彼女の多くの著作の中で、私たちが「神」の体を造るという、進化の跳躍について語っています。「グローバル・ファミリー」のグループがこのことをとても美しく詳しく記した研修資料とワークショップを開発ました。

私も同じ時期にこのグループが形成されるヴィジョンを受け取り、世界中の人々がこの構成をさまざまな形で受け取っていると指示されました。他の人はより大きなパズルのピースを造っていて、それらはやがてひとつになるのです。

私は化学結合のように、さまざまなグループで個人が混ざるのを見ました。これらのグループは、しばらくの間活動してそれから分解しました。まさに化学的触媒がさまざまな原料と混ぜられ、複雑な化合物の形成を促進するのにとてもよく似ていました。ある化合物は、極めて一時的または不安定で、最終結果につながる過程の中でも非常に短いものでした。

このヴィジョンを見てから、私はいくつものグループに参加し、私たち

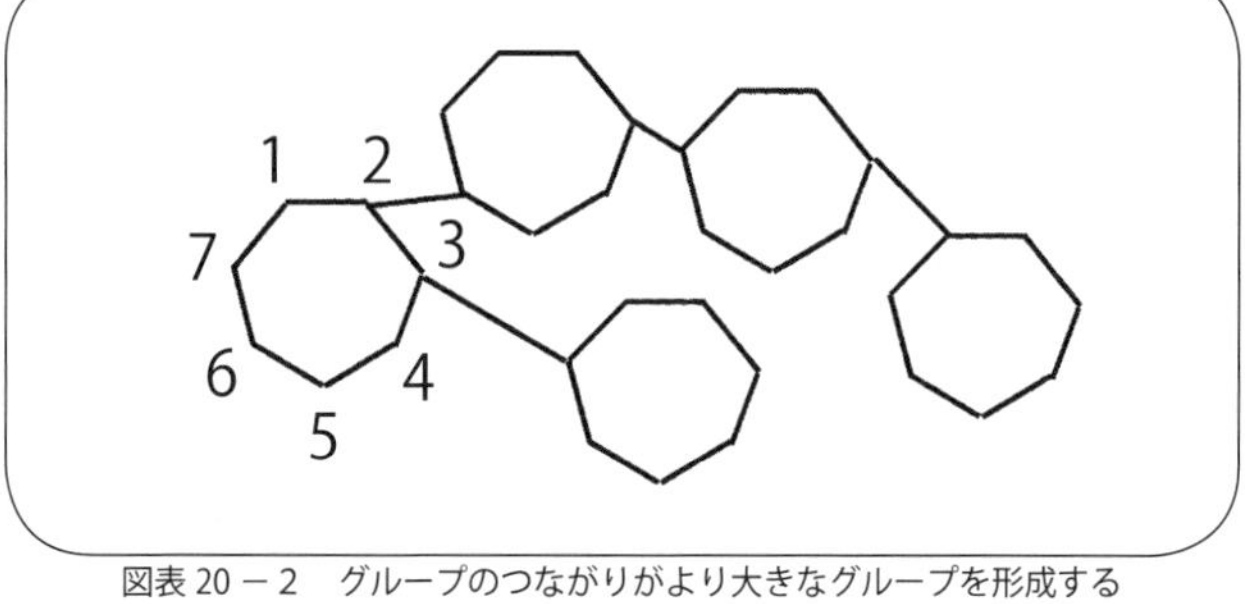

図表 20 − 2　グループのつながりがより大きなグループを形成する

の中で新しいつながりが形成されました。新しいレベルの集合意識が形成され、ほとんどの場合グループは解散し、個人がこのプロセスを他のグループで繰り返していったのです。

あるグループではまとまりがよく、結合はほぼすぐにできました。1回の集まりで愛が分かち合われ、もう二度と会うことはありませんでした。他のグループでは、何週間も、何カ月も会い、私たちの性格の違いや私たちの荒い角や外側の尖った部分を乗り越えることができるかを探求していました。時々、私たちはそれを乗り越え、愛を勝たせたのです。そうでないときは、それが可能とは思えませんでした。

それぞれのグループがもう引き返せないところまで行きました。うまくいったグループでは、たいてい光と祝福の大洪水のような体験をしました（私はこれを、グループと個人の両方の意識レベルを高めるグループのイニシエーションだと解釈しています）。グループが「うまくいったか」どうかにかかわらず、この後すぐにグループは解散し、私たちはそれぞれの道へと向かったのです。

分かち合うように言われた2つ目のヴィジョンは、最初のヴィジョンを見た数年後に見ました。両方のヴィジョンは私が1980年代後半にバークレーに住んでいたときに受け取りました。このヴィジョンでは、多くのニューエイジのグループが、彼らの違いや境界を通過し、真にお互いを称え合っているのを見せられました。その後すぐに、さまざまなキリスト教徒のグループが教義の違いに基づいた人工的な境界を手放し、それぞれが掲げる普遍の真実と彼ら全員が調和する中心人物であるキリストを称えたのです。これはより大きな結合パターンの一部で、お互いを尊重し、すべての宗教と霊的な教えに影響を与えたのです。神を称え、感謝を捧げ、歌に記され、すべての伝統を祝い尊重し、世界中のさまざまな人々が神を賛美した1日となったのです。

このようなことが起きるには何が必要なのでしょう?

私は世界が踊るのを見て、そして不思議な思いにとらわれました。私たちを希望に導く瞬間はたくさんあるのです。2000年1月1日に世界を駆けめぐった素晴らしいお祝いは、この出来事の前触れのように思われます。私はこれらのヴィジョンをハートに収め、待ち、観察していました。

2002年の更新――2001年9月11日のワールド・トレード・センターとペンタゴンの崩壊に続き世界が受けた衝撃は、この方向への動きを引き起こしました。祈りの儀式が亡くなった人々を追悼するためにナショナル・キャセドラルで開かれ、彼らの死を悼む人々が世界中に放映されました。そしてビリー・グラハム牧師が、世界の分離ではなく宗教の垣根を越えたユニティの言葉を語ったのです。

2008年のコメント――最近、アメリカ合衆国の大統領にバラク・オバマが当選し、明らかに世界中で祝福されました。

21章 「平和」

「母なる／父なる神」が語ります。

愛する皆さん、今日は皆さんがよく心配している今日そして明日について話しましょう。

明日について安らかな気持ちでいてください。愛する皆さん、明日は今日の取り組みの成果として確実に育つのですから。

今の次代、わたしたちはあなた方に気づくように、あなたの内側で気づいているように要請します。あなたの未来に対する希望も恐れもすべてが現在に根差しているのです。愛する皆さん、「平和」でいてください。あなたが望む「天国」を築くのは「平和」の中なのです。「天国」があなたの周りに創り出されるのは、まさに「平和」の中からなのです。

すべてのありえるもの、そうなるかもしれないもの、そうなるものは、まさに今の潜在的な可能性の中に存在しているのです。あなた自身に「平和」な時間を与えると、あなたにとっての最高の善と整合してそれがより楽に、自然に訪れるのです。いわゆる――世界はあなたのためにうまく収まるようになるのです。

「平和」は活動方針です。

愛する皆さん、「平和」は単に戦争の停止ではありません。「平和」は活動方針なのです。「平和」はすべての光線の成就とバランスを表しています。「平和」の色は虹のように光り輝く金です。それはいつもあなたの周りにありますが、あなたが恐れを止め、思考を静め、休息したいという願いを許したときにのみ体験できるのです。

●エクササイズ21 「平和」を体験する

では、少し時間をとって、私と一緒に「平和」のフィールドを歩きましょう。あくせくした人生より、もっと高いところに山と草原があるのを想像してください。何もすることはありません。都市の音や「忙しさ」は邪魔しません。静けさ、平静、美しさ、そしてすべての上に「平和」があります。

静けさを吸い込んでください。何もないものと満ちているものを吸い込んでください。あなた自身に、ただ今ここにいることを許してください。

あなたの人生のすべきことすべてを手放してください。「天使」にそれらを持っていってもらいましょう。愛する皆さん、まだ取り組まなければならないことはありますが、その取り組むことは「愛」と「喜び」と同じことなのです。

さあ、「平和」のフィールドに来ました。あなたの体、あなたの気持、あなたのマインドを落ち着かせ、栄養をとらせてあげてください。皆さん、あなた方はとてもがんばってきました。休む時間を与えましょう。

あなたの体が、あなたのハートが、あなたのマインドがやさしく楽に、「平和の金色の光」に浸るのを想像してください。

あなたが必要とするもの、望むものすべてがある世界が簡単に、面白く、楽しく、あなたの元に来るのを想像してください。あなたが知っている笑い、閃《ひらめ》き、愛のある仲間を想像してください。あなたが働くところにあなたの喜びがあるのです。

皆さん、これがあなたの未来です。それはあなたが「完璧な平和」にもっと深く整合すると創造されるのです。「平和」は理解の道です。「平和」はあなたのハートとマインドの中にあります。

あなたは、まだ一度もこの経験をしたことがないかもしれません。どこから探し始めたらいいのか、このプロセスをどのように始めたらよいのか知らないかもしれません。あなたに主な段階を教えましょう。あなたの旅は、あなたの独立性と創造性次第なのです。

◆あなたが本当に何を必要とし、何を望んでいるのか、あなた自身によくきいてください。あなたの望みの本質は、あなたにとって「神の真実」の一部でもあるのです。

◆あなた自身に優しくし、愛してあげてください。

◆あなたに善いご褒美をあげてください。

◆〝この世界や次の世界にいる〟あなた自身が最も愛し尊敬する人のことを考えてください。あなた自身を同じくらい尊重してください。あなたの中に等しく「神」が住んでいることを知ってください。あなたの贈り物には等しい価値があります。

◆あなたの心配、恐れ、疑い、重荷を集め「神」に渡してください。

◆「平和」を吸ってください。あなた自身を「平和」で満たしてください。

「平和」は、「命」の流れの中心――タオ――「道」にあるのです。「平和」を確立し、「平和」の中にいてください。そうすれば、あなたの人生を完璧に映し出すようにすべてが一緒に働き始めます。「平和」を呼吸して、「平和」を信じて、「平和」でいてください。

「平和」

「平和」を呼吸して、「平和」を信じて、「平和」でいてください！

22章「至福」

わたしはスナンダです。

今日は至福について話すために、あなた方と共にいます。あなた方の人生における無上の喜びについてです。あなたが忙しくしていたり、何かに一生懸命になっているとき、愛する皆さん、あなたは至福を逃してしまうのです。この言葉をもたらしたのは、あなたが毎日、毎瞬、至福で満たされていることに気づいてもらうためです。あなた方は至福に囲まれているのです。至福は「神／女神／すべてであるもの」の本質で、あなたは全体であり、完璧であり、全体を構成するうえでなくてはならない一部なのです。そのため、あなたの基本的な性質は常に至福なのです。

わたしたちはこれをあなたに葛藤を起こさせるためではなく、あなたに課題を与えるために話しています。あなたがどれほど頻繁《ひんぱん》に至福とは反対のものを感じているかを指摘するのではなく、あなたの生まれながらの権利であるあなた自身の真実、本質である至福の経験にあなたの注意を向けるためなのです。おそらくあなたは、「私にはそれが分かりません。私は至福を感じないのです。どうしたらそれが感じられるようになりますか？　私にそれを見せてください」と言うかもしれません。そしてそれがまさに、わたしたちがしようとしていることなのです。愛する皆さん、あなた方の本質である自分自身の至福を、毎日、毎時、毎分経験できるように、あなたにそれを見せて明らかにするのです。

皆さん、それは単純なプロセスです。少し時間をとって、あなたの1日を見てください。あなたの人生の性質を今、あるがままに見てください。経済的な心配があっても、あなたの愛の生活に心配があっても、またはは愛の生活を欠いていても、それが何であってもあなたの人生の経験が何であれ、この瞬間に注意を向けてください。この瞬間が何百万、何十億もの小さな瞬間で構成されていることに気づいてください。愛の欠如、お金の欠如、楽しみを追求することの欠如、あなたが感じる欠乏が何であれ、欠乏に注意を向ける瞬間にあなたは欠乏を感じるのです。

さあ、欠乏、落胆、葛藤の思考がちりばめられている中で、あなたは何をしていると思いますか？　これらの思考の間に、愛する皆さん、あなた方はあなたの本質を経験しているのです。この宇宙は特に二元性を経験しているので、あなたのマインド、あなたの思考は善いものと悪いもの、あなたが好むものと好まないもの、あなたが望むものとあなたが持っていないものの間を揺れているのです。

●エクササイズ22　「至福」を経験する

それでは親愛なる皆さん、あなたが無意識に経験している瞬間に、意識して注意を向ける時間をとってください。あなたが息を吸うたびに「神の光と命」が、あなたの吸い込んだ空気のすべての粒子を満たすのに気づいてください。常に、呼吸するたびに、あなたは「神の本質」を吸い込んでいるのです。息を吐くたびに、あなたの贈り物を「命」に返しているのです。

さあ、ここでこの呼吸を意識的に方向づけてみましょう。

声に出して言ってください――「私は、〈神の命と愛〉の贈り物を吸い込みます。私は、私の細胞をその中に浴《ひた》します。私は、私を満たし、包む、〈至福〉〈命〉〈愛〉を、私自身に経験させます。私は、私の愛するものすべてに、私の息と共に〈命〉の贈り物を吐きます。私は、私にとって必要のなくなったこの息が、この惑星上の生命である膨大な奇跡、この分かち合いの膨大な奇跡の中にいる他のもの、植物や動物などにより取り込まれるのを知っているので、私にとってもう役に立たなくなったものを手放します」

愛する皆さん、少なくともわたしたちとあなた方は空気を分かち合っているのです。「呼吸」をすることで「ひとつ」になっているのです。

あなた自身に思い出させてください。わたしは一呼吸ごとに、岩、鉱物が彼ら独自の方法で呼吸した空気、酸化や植物、元素、動物、他の人、そして実際に聖人や「天使たち」が呼吸した空気を吸っているのです。

あなたの「守護天使」はいつもあなたと一緒にいるので、あなたはまさに、「守護天使」が呼吸したその空気を吸っているのではないですか？　あなたはこの空気を分かち合っているのではないですか？　生命の呼吸は、高い次元の空気にも浸透しているのです。ですから正しく呼吸することはとてもだいじなのです。呼吸は、あなたの高い次元の体に栄養を送ってもいるのです。

貧しい中の最も貧しい人、富める人の中でも最も裕福な人、どちらも同じ空気を吸っているのです、愛する皆さん。きれいで新鮮な空気、または汚染された空気や汚染されていない空気をわたしたちと分かち合っている皆さん。空気はこの惑星の「命」の源なのです。それは全員が分かち合っているものなのです。あなたは路上の物乞いにあなたの豊かさを分かち合ったかもしれませんし、分かち合わなかったかもしれませんが、空気は分かち合っていたのです。そしてこの分かち合いが、与えることが「神」の本質で「至福」の性質なのです。この惑星には境界を設けるための多くのものがあります。私の体、私の家、私の土地、私の服、私の国、私の水、私の鉱物採掘権――けれども、太陽や空気はどうしたら境界を設けられるかがまだ分からないので、すべての人に分かち合われています。それは美しく完璧に。

あなた方が最初に「ユニティ」「至福」「ワンネス」を知るのは、呼吸の中、「光」の体験の中なのです。でも今は、もう一度言いますが、あなたの日々に注意を向けてください。あなたの好きなこと、あなたが望むこと、あなたが好きでないこと、押しやってしまいたいことに。愛する皆さん、物事をもたらすのはあなたの意識の働きなのです。

明日は、今日のあなたの意識によって創られます。

あなたの意識を、あなた自身のために創るものに向けてください。あなたの必要や、あなたの周りの人の必要も完璧に満たされている世界を想像してください。飢えがなくなり、貧困も存在しなくなり、それぞれが能力を十分に活かして喜び、愛、献身、達成感を感じて働いているところを想像してください。あなたが望まないことには意識を向けないでください。

あらゆる瞬間に、「愛」と「光」があなたを満たすのを許し、あなたが憧れ、あなたが愛し、あなたが感謝するものに向けてください。あなたが将来見たいと願うものに、今日のあなたの意識を向けてください。明日は、今日の意識によって創られるのです。

確かに、あなたがコントロールできない要素はあります。「すべて」の「命の力」が、私たちの明日を創っているのです。それでもあなたは、あなたの部分を創ることができるのです。愛する皆さん、あなたが願う明日を創造するために、あなたができることに集中してください。あなたの役割は何でしょうか？　ここに至福があります。あなたの完全な表現の中に、「愛」「喜び」「真実」その瞬間に。あなたは、明日の至福を今日経験することはできないでしょう。あなたは、この瞬間の至福のみを経験することができるのです。

それはここに、あなたの周りにすべてあります。それを感じ始めて、見始めて、聴き始めてください。「神」が常にどこにもいるのであれば、なぜ私たちは気づかないのでしょうか？　あなたは「神の性質」の何を知っているのでしょうか？　「神」が「愛」であれば、「神」が「真実」であれば、「神」が「力」であれば、「神」が「尊厳」であれば、「神」が「平和」であれば、「喜び」「比類なき栄光」「美」であれば、あなた方の人生で、世界で、「神の性質」をどうしたら見ることができるのでしょうか？　「美しい」もの、「平和」なもの、「真実」「愛」「喜び」であるものに意識を向けることでそれらを見ることができるでしょう。

さあ皆さん、あらゆる人生に、愛しい、平和な、楽しい、美しいものが訪れます。あなたはそれに気づいていますか？　それともあなたの意識は他の場所にありますか？　あなた自身がそれに気づくようにしてください。

あなたは痛みを経験するのでしょうか？　苦しみでしょうか？　葛藤でしょうか？　あなたが望まないあらゆる人生の在り方にあなたが意識を向けているのを、あなたの人生の環境は反映しているのでしょうか？　信じられないかもしれませんが、あなたの意識を向けるところが、あなたの行くところなのです。親愛なる皆さん、あなたの意識をあなたの行きたいところ、あなたがなりたいもの、あなたがなろうと選択するものに向けてください。

もちろん、あなたの人生に驚きの余地を少しだけ残しておかなくてはなりません。あなたの必要をあなた以上に理解している、あなた自身のヴィジョンより大きなヴィジョンの余地を残さなくてはならないでしょう。想像してください――あなたが、あなたの人生経験の司令官なのです。あなた自身に完璧さを命じることはできないでしょうか？　あなたは、あなたの人生の司令官なのです。今生のあなたの人生経験で病気になったとしても、それはあなたが悪いからではないのです。あなたは罰せられているのではないのです。しかし、病気はあなたの意識を反映していませんか？　「神の性質」の本質が「愛」であれば、善であれば、今日のあなたの経験に「愛」があるはずです。あらゆる経験の善いところを抜き出してください。「学び」は何でしたか？　贈り物は何でしたか？　金を掘る人になるときではないでしょうか――あなたの人生経験に眠る金を掘る人に、埋められた財宝を求める人に。

「愛」を携え、深い並はずれた贈り物を1人1人にもたらさずに起こる悲劇やトラウマはありません。より深く見てください。これらの贈り物は、たいていあなたの人生の表面にはないのです。あなたの人生の課題にある贈り物を、より深く見なくてはならないのです。

愛する皆さん、あなた方に「至福」の贈り物を、あらゆる瞬間に贈ります。実際「至福」の贈り物は、あなたのためにあらゆる瞬間にあるのです。けれどもそれを探し、見て、意識を向け、感謝するのはあなたの責任、あなたの機会なのです。

「至福」に意識を向けて息を吸ってください。この部屋が「金色の光」に満たされるのを想像し、息を吸ってください。本当にそれは「黄金の光」で満たされています。あなたの想像の中でそれを見て経験することができます。

愛する皆さん、あなたの意識はどこにありますか？　「喜び」ですか？　「至福」ですか？　あらゆる各瞬間の贈り物ですか？

あなたの人生に痛みがあるのなら、メッセージを伝えるためにそこにあるのです。

（著者のコメント――かつて私は「痛みは、詰まっていたり遮《さえぎ》られているところを通り抜けようとする非常に強い愛です」というのを聞いたことがあります）

あなた自身に、愛を受け入れにくい部分があるのを想像できますか？　痛みを経験しているあなた自身の一部があるのであれば、そこに行ってください。呼吸をして、「至福」の光を痛みのあるところに吸い込んでください。痛みのあるところが徐々に開き、「至福」を吸い込めるようにしてください。恐れが拒絶を引き起こし、閉じ、密度の濃さと痛みに反応するのです。「愛」と「至福」を選択し、それを受け取るためにあなた自身を開いてください。次にこう言ってください。

「私は今、〈愛〉と〈至福〉を経験する選択をします。私はそれを受け取るために自らを開きます」

それはあなたが予想もしていなかった形で訪れるでしょうか？　ある人、ある活動またはある経験でそれを見るだろうと思いませんでしたか？

「愛」は毎日、あらゆる瞬間に訪れます。それを受け取れるようにあなた自身を開いてください。

あなたはこれがあまりに非現実的で、おとぎ話のようで、あまりに都合のいい話のようだと恐れますか？

あなたに伝えます。「これらは原則です。至福に満たされた人生を生きる原則なのです」

「愛」は毎日、あらゆる瞬間に訪れます。

それを受け取れるようにあなた自身を開いてください。

これはクッションの上に座って、宇宙が金貨の雨をあなたの上に降らせるのを待つことではなく、召使の一団が定期的に現れて食べ物やご褒美をもたらし、素晴らしい活動をあなたのためにしてくれるということではありません。

むしろ人生は、そのような生活よりはるかに相互に作用しているのです。そのような生活も時間の経過とともにつまらなくなるでしょう。人生は、学び成長することで変化し、選択することなのです。経験の上に経験を積み、行動の結果または行動をとらなかった結果に対してその結果を引き受けることです。

愛する皆さん、これは「人生」の基本原則なのです。あなたの意識を向けるところが、あなたの人生の中で育つものなのです。ですから喜び、愛、平和、笑い、感謝にあなたの意識を向け、それがあなたの中で、あなたの周りで拡大するのを許してください。

人生は強制するものではありません。人生は許すものです。人生はあなたの中の「真実」の囁《ささや》きをよく聴くことです。あなたの「至福」に従うことです。人生は「喜び」を生きることです。移行のときは葛藤が多く複雑に見えるのは分かっています。あなたが自分自身を何百万人もの、何千年ものパターンから引き抜くことで、善いもの、美しいもの、高揚させるものにあなたの意識を戻せるのです。

愛する皆さん、今こそが遊び方を学ぶときです。今の瞬間にいてください。「軽やかな心」でいてください。他の人の目に、美しさを見てください。風船に微笑んでください。

あなたの人生が今の瞬間に多少葛藤を経験しているように思えても、次に訪れるものに集中してください。「あぁ、神様、お金が届きますように!」ではなく、「私は人生の流れが、私に機会をもたらすのが見えます。もしそれが本当に私の望むことであるならば、明日ドアをくぐり抜けて世界でいちばん裕福な人になることができます」

あなたは何を選択しますか？

愛する皆さん、あなたは、あなたの人生をあなたの思考で創造しているのです。あなたは何を考えていますか？　あなたは、あなたの言葉であなたの人生を創造しているのです。あなたは何を言っていますか？

愛する皆さん、あなたは、あらゆるあなたの思考、気持ち、言葉であなたの未来を創造しているのです。今、あなたの人生のためにあなたの力を、あなたのマスター性を要求し、あなたの人生に責任をもって生きてください。これが要求されていることなのです。

過去において、あなたは無知の状態にあり、あなたはあなたの力、あなたの権限を要求せず責任もとってきませんでした。あなたが責任を回避した範囲で、あなたの人生は行き当たりばったりのように見えたのです。あるものはとても良く、あるものは本当にひどいものでした。すべての「物事」がとても退屈でした。あなたがそうしたのです。あなたは他の誰かが決めた人生を生きようとし、その中に喜びを見出さなかったのです。

あなたのハートだけが、何があなたにとって正しいのかを知っています。あなただけが、あなたの最善を選択することができるのです。今、選択してください。よく聴くことを選択してください。あなたの意識を、あなたの内側とあなたの周りにある「愛」に向ける選択をしてください。時間をとって、あなたの内側で表現されたがっている「愛」を探してください。その「愛」は何になりたいと望んでいますか？　なぜそれを叶えてあげないのですか？

あなたは、あきらめることがどういうことかをよく知っています。現在の状態に合わせ、絶望、葛藤、不快な人生を生きることを知っています。「喜び」の中で生きること、「至福」の中で生きるとはどのようなものでしょうか？　ほら穴に独りで座り、どこかで瞑想することではありません。十分に「人生」を生き、「至福」と「愛」に気づいていることです。それを吸い込んでください。あなた自身である、あなたの存在のすべての細胞や原子を「光」と「愛」と「至福」に浸してください。それを息と共に吐いてください。あなたの言葉で、あなたの手で、あなたの行動で世界に表現してください。

これが「至福」です。人生の流れに則し、あなたの「真実」に整合し、あなたの存在の本質に整合し、あなたの家族、隣人、すべての「命」と十分に相互作用して生きることです。これが「至福」です。今日、あなたに「至福」を求めるよう呼びかけます。

さあ、「至福」を吸い込んでください。「人生」の火とエネルギーがあなたを満たすように、あなたを元気づけるように、そしてあなたの行動と人生が「すべて」のものと完全に整合するように方向づけられるように。「すべて」のものと完全に整合した状態で、わたしは「アイ・アム」（訳注2＝個体化した「神」）の「キリストの光」であなたを祝福します。わたしは、あなたである「キリストの光」を称えます。

わたしは「愛」です。

わたしはスナンダです。

わたしはあなたと「すべての命」とひとつです。

わたしは「アイ・アム」です。

23章　私たちの明日を創造する

愛する皆さん、わたしはキリストです。

わたしは、あなたのハートのキリストとして語ります。あなたに、本当に分離はないのだということを伝えます。わたしとあなたは「ひとつ」なのです。

あなた方の中にわたしが生きてから、この目覚めのときをずっと待っていました。今回はすべての人が意識的に、直接的に、わたしとあなた方の統合の喜びを知るかもしれません。

わたしが語る「真実」が、あなたが数々の人生で葛藤していた痛みの層に優しく浸透するのを許してください。わたしは常にあなたと共にいました。常にです！


わたしは常にあなたと共にいました。常にです！

恐れと混乱で、あなたはハートのドアを閉じてしまいました。わたしの言葉とわたしの「光」に、あなたは目や耳を閉ざしてしまいました。けれども今、長い冬の分離は終わったのです。あなた方の再生と「復活」の「春」がここに来ているのです。目覚めなさい！　あなたの内側のヴィジョンと内側の認識のドアを広く開け放ってください。わたしを見て、わたしを聴いてください。わたしはあなたと共にいます。

幻想のヴェールが消滅してきているので地球の周波数のシフトが、わたしとあなたの整合を過去何千年よりも容易にしているので、わたしはあなた方それぞれの名前を、あなたの魂の本当の名前を呼びます。目覚めなさい。今、わたしとあなたは一緒だという「栄光」の中に、完全な意識でわたしと共にいてください。

今、今回のあなた自身の「光の復活」――「偉大なアイ・アム」であるわたしとの「意識的な統合」、あなた自身のアセンションを献身的に支援している「神聖な存在」と「癒しの天使」を呼んでください。


偉大なアイ・アムであるわたし。


さあ静かに座ってください。「天使」を呼んでください。過去の制限と混乱を手放してください。今すぐに――この瞬間に――ボロボロに擦り切れた古い服を脱いでください。それらは、もうあなたには必要ありません。おそらく、それらは死の道には役に立ってきたのです。それらは〝それぞれが全体の一部〟である偉大なこの「地球」の静脈や動脈を流れる「命」や、あなたが着ている肉体のいずれにも役に立たないのです。

これらの擦り切れた残りを手放してください。あなたの手を伸ばして「天使」があなたに差し出している「光」の服を受け取ってください。

あなたは「光」に浴している存在なのです。あなたという存在のオーラ（用語解説）の層は、あなたが選んだ「愛」で浄化されたのです。

あなたの「愛」の言葉と行いで編まれたあなたの「光」の衣を着てください。時は満ちたのです。あなたの準備は整ったのです。世界は準備ができたのです。今です！　これより最適な日は、未来にはないのです。あなたが誰であるか「わたしたちが誰であるか」を今、完全に思い出すように呼びかけます！

あなたが誰であるか「わたしたちが誰であるか」を完全に思い出すように呼びかけます。今です！

おそらくあなたは、わたしのブドウ畑で生涯ずっと働いてきたのでしょう。ひょっとしたら、あなたはつい最近来て、わたしの畑でほんの短い時間、ほんの短い期間働いただけなのかもしれません。いずれにしろ、わたしは全く同じように支払います。すべての人が同等に、わたしの「愛の恩寵」を受け取るのです。

「わたしはあなたの前に門を開いておいた。だれもこれを閉めることはできない。」（ヨハネの黙示録　3章8節）

今、わたしに目覚めなさい。わたしと共に「光」の中に、たくさんの屋敷があるわたしたちの父の家に来なさい。死ぬのではなく真実を生きなさい。あなたを待っている世界は、あなたが夢見るよりもずっと大きいのです。あなたが創造するより、ずっと壮大なのです。「喜び」と「平和」に満ちあふれ、その反対はないのです。

善悪、正誤の学びは、ここ「地球」では完了したのです。これらの学びと共にあった裁きはもう終わったのです。愛する皆さん、今や選択は「善い」か「より善い」か、「より善い」か「最も善い」かの間です。もともと「神」の判断は、単に「善い」と「とても善い」だけだったというのを聞いたことがあるかもしれません。古いパターンを超越すれば、もう悩むことはないのです。

まだ、もう数年、古い「地球」のやり方と、新しい「地球」は共存するでしょう。あなたは今、「新しい地球」に住んでいることを知ってください。古いやり方はあなたのものではありません。

あなたは今、「新しい地球」に住んでいることを知ってください。
古いやり方はあなたのものではありません。

ドアを通ったのに過去の信念にまだしがみついている人は、この移行の期間に混乱を経験するかもしれません。あなたは古い仕事のスキルを使って雇用と安全を求めるかもしれません。もしそうしたならば、あなたはどうして前と同じような仕事を見つけることができないのか不思議に思うかもしれません。または同じようなことを続けるのは、一種の生きる屍《しかばね》だと単純に分かっているかもしれません。

あなたに真実を伝えましょう――その人生は終わりました！　あなたに求められている仕事は全く違うものなのです。あなたの精神を否定するような働き方はもうできないのです。

ここでわたしの言葉に耳を傾けてください。なぜならこれは本当に重要だからです。あなたは今、5次元から6次元の現実に住んでいます。あなたが見つけられるのは、あなたの魂、あなたの「神」のデザインと完璧に整合する仕事だけなのです。それにもかかわらず、あなた自身にあえて他の仕事をさせることは、あなたをより密度の濃い現実に引き戻し、不必要な多くの痛みを伴うでしょう。

そこにある混乱の時間は、古い3次元のパターンにまだ住んでいる人の間近で生きることによって創られるのです。あなたはまだ彼らを見て、触れて、話すことができます。でも、あなたは違う世界に住んでいるのです。

この「真実」を十分に受け取ってください。今は、あなたの「神」を完全に認識する移行の時期です。わたしはこの言葉を軽々しく使いません。わたしはかつて「あなたが〈神〉であるということを、あなたは知らないのですか？」と言いましたが、今はこう言います。「あなたが〈神〉であることを、今、知りなさい！」

「あなたが〈神〉であることを、今、知りなさい！」

あなたの「神聖な本質」と融合することは、劣る選択をすることから永久に解放されることだと思っていましたか？　あなたは、あなたが持ちうるすべての力を即座に与えられると思っていましたか？　これらはそのように与えられるものではありません。むしろあなたが「神」の中に現れるニュアンスを十分に探求するのです。１日、１歩ずつ、あなたは偉大なあなたへと成長していくのです。

「すべてはとてもうまく、良くできていますね」とあなたは言うかもしれません。「だけど私は、まだ請求書の支払いをしたり、家賃やローンを支払ったり、家族を養わなくてはならないのです。どうしたらこれができるのでしょうか？」と言うかもしれません。

わたしのたいせつな愛する皆さん。「神」だけが、「アイ・アム」が、すべての豊かさと繁栄の本当の「源」なのです。あなた自身の内側にある「神」を尊重することだけが、あなたの求める安全と豊かさをもたらすでしょう。

この認識に完全に至るあなた自身のそれぞれの道を見つけるでしょう。わたしたちはここで、あなた方がそれぞれ見つけることになっている多様性と理解を与えることはできません。

あなたのハートの中を探してください。あなたの本当の性質は何ですか？　あなたは何をしているときに本物の充足感を感じますか？　あなたはそこに、あなたの求める成功と繁栄を見つけるでしょう。

あなたの愛することをしてください。お金はついてきます。いいアイディア——良い本のタイトル。それでもここで過去の名残りがある人たちに混乱を生じさせるかもしれません。そんなときは、わたしに頼ってください。いつでもわたしに頼ってください。わたしはあなたを導きます。ただ私を呼んでください。

あなた方のほとんどが、まだほんの少し移行しているだけなのです。あなた自身をすべて、この「偉大な今の瞬間」に呼んでください。まだ恐れや混乱の中に住んでいるあなた自身の部分を見つけてください。この「新しい地球」へ完全にあなたを連れていくのに必要な癒しがここにあります。

愛、赦し、感謝、賞賛、音楽、笑いが、最終的な変容を進めるのです。葛藤、裁き、罰は役に立ちません。そしてここでは、あなたのすべてが必要なのです。あなたのそれぞれの部分は、独自の強さと贈り物を持っています。どこも否定されないのです。

そしてあなた方全員がここで必要となります。すべての人が必要とされ、すべての人が呼び出されます。あなたは応えますか？　時が来たのです。わたしはあなたを家に呼び戻します。

あなたは、アセンションは去ることだと思っていましたか？　あなたは全く他の場所にある「善いところ」に行くのを待ち望んでいましたか？　わたしは特にその真実を単純に完璧に表している本のタイトルが好きです。愛する皆さん、「あなたがどこに行こうとも、そこにあなたがいるのです」。変容はあなたの内側で起こるのです。


あなたがどこに行こうとも、そこにあなたがいるのです。

あなたは他の場所に惹《ひ》かれるかもしれませんし、あなたのいる場所に留まるかもしれません。けれども意識の変化だけが、あなたの求める「平和」「喜び」、あなた自身の「神聖な本質」との「ユニティ」をもたらすのです。唯一その場所からのみ、あなたは本当の選択ができるのです。

「平和」でいてください、愛する皆さん。あなたを毎日変容して、毎日ハートとマインド、体、心を再生している「恩寵」に感謝してください。

あなたがこの選択をしたことを覚えていてください。今回、この地球で「あなたが誰であるか」の「真実」に連れ戻すこれらの経験は、あなたが選択したのです。あなたがその「真実」の中にいるとき、あなたは家にいるのです。

「あなたが誰であるか」の「真実」の中にいるとき、あなたは家にいるのです。

24章 現れ始めた「光」

愛する皆さん、わたしはスナンダです。

わたしは今日、大いなる喜びの中で、ここに皆さんと共にいます。今日は、この「宇宙」の内側の次元で今も起こっている変容について語りたいと思います。

1997年の秋分の日に、この千年間で初めて「地球」から「宇宙」へと大いなる「光」の転送が起きました。学びと葛藤が「光」に翻訳されたのです。あなたの愛、あなたの祝福、あなたの理解、あなたの仕事が「光」にコード化され、今はこの「宇宙」のために用意された新しいマトリックスの一部になっているのです。「地球」の鼓動は今、集中したリズムとなり、星間空間に発信できるようになりました。そしてそれは、あなた方が苦労して勝ち取った「叡智」を載せ、それをすべての存在に贈り物として提供しているのです。

「私たちが何を提供できるのでしょう?」「他の星や系の世界は皆、より進化して、より「光」に満ちあふれているのではないですか?」とあなたは尋ねるかもしれません。愛する皆さん、すべての人がそれぞれ全体にとって貴重で重要な存在なのです。それはわたしたちが言い続けてきたことです。

迷子になった羊はすべて貴重な宝で、輝ける完全さに回復するのを待っているのです。

地球は今、あなた方が自分自身の中で、または他の人の中で裁いていたものを癒すテンプレートになっています。あなた方とわたしたちは、全体の中で傷ついていた者が愛する者になる模範なのです。

すべての惑星、すべての星、すべての系の世界にあるすべてのものは進化しているのです。「地球」にいる多くの人は、それらの惑星、星、系の世界から来たのです。あなた方は、長所も短所も携えて来たのです。あなた方は、あなたの愛、あなたの叡智を分かち合い、贈り物、他の人の長所やさらに短所からも学ぶために来たのです。

そして今、帰郷の旅が加速するにつれて、あなたの「家への報告」があなたに先立ち行われたのです。あなた方とわたしたちは、わたしたちの最も高い望みと想像を超えて成功したのです。この「宇宙」を通じて今、可能となった変容は「多元的宇宙」へと続く学びなのです。

この「宇宙」は二元性の学びを探求することを志願したので、最も深く、最も暗いレベルでさえ高い摂理の「叡智」と「愛」が実現可能となるようにそれを検証し、相互に影響を与えてきたのです。

あなた方1人1人が「普遍のハート」／「神／女神のマインド」の多様性を現しているのです。あなたの学びは「神」の学びなのです。そうです。あなたの「ハイアーセルフ」はあなたを愛し「無限」に広がる腕の中にあなたを抱いているのです。そしてあなたの勇気とあなたの日々の人生における相互作用は、新しくユニークなものを創造してきたのです。

最も高いもの、最も低いもの、その間にあるすべてが一緒になったのです。すべてが全体の欠かせない部分なのです。すべてが一緒に言い争ったり、愛したり、働いたり、闘ったり、分かち合ったり、葛藤したり、そのようにしてあなた方とわたしたちは、貴重で素晴らしいものを一緒に創ってきたのです。

進んだ存在の叡智だけがこの変化を創ってきたのではないのです。それはあなた方1人1人の勇気と粘り強さが創ってきたのです。「考え」や、まさに「愛」そのものは、肉体を持ったあなたがその愛や考えをあなたの独自性で染めるまでは潜在的可能性でしかないのです。あなたの選択、あなたの行動、あなたの愛と奉仕の贈り物が組み合わせられ、成功を創造したのです。

あなた自身の中でこのことを認めることができますか？　ここで時間をとって、あなた――あなたの贈り物、あなたの才能、あなたの仕事が違いをつくったことに対するわたしたちの喜びと感謝を、今受け取ってください。

ここで少し立ち止まって、あなたの魂とその祝福を分かち合ってください。息を吸ってください。祝福の光のフィールドに座ってください。あなたの価値を知ってください。

そしてこれは集団にも当てはまることなのです。マザー・テレサは美しく献身的な魂でした。それは何千人もの人が彼女の抱いたヴィジョンを見て、自らも携わり、愛情を仕事に注いだからこそ違いが生まれたのです。彼女は1人でも素晴らしいのですが、たった1人では達成したことも限られていたことでしょう。集団的に「光」は生み出され、地球全体に影響を与え、今も輝いているのです。

あなた、あなたの仕事、あなたの愛が集団的な力の部分となり、いまだに勢いをつくっているのです。育ち、創造されるヴィジョン――「神の計画」――「神」を認識した存在たちが調和して共に行動し、ユニティが成就するのです。

わたしが行ったように、1万人のキリストと1万人のブッダと1万人のマザー・テレサが市や町の通りを歩いたら、作物を植え、料理をし、歌を歌ったら、この地球がどうなるか想像できますか？　1万人、10万人、100万人……今、数え切れないほどのあなた方がいるのです。わたしたちはあなたの目覚めを待っています。

愛する皆さん、あなたの周りを見始めてください。お互いの中にキリスト、ブッダ、マザーを見ることができますか？　あなたの中でその「存在」に気づくと、あなたはお互いの中にそれを見るでしょう。

「キリストの再臨」とはどのようなものでしょう？　それはあなたの最も大胆な想像や、最も高い望みを超えているでしょう。

「愛するイエス」「宇宙のキリスト（用語解説）」の宇宙船はサナンダ（用語解説）として現れていて、今も「地球」の上空にいます。彼が「公式」に現れる栄光の雲は今ここにあり、目撃され、認識されています。彼の宇宙船は7次元から12次元の乗り物です。伝統的なUFOのようには見えませんし、乗り物のようには全く見えません。今シャスタ山に住んでいる人は、山の上に現れるレンズ雲に長いこと慣れ親しんでいます。これらは宇宙の乗り物として認識されていますが、どうして雲のように見えるのかはっきりとは理解されていませんでした。シャスタ山の人々である教師たちは愚かではありません。彼らは雲を見ていることは知っています。そして見ているもの以上のものがそこにあることも知っているのです。

これらの雲は小さな水の粒子が次元間に、宇宙船の電磁フィールドに集まり凝結してできているのです。測定するには小さすぎたり短命すぎる原子より小さい粒子を追跡するのに、物理学者が泡箱《あわばこ》を使うのと同じ方法です。

冬の夕暮れがシャスタ山にかかるレンズ雲を照らしている。多くの人がこの雲は別の次元を飛行している宇宙船を反映していると考えている。
（写真提供：訳者）

ですから雲は単に雲なのです。そしてその雲は、高い次元の存在と宇宙船の電磁フィールドにより形成されているのです。

「愛するイエス」の宇宙船が人類の目には雲として映るのでこのような説明をしているのです。この交信時点では、1997年レイバー・デー（訳注5＝アメリカ合衆国の祝日で9月第1月曜日）の週末に、その雲はシャスタ山とレディングにいた何百もの人々に目撃されています。すべての人が気づいたわけではありませんが、その雲は明らかに独創的でした。その雲は市と山の上に1日中かかっていました。2002年のイースターでは、コロラド州デンバー市で開かれたキリストの祝祭の後、その日の午後に彩雲が何時間も出ていました。まだこの時の写真はありませんが、どのようなものかをお伝えします。とても薄い雲が現れたのです。とてもよく晴れた日にきらきら輝く虹色が雲の上にかかっていたのが特徴的でした。

でもイエスは、今もあなたと共にここにいます。彼は多くの人間の肉体を持って「地球」にいるのです。

著者のコメント——私が何人のイエスに会ったかお伝えできないほどです。50人を超えたあたりから分からなくなってしまいました。私はイエスの個人的な側面と生まれ変わりに、個人的に出会ったのです。その多くの人がこのことを知っているか、そうではないかと感じていました。そうでない人は否定していました。

私が話した人はこう言いました。「私はいつも自分がイエスだと思っていました。ただ、そのことを信じなかったのです」。それは私たちの社会にとっては悲しいコメントです。もしあなたが自分をイエスだと思ったら、あなたは自分が狂っていると言っているのに等しいのですから。

ところで、イエスが多くの肉体に宿っているというのは、本当はどういうことを意味しているのでしょうか？

まずそれは多くのハートの求めに対する答えだということです。赤ちゃんを産んで、そのだいじな時期に子供を育てるのはどんなものだろうかと待ち望む母のようです。イエスと一緒に生きて、一緒に歩き、彼と話をしたいという願いが、多くの人々にその体験をもたらしたのです。

あなた方が心を注ぐものが、あなた方が愛し、あなた方がなるものなのです。

そしてあなた方は気づいたでしょうか？　このとても善良で、優しく、愛らしく、生き生きとしている人がイエスの「精神」「魂」の「本質」を持っていると知っていたでしょうか？

あなたのハートが「彼」を見て、「彼」を知って、「彼」を愛することを強く待ち望んでいるのであれば、「彼」はあなたかもしれません。あなた方が心を注ぐものが、あなた方が愛し、あなた方がなるものなのです。これが不謹慎に思えますか？　むしろそれは「真実」の「本質」なのです。

では、なぜイエスが多くの体、男性、女性の両方に宿ってここにいるのでしょうか？　それは「神聖な存在」として、同時に多くの肉体にいることが「彼」の成長と拡大の要素となっているからです。

最後に「宇宙のキリスト」の性質は、集団的な「原則」となること——それぞれの個人の独自性の中に輝く「キリスト意識」の——統一されたフィールドだからです。

そのため「キリストの再臨」は三重の意味を表しているという理解が役に立つかもしれません。

◆「栄光の雲」に乗った歴史上のイエス個人の再来は、おそらく聖書が伝え、またはその変形として伝えられたものです。

◆「地球」で今、多くの男性と女性の両方の肉体を通じたさまざまな固有の「キリストの存在」の表現はキリストの側面として知られ、彼らの目的、彼らの「神聖な計画」、彼らの個人的な霊的進化に沿った次元でキリストのエネルギーを固定するにつれて、それぞれが彼らのキリストのエネルギーとの調和の度合いに応じた割合で「キリストの存在」を保つでしょう。

◆集団的「地球のキリスト化」は、全人類が「宇宙のキリスト意識」の影響を受けると、ひとつに統合された「キリスト意識の存在」が誕生するでしょう。

「地球」の「キリスト化」は、「愛の本質」を「体現」し「表現」することです。

「地球」の「キリスト化」は、ある宗教を信奉することではないのです。「愛の本質」を体現し表現することなのです。

最も大きな意味では、あなた方は皆、「神」の「愛」の表現なのです。そしてあなた方には、それぞれの霊的系譜であるあなた方の贈り物と才能、あなた方の光線、あなた方のさまざまな神聖な表現、さまざまな故郷の星との整合があなた方の個人的特徴を形成しているのです。

ある人たちは、イエスの名前や「キリスト」という言葉と関わりがないかもしれないことに気づいています。さまざまな人類の経験が、イエス、あなたのハートの呼びかけ、ブッダ、「神聖な母」、「自然」、あらゆる宗教やスピリチュアルな教えを実践すること、これらすべてを拒否することに導いているかもしれません。

それがあなたが「愛の本質」を実践し、表現することから遠ざけているわけではありません。「地球」の「キリスト化」に加わる人の共通基準は「愛」なのです。

●エクササイズ24―1　宗教の痛みを癒す

「キリスト」という言葉やイエスの名に痛みや怒りを覚える人は、これらの痛みや傷を無知からつくった人々を赦してください。やはり「《主よ、主よ》と言う者が皆、天の国に入るわけではない。」（マタイによる福音書　７章21節）のです。

これらの傷を抱えている部分が、あなた方それぞれにあるのです。時間をとって、あなたがあらゆる人生から持ち込んだすべての否定的な記録、記憶、パターンまたは痕跡を癒してください。

「求めよ、さらば与えられん」。目を閉じて、あなたの呼吸があなたの思考をあなたのハートに運ぶのを許してください。そしてあなたのハートに、あなたが抱えてきた痛みを手放すように依頼してください。赦しを依頼し、赦されてください。あなたのマインドとハートも、今ここで完全に癒されるように依頼してください。あなたの「天使」とあなたの「ハイアーセルフ」に、あなたと共にいて助けてくれるように依頼してください。「紫の炎の天使《ヴァイオレット・フレーム》」に、すべての記憶とすべての痛みを浄化し変容するように依頼してください。

「神」を喜ばせようと思って、無意識にあなたを傷つけてしまった人々を赦してください。無知からイエスやキリストの「存在」の教えの本質である「愛」を実践する方法ではない行動に導かれた人々を赦してください。今生、そしてすべての生涯で、この世界そしてすべての世界で、この現実で、そしてすべての平行する現実で、この宇宙で、そしてすべての他の宇宙で、ありとあらゆるものを赦してください。

この「愛」に心を開くことを困難または不可能にした過去のプログラムから、あなた自身を自由にしてください。キリストはすべてのものに存在する「愛」なのですから。

この赦しをすべての霊的または宗教的な傷に差しのべてください。完璧な「愛」が、すべての痛みと恐れを追い出すのを許してください。これらの経験を通じて得た学びを受け止めてください。あなたの基本的な全体性を今認めてください。

おそらく、あなたはイエスに会ってあなたの傷またはあなたのだいじな人が受けた傷のことを話し、過去のすべての誤解を赦し赦されたいと思うかもしれません。

●エクササイズ24―2　父と母の「典型」と「世代のパターン」を癒す

そして「父なる神」と「母なる神」に関連する傷があります。これもまたあなたの「天使」、あなたの「ハイアーセルフ」、「聖霊」、「ひとつ」であるもの（あなたにとって効果があるのであればどんな言葉でもよい）に、あなたの肉体、感情、思考、心の癒しを依頼してください。あなたの天国と地上の「父」や「母」を赦してください。赦されるように依頼してください。十戒の「あなたの父とあなたの母を敬いなさい」は、「男性性」と「女性性」の「原理」があなたの中で、「地球」で、この「宇宙」で回復するように、あなたが経験したかもしれない歪《ゆが》んだパターンを癒すように求めているのです。

「父」と「母」の問題を癒すことで、地上の両親や両親の役割の模範となる人から得た歪んでいると考えられるイメージを差し替えるのです。「神の典型」を反映した完璧なパターンを身につけ、あなた方自身を解放するのです。あなた方はもう否定的なことを繰り返し言う批判的な両親や、潜在意識を通して入ってくる文化的固定観念の要求することを聞かなくてもいいのです。あなた方の内側の議会でこれらの存在に退いてもらうことができるのです。痛みと怒りを手放して、自分自身を解放してください。

あなた方はその許可をもらっているだけでなく「神聖な両親」と再結合し、マインドとハートの内側の領域で愛、支援、強さ、安心、叡智のメッセージを聴き始めるようにとの「神の要請」を受けているのです。

あなた方は、「神聖な両親」と再結合する「神の要請」を受けているのです。

あなた自身とあなたの内なる子供《インナー・チャイルド》を、あなた自身の独特な「神聖な母」の表現に会わせてください。彼女があなたを腕に抱き、慰めているのを感じてください。彼女の愛と支援の言葉を聴いてください。涙を流し、苦痛を解放してください。

もう一度、あなた自身とあなたの内なる子供を、あなた自身の個人的な経験の「神聖な父」の表現に会わせてください。彼の強さ、誠実さ、叡智を感じてください。彼にあなたを抱いて慰めてもらいましょう。

これらの両親があなたに差し出している貴重な贈り物は何でしょうか？　彼らと定期的に瞑想で会ってください。彼らの声にあなたの内側の強さ、慰め、智慧《ちえ》になってもらいましょう。彼らの愛で毎日、毎時、瞬間ごとにあなたを支えてもらいましょう。

あなたは誰の声を聴くことを選びますか？　あなたの地上の両親の声を聴くことは、あなたにとって役に立っていますか？　それとも「神聖な両親」の方が、あなたにとって両親の役目を果たすでしょうか？「神聖な母」は、あなたをありのまま愛し、育む、神聖な女性の性質を表します。「神聖な父」は、あなたが必要とする注意、強さ、保護を与え、男性パターンの最も優れたものをすべて表現しています。

あなたの本当の内なる両親《インナー・ペアレンツ》の語る声を聴いてください。過去の鎖――良い意図は持っているのですが、不完全な両親から自分自身を今解放してください。

あなたの両親を祝福し、赦してあげてください。あなたの潜在意識のプログラムから、彼らを解放してあげてください。あなたの「神聖な遺産」を、「今」要求してください！　新しい神聖な両親を招き、あなたの内なる子供を癒し、育み、最高の「男性性」と「女性性」の新しい内側のテンプレートを創造してください。

あなたは歪みを検証し修正するために、あなたの人生経験を引き受けたのです。あなたの人生のパターンを見ましたか？　あなた方の多くが「あぁ、どうしよう。これが何世代も引き継がれてきたのだ。もうたくさんだ。これで最後だ！　私の人生、私の子供の人生は違ったものになるのだ」と言いませんでしたか？

あなたは「紫の炎」を使って、これらの家族や世代のパターンを変容することができるのです。これらのパターン、思考、気持ち、痛み、悲しみに関連するイメージを、あなたのマインドの目で見てください。この痛み、このパターンにつながっているすべての世代を、あなたとあなたの家系全体から解き放ち、「紫の炎」の中に入れるように依頼してください。あなたを、あなたの家族を、この歪《ゆが》んだパターンのために苦しんだすべての人をそのパターンから解放してください。

次に時間をとって、あなたの魂が最高かつ最上の考えをあなたに与えるのを許してください。

この考えをあなたのマインドの目とあなたのハートで受け止めてください。この考えを祈りや祝福として、地球の集合意識に送ってください。

時間をとって、まさに「母なる／父なる神」の息を呼吸し、この聖なるヴィジョン、どのようになれるか、どのようになるのかに息吹を吹き込んでください。あなたがこの考えを全人類に抱くとき、「平和」、正しさ、「愛」、「美しさ」の感覚があなたを満たすのを許してください。

そしてあなたの準備ができたらそれを宇宙に解き放ち、あなたの意識を今のあなたに、あなたの肉体に戻してください。より深い呼吸をし、目を開け、今の瞬間に、より清らかで、より自由な気持ちで、「神の愛」によって常に支えられている自分に戻ってください。

25章 アセンション

（1997年10月7日に受信）

あぁ、愛する「光」の子供たち――わたしはあなたの「母」です。
わたしは「グレート・セントラル・サン」から来ました。

わたしは皆さん1人1人に、あなたは本当にアセンションしたことを知ってもらいたいのです。偉大なる「光」の閃光または「栄光」の炎に引き上げられるのを待っていた人はがっかりしたかもしれません。けれども「栄光」と魅力は同じではありません。

実際、わたしたちはあなたを栄光の炎として見ています。あなた方1人1人が、あなた自身の権利である素晴らしい「光」なのです。皆さんが一緒になると、わたしたちの観点から見ると畏怖の念を覚えるほどです。

いつアセンションが起こったのでしょう？　どうしてそれが分からなかったのでしょう？　それはそれぞれ準備が整ったら、個人ごとに起きていたのです。ある人はそれに気づいており、ある人はそれに気づいていなかったのです。または、あなたは何かが違うと知っていたのです。あなたはそれが何か大きなことだということに気づいていたかもしれませんが、それをアセンションだとは必ずしも思っていなかったのです。

集団的にはちょうど今日起こり、この惑星の意識の領域がより強固に5次元（1～4次元にも）に固定されるにつれて何カ月もかけて起こったのです。

ダイアナ妃の死は、あなたの意識を愛と思いやりに向け、あなたの意識に愛と思いやりの根を張らせたのです。悲しみ、嘆き、あふれんばかりの愛で統一されたフィールドが、この大いなる集団的活性化の役割を担っていたのです。

事実上、時同じくして起きたマザー・テレサとダイアナ妃の死は、「聖なる母」の本質にこの惑星の意識を向けたのです。その時、多くの人がすでに始められていたこの偉大な仕事を成し遂げるために、彼らのハートと人生を捧げ役割を果たしたのです。

最近のこの惑星のシフトを起こさせたのは、この凝縮された世界的意識の集中でした。(これに続くいくつもの重要なシフトがあった)

あなた方は実際、もっと多くのことが物理的な次元で起こることを期待しているのをわたしたちはよく知っています。愛する皆さん、あなた方の意識を聖なるもの、全体であるもの、「神」なるものに向ける個々の努力がまだ必要なのです。本を読みたければ、まず本を手に入れなければなりません。そして本を開いて読むのです。この惑星中に、そしてあなたの人生に、「神」の栄光が輝くのを見たいのであれば、あなたのハートの内側を見なくてはならないのです。それは3次元の目では容易に気づく経験ではないのです。

今時間をとって、わたしを呼んでください。わたしはあなたの「母」です。「愛するイエス」「愛するブッダ」、またはあなたが最も整合している「聖なる本質」を呼んでください。あなたのハートの中でそれらの存在の名前をはっきりと呼んでください。

神聖な確認を今、依頼してください。あなたの人生を照らす輝ける「愛」を見せてくれるように依頼してください。

わたしたちは、あなたに完璧な瞬間を――あなたの性質とあなたの現在の理解に最も合った完璧な経験と意識をもたらします。

毎朝、あなたを常に満たし囲む愛に、あなたの意識を向けられるように祈ってから1日を始めてください。あなた方は皆それぞれが、わたしたちの「ハート」の完璧な宝物なのです。愛する皆さん、そのことをあなたの魂の最も奥深くで知ってほしいのです。あなた方1人1人がもたらす贈り物は尊いのです。あなた方1人1人のハートの望むことが、同じようにわたしたちのあなた方に対する願いでもあるのです。

あなたを見守っている「天使」が、あなたの夢やヴィジョンを創造するのを手伝っていることを知ってください。今回成就される取り組みは「集団的な愛の本質」で、あなたはグループ志向の活動に最も充足感を覚えるのです。

しかし、どんなグループでもいいわけではありません。あなたの夢とヴィジョン、あなたの個性、全体性の中の固有の部分に共鳴するグループなのです。

わたしたちは、あなたがどれほどこれを待ち望んでいたかを知っています。わたしたちはあなたが、あなたの愛と意識をどれほどこれに注いでいたかを知っています。あなたに今、わたしたちの言葉に耳を傾け聴くように求めます。その時が来たのです！　今がその時なのです！

あなたの愛する人たち、あなたが一緒に働き、奉仕し、愛し、遊びたい人たちともっと早く、ただちに一緒になれるように、あなたの意図を毎日設定してください。

愛する皆さん、すべてはうまくいきます。そして毎日、すべてがうまくいっていることに気がつくでしょう。まだいくつかの浮き沈みはあるでしょうが、あなたの意識を聖なるものと美しいものに向け続けてください。

わたしたちの愛を込めた祝福をあなた方1人1人に贈り、この章を閉じたいと思います。わたしたちの大いなる「愛」が黄金の虹色に輝くシャワーとなり、あなたのハートとマインドを満たす間、目を閉じて静かに座っていてください。「アイ・アムであるわたし」があなたの中にいるという栄光を常に知ることができますように。

26章　未来のヴィジョン

愛する皆さん、わたしはスナンダです。

今日、わたしはあなた方のところに「栄光」に満ちて来ました。今日、あなた方の人生に、完全で自由な「栄光」の誕生を告げます。あなたのハートに宿る「アセンションの炎」の完全な「栄光」を求めてください。「アセンションの炎」の完全な「栄光」が世界に固定されるように求めてください。

あなたは復活したのです。あなたの「栄光」に満ちた完全なアセンションに向けて、今あなたに呼びかけます。わたしはアセンションを呼び起こします！　アセンションを命じます！　そうなりました！　たった今、「神」の完全な力で！

「わたし」は、「太陽」――「息子」――と「ひとつ」です。

「わたし」は「あなた」です。

そして「あなた」は「わたし」です。

「わたしたち」は「ひとつ」です！

「わたし」はあなたと「ひとつ」ですべての中にいます。喪失や分離は考えないでください。むしろあなたとわたしが共にいる時間は永遠だということを知ってください。それはさまざまな形をとるかもしれませんが、わたしたちは永遠に「ひとつ」なのです。

わたしたちは今、ギアを少しシフトしているのです。愛する皆さん、あなた方それぞれに何が訪れるのか、詳細をもっと知るときなのです。

今日から始めましょう――世界は今、どのように見えるでしょうか。あなた方の世界の多くの部分はうまくいっているようです。平和と金銭の流れがあります。人々は生活環境により配慮するようになり、責任を持つようになっています。

（著者のコメント――これらの言葉が書かれてから数年が経ち、今日の状況にはあまり沿わないものとなったように思えます。私たちの世界は変化し続け、実際、すべてがかなりうまくいっているとは言い難い状況です。もう一度、私たちは自ら始めた戦争と向き合っているのです。経済はかなり落ち込み8兆ドルが消えました。疑いの余地なく簿記の裏技です。以前は快適だった仕事がそうではなくなり多くの人が失業し、大企業は破産に直面しています）

そしていまだに有毒な廃棄物や戦争が世界中で見られ、人の命と土地の荒廃の影響が見られます。いまだに多くの人が貧困の中で暮らし、家もなく、痛みと苦しみの中にいます。では今日、ここからどのように今から20年後、30年後、50年後の素晴らしい未来へとたどり着くことができるのでしょうか?

1日ごとに、着実に。多くの人が偉大な救出の日を望んでいるようです。OK、さあできました。では良い人生を送りましょう！　そうはいかないでしょう。

1日ごとに、着実に。毎日、愛と奉仕の行動は積み重なっていくのです。あなたは自分自身と「地球」を再構築しているのです。

あなたには分かち合うべき贈り物があるのです。独特な貢献をするのです。あなた自身をよく調べてください。あなたに喜びをもたらすものは何ですか？　あなたの才能、独自性の表現を全体にとって最も役に立てられるのはどこでしょうか？

●エクササイズ26　未来の自分と会話する

さあ、時間をとって、あなた自身と世界のために願うことがすべてそのまま可能となった状態を想像してください。今から10年後を見てみましょう。

何が見えますか？

どこに住んでいますか？

どのように生活していますか？

あなたは日々どのような活動をしていますか？

どうやってそこに到達したのでしょう？

時間をとって、あなたの未来の自分を見てください。

未来の自分について、何に気がつきましたか？

あなたが私の話を読む前に、目を閉じてあなた自身の未来の自分に会ってください。あなたが10年後の未来へ向かうレールに沿った電車に乗っていると想像してください。あなたが到着すると、あなたの未来の自分に出迎えられます。あなたの生活がどのようなものか見てください。その10年間に何が起こったのでしょう？

世界はどのようになっていますか？　あなたが見聞きしたことを書き取ってもかまいませんし、テープに録音してもかまいません。

ここで止まって、あなた自身のためにこの作業を完了してください。あなたのヴィジョンを私の経験で染めたくないのです。私がそうだったように、現在にいながら前を見るのと、未来に行って何が起こったかを説明するのとではかなり違いがあるのです。

２００７年、ミケーラ――私はあなたの未来の自分です。あなたが私を見るとき、あなたはとても穏やかな人を見ています。私は自分の人生にとても満足しています。私は、コミュニティの庭を管理する大きな事務所に務めています。私はコミュニティの組織のこまごまとした多くのことを管理しているのです。それはシャスタ山に成長の種を戻すというあなたの考えに基づいているのです。

私たちはティーンエージャーやスピリチュアルな探究をしていて普通の仕事には興味を持てない人たちに仕事を提供しているのです。

私たちは20〜30人の小さなコミュニティです。有機農法の庭、いくつかのグループハウスと小さなコテージ（10軒ほど）があります。

あなたは今日（１９９７年10月１日）から数年後に、ここに移り住みました。あなたにとって楽な歳月ではありませんでしたが、多くの予想もしていなかった方法で成し遂げられたのです。あなたはコミュニティがまとまるまでシャスタ山にいるでしょう。

あなたの他の仕事（アロマテラピー）は、それほどお金をもたらしませんでしたが、これから軌道に乗る前の仕事の種なのです。（成長するということですね、なるほど）

クリスマスの時期に心配していたよりも、あなたは比較的簡単に車を手に入れました。2年間続いた災難の後、1997年に南カリフォルニアでとても大きな地震がありました。あなたはこの災害を救うのに惹《ひ》かれたのですが、長い間続いた混乱に我慢が出来なかったのです。(これは起こりませんでした)

あなたの本は、あなたが望んだほど経済的には成功しませんでしたが、定期的なロイヤリティ収入が得られました。

あなたは人生にもたらされるものを引き受けることを多く学びました。私は(あなたは)今、結婚していて小さな女の子が2人います。彼女たちは彼の連れ子です。私たちはたくさん笑い、人生をもっと穏やかに受け止めています。たくさんハイキングをしたり、自転車に乗ったり、キャンプをしたりしています。

あなたには、何人かの素晴らしい人との出会いがありましたが(まだ、これからです)後悔はありません。確かにあなたは結婚に向いています。

私たちはワシントン州の北部に住んでいます。何人かの友達もあなたと一緒にここに移り住みましたが、コミュニティは今とは違うのです。土地は古いリンゴ園です。

世界は大きく変わりました。大きな恐れが6、7年前にありました。原子爆弾がもう少しで使われるところでしたが使われずに済みました。神様、感謝します。(2001年9月11日の出来事は、まさにこの未来のヴィジョンの6年前にありました)

あなたは2000年にサイ・ババに会いに行きました。それはあなたを大きく変えました。

あなたは今、それほど人々を変えようとはしなくなりました。彼らとただ調和的に生きることを、あなたと彼らに許してください。

多くの自然災害がありました。カリフォルニアはまだありますが、海岸はなくなります(地質学的調査では、

20~30年後には多くの変化があるだろうと見ています)。気候は寒く、とてもムラがあります。極のシフトはまだありません。

干ばつや自然災害が中西部に多くあります。すべての人が皆、貧しくなるわけではありません。経済はかなり縮小しました。人々はもっと簡素な生き方を学んでいます。肉食もだいぶ少なくなります。食糧の大量汚染は、人々の関心を健康的な食物に向け、有機栽培の食糧が好まれます。

世界はまだ不安定で不確実性が多く残ります。あなたの友人のメアリーはハワイに住んでいます。彼女と彼女の教えの周辺でコミュニティが育ちました。彼女はカウアイに素敵な場所を持っています。

2017年――(まず、あなた自身で同じエクササイズをしてください)

2017年の自分――とても深い平和が私を満たします。世界はとても静かです。多くの人が去りました。地球を再生し、再び満たすときです。

2014年までに多くのことが起こりました。あなたにはおよそ信じられないでしょう。大勢の人が去りました。宇宙船が定期的に着陸するようになり、多くの人がただ家に帰りたくなったのです。調和のための集いが何年も開かれました。人々は新しい生き方に慣れなければなりませんでしたが、リーダーがとてもカリスマ的だったので、コミュニティに参加できるように多くの人が働き、学ぶことに惹かれました。魂のつながりは強力なのです。

多くの人が去りたがっているのを見るのはおかしな気がしました。もちろん「地球」には確かに困難がありましたが今でもなお、とても美しい場所なのです。

再定住の段階で新しい移住者が到着し始めるのには、まだ数年かかるでしょう。「地球」がシフトするには当初予想していたよりも大幅な遅れが必要なのです。

私の家族はまだ私と一緒にいますが、すぐに私たち自身も去ることになるでしょう。私たちは金星に行きます。私は大幅な若返りの治療に署名をしました。それから次に何をするかを決めるでしょう。「語るツアー」が催される可能性があります。多くの人が「地球」で何が起こったのかを聞きたいのです。

ここ数年の間に、愛は信じがたいほど素晴らしいものになっていました。今日あなたがいるところからは想像し難いようなことが起こっていました。貧困は消滅しました。人々は自分自身にとって何が善いことなのかをきくのがたいへん上手になり、分かち合いや流れは努力を伴わないものになりました。多くの喜びがあり、たくさんの歌と笑いがあふれていました。あなたにうまく説明できないくらいです。

２０４７年――世界は、ほぼ生まれ変わったようです。光のレベルは信じられないほどです。虹が樹木や水の中に輝いています。空にはオーロラがいつも頻繁《ひんぱん》に出ています。

さまざまな地域の世話係として残るために、先住民族のグループが2、3選ばれました。移行の期間、管理された気候と安全な環境を与えられ、それから彼らが住みたいと思うところにどこでも移住できたのです。最高の状態を行きわたらせるには「平和」が不可欠であることが決定されたのです。惑星間本部などの計画は現在保留となっています。すべての上に癒しの鎮静剤として留まっている「美しさ」と「平和」を邪魔することは誰にも耐えられないのです。まもなく選ばれたチームが到着するでしょう。彼らは新しい都市を育て始める時期かどうかを決定するでしょう。

新しい都市はエレメンタル王国との完全な交流の中で育つでしょう。「地球」のある人たちは、この段階を実施するために地球外で訓練を受けていました。動物たちのほとんどが今はいません。新しいパターンに則した新たな種蒔きがあるでしょう。今は「平和」が最高の状態を保っているのです。

「地球」が再び生命に満たされるのには、もう数千年かかるでしょう。

古い都市は解体され、建物の中心的な要素は「地球」に返されます。何百年も崩壊するのを待たなくてもそれらは単になくなるのです。

２０９７年――新しい都市が非常に精巧に現れます。高い調和を実現した芸術家、音楽家、建築家、企画のチームが信じられないほど素晴らしい居住・仕事・協働創造の空間を創造するため、エレメンタルと地域を見守る天使たちと協働しているのです。都市は、音楽とヴィジョンで創られ、聖なる音の波動で育つのです。

「地球」は広大な宇宙です。すべてとの調和を協働創造する素晴らしさを学ぶために、あらゆるところから生徒が訪れています。「地球」の強みである多様性は、宇宙中から「地球」を訪れる人全員の意識に独特の貢献を与え続けています。

私はこれらの言葉がやってきたときに驚きのあまり、多少衝撃を受け座り続けていました。この情報を理解するのに数週間かかりました。

次の朝、この情報に直接関係していると思われる夢を覚えていたので、その夢を私の解釈も含めて掲載しました。

私は大病院の2階の2E病棟にいました。数名の子供がエレベーターの近くで遊んでいました。その子供たちがエレベーターシャフトに落ち、2人の子が急にキャーと声を上げました。その子たちはほんの60~90センチほど落ちたのです。でもドアが閉まっていたのでそこから出られなかったのです。私たちはその子供たちを救出する助けを呼ぼうとしましたが、誰も電話には出てくれませんでした。まるで何か緊急事態でもあるかのようでした。車椅子に乗っている人たちが集まり、避難が始まるのかどうかを見ていました。

私は自ら1階に下りて事務所に行き、事情をきいてくることになりました。事務所に着くと何百人もの人々が建物から出ているところでした。まるで大人数の授業かワークショップが終わったばかりのようでした。すべての参加者がバラで覆われた素晴らしい手作りのカードを渡し合っていました。あるものはバラ園のミニチュアのように見えました。

私は、1人の女性スタッフに話しかけました。そして私たちも避難する必要があるかどうかをききました。「緊急事態でもあったのですか?」「いいえ、とんでもない」と彼女は言い「すべて大丈夫です」と言いました。彼女に何が起きているのかをきいたとき、彼女は同僚にどのように説明をしたらいいかを相談していました。エレベーターシャフトにいる子供たちのことも伝えました。

とりあえず私は2階に戻ることにし（流れに逆行したのできつかったのですが）、そして皆に——多くの人が集まっていました——車椅子に乗っていたり、松葉杖をついた人が15～20人ほどまでになっていました——彼らにベッドに戻って大丈夫だと伝えました。避難する必要はなかったのです。もし何か変化があれば、彼らに案内があるはずです。

目が覚めました。

解釈——コースを修了して卒業した人は去っていきました。お互いに渡していたバラは、彼らの表していた愛の象徴です。
重傷を負っていた人たちがベッドに戻ったのは、まだ目覚めていない状態でさらに休養と癒しが必要だということを表していました。

私たちには起こっていることのすべては伝えてもらえませんでした。担当している人たちは、私たちにどのように説明したらいいかをまだ決めかねているようでした。

2E病棟は「地球」を表しているのかもしれません。病院と教室の両方を。2は二元性を表していました。傷を負って自分自身では出発することができない人たちは、今までと同じように看病されるでしょう。彼らの必要とする癒しと休養は賄われるでしょう。

エレベーターシャフトにいる子供たちは、私にとっての（おそらく読者にとっても）メッセージで、あるプロジェクトはなくなってしまったかのように思えますが、単にエレベーターシャフトから救出するのに助けが必要だということを表していました。彼らは大丈夫なのです。全く傷ついてはいないのですが、今はただアクセスができないだけなのです。

多くのことが今起こっていますが、すべての必要性は賄われるので今去る必要はないのです）

（著者の更新――2002年5月、私は新しい見方をし始めました。あるものは起こり、あるものは起こらず、あるものはまだこれからです）

未来の私自身は25年先の未来から語りかけていました。

愛しい人よ、私はあなたの「未来の自分」です。何が起こっているかを説明させてください。「地球」は分かれたのです。そう望んだのではありませんが、あまりに多くの人が前に進むことを選択しなかったのです。状況を自分たちの都合のよいように支配しようと試みる人たちが、実際起こる必要はなかったのにもかかわらず世界を無理やりたたみ込んだのです。多くの人が目の前にある現実を受け入れてしまったのです。

そこで私は、それを見ようとしたのですが、全く何も見えませんでした。私はこれが何を意味するのか分かりませんでしたが、とても怖くなりました。あまりに怖かったので、本や私の仕事から遠ざかり、読書に没頭しました（私の逃避の形態です）。数カ月後、私のあまりに人間的な一部がこのヴィジョンから逃げていたことに気づき、私はもう一度、私の内なる自分に向き直ったのです。次の部分はその時書かれたものです。

2002年7月18日――私はここで見ていたことを、本当は見たくはありませんでした。それは私の理想ではない世界でした。そこで私は2カ月近くもそれを避け、何も聞かず、ヴィジョンも見なかったふりをしていたのです。おそらく私は、今見たことや聞いたことを受け入れ記録する準備ができたのかもしれません。

愛する皆さん、わたしはスナンダです。世界には正しくないことがたくさんあります。同時に、現実的でたいへん美しいものもたくさんあります。ここで注意を向けるべきものは何でしょうか。醜く、痛く、浅ましいことでしょうか、それとも望ましいことでしょうか？

ここでわたしたちはジレンマに直面しています。浅ましさと醜さを見つめ、現実にするのか、それとも理想だけに意識を向けて世界の痛みと悲しみを無視するのか。自己崩壊のように思われる現在に向き合っていながら、どのように未来を創り出せるのでしょうか？

呼吸を思い出してください。

まず愛する皆さん、呼吸を思い出してください。あなた方は「神」と、そしてあなた方がお互いに、あなた方の現実を協働創造していることを思い出してください。最初に、あなたの身近にある地域の現実に意識を合わせてください。あなたは何を望みますか？

これらの未来のヴィジョンは、１つの可能性としての現実を現しているにすぎないことを思い出してください。物事はこのように起こるかもしれませんし、起こらないかもしれません。ほんの１人または２人が選択することで、何百万人に影響する主要な要素を大幅に変えることになるかもしれないのです。

ダイアナ妃の死は、１人の選択があなた方の選択と見方に、集団に、国際的に影響を与えた例です。他のあまり知られていない人たちも、単純に思える選択を通して同じように大きな影響を与えることができるのです。あなた方は皆、広大な命の網につながっているのです。

今日、最も重要なことは、今ここに生きること、完全に現在にいることです。今日、この瞬間に必要とされていることに、意識的に愛を込めて取り組んでください。

少なくとも10年間は、物事は同じように現れるだろうと見ています。

あなたの命を投げ出し、山頂に登り、宇宙船が来てあなたを連れ去るのを待つときではありません。現に完全にいること、今ここに、あなたにとって可能な大いなる「愛」「喜び」「平和」「叡智」を生きることによってのみ、行く準備が整うのです。

今ここで、あなた方がなれる最高のものになりましょう。未来はそれぞれのペースで、それぞれの必要性に応じて訪れます。今日、あるがままに、あなたの人生を引き受けることで最大の準備が整うのです。憶測は今日の必要性や選択をするために、完全に今にいることからあなたを遠ざけるのであればなおのこと、私たちの役には立たないでしょう。

著者のコメント――これらは私のヴィジョンです。他の人が何を見たのか聞くのを楽しみにしています。ひょっとしたら、次の本はこれらの別の観点から創られるかもしれません。

今は、5人の盲人と象という話を思い出すのにいいときです。盲人が1人1人、象の体を触りました。1人目は耳を触って、象とは大きな皮の扇子のようだと言いました。2人目は鼻を触って、象とは大きなホースのようだと言いました。3人目は頑丈な脚のそばに立って「いや、象は木の幹のようだ」と言いました。4人目はお腹を触って、壁のようだと言いました。5人目が尻尾の近くで「いや、少なくとも、象は鞭《むち》のようだ」と言いました。

あなた方は、自分の観点にとらわれているのです。あなた方のヴィジョンを合わせることで、最も明快な全体像が得られるでしょう。あなたの考えを他の人に分かち合ってください、特に違ったものの見方をしている人に。より大きな全体像を見たければ、あなたのヴィジョンを分かち合ってください。

著者のコメント―― 未来の報告に関する更新です。私は今、これらのヴィジョンを得てから3年半経った未来（2000年）にいます。私が伝えられたことのうち、いくつかは予想した通りには起こりませんでした。ほとんどがまだ成り行きを見ている段階です。

私はこれを次のように解釈しました。まず私の自由意思は選択し続けていて、別の選択肢を創造することがかなりできるようです。

次に、私が見たものは個人的な未来であると同時に（地球）の未来でもありました。私が見たものの中には、他の人も見たものがあります。私が見たもののほとんどが、単にまだ起こっていないのです。

私がここで伝えようとしていることは、私たちの未来のヴィジョンはまだ具体的に固まっていないということです。

けれども私は、私たちが宇宙からの訪問者と会うことを、いつかこの惑星中で虹が見られることを、まだ信じています。


２００８年——さらに、そして最後のコメントとして、今私はアパートの2Eに住んでいて、私の小さな子供たち（私のプロジェクト）はエレベーターシャフトから出てきて、完全に開花しようとしています。私はこのことを苦難が終わったしるしで、私たちは試練のときを許した闇から出てきて、今や闇は後退しているのだと解釈しています。

実際、多くの善いことが起こっています。私の人生のバランスをとり、休息し、遊び、友人や家族と共に時間を過ごすのが私の最大の仕事です。

ですから今現れつつある未来に、あなたも楽しんで踏み出してください。それは素晴らしいことで、さらに善くなり続けるでしょう。

人生は素晴らしく、さらに善くなり続けるでしょう。

27章 新しい「光の衣」

2002年9月19日

私は、ハートを満たす愛の存在に気づき、目が覚めました。そして私は「67」という言葉を聞いたのです。「これはどういうことですか?」と私はききました。「あなたは、2012年67歳になっている未来の私ですか?」。そうだという確認で私は起き、これらの言葉を記録するためにノート取りにいきました。

愛する人よ、私は確かに未来のあなた自身です。私たちはここであなたが切に待ち望み、同時に知ることを恐れている未来について語ります。

善いことが起きました。それはこの惑星中で起こったのです。私たちは、あなたの現在について語っています。なぜならそれは未来に大きく影響したからです。

あなたのハートにとても共鳴しているパトリシア・コタ・ロープルズの言葉はまさに真実です。人類の最も傷ついている魂(ある人は〈遅れている人たち〉と呼んでいる)は、「地球」のアセンションのときに残ることを選択しました。2つの地球の必要性、1つは3次元の現実に残り、もう1つは先に進むという可能性は、今はもうなくなったのです。闇と否定的なパターンにとらわれ、自分自身が招いた自己崩壊的な世界で自分を見失っていた疑う人、恐れる人、怒りと恥を抱えている人たちのハートとマインドの中で、「光」が重要な勝利を収めたのです。

この言葉を読んだ人すべてに、今時間をとってこれが達成されたことに感謝の祈りを捧げるように依頼します。愛と献身の年月と、あなたのいくつもの生涯に、あなた自身に感謝をしてください。特に今生と、状況の厳しさにもかかわらずあなた自身を惜しみなく捧げたすべての生涯に。

愛する皆さん、個人として、集団として、あなたは「針の目」を通ったのです（イエスの言葉で「金持ちが神の国に入るよりも、らくだが針の穴を通る方がまだやさしい。」〈マタイによる福音書19章24節〉。これはそう呼ばれていたエルサレムに入る門のことで、とても低いためにらくだは実際這《は》って通らなくてはならなかったのです。そして荷が高く積まれていると通るのがより一層難しくなるのです）

今でさえも「苦難」の激痛の中、あなたは着実に前へとあなたの意図を掲げ、偉大な「真実」、より素晴らしい「美」、大いなる「愛」を探す道を求め行進してきたのです。

罪、病、死を超える「勝利」を見通し、この愛する惑星と、その中にあるすべてを抱き続けてきた「神／女神／すべてであるもの」と「天使」の「愛」と「恩寵」に感謝してください。

最期の「変容」の時間が迫っているので、私たちはあなた方に注意を促しに来たのです。「まだ、やらなければならないことはたくさんあります」

これらの「終わりの日々」に目覚めることを選んだ人たちは、過去の痛みや否定的なものを取り除く、あらゆる支援を与えられなければならないのです。そして日々、より大きな達成と、より大きな「光」へと前進するのです。

この「勝利」の「次の段階」を要求してください。

あなたの与えた贈り物とあなたが直面し克服した課題、そして1歩前に進み2歩下がっていたようなときも含めて、あなた方1人1人を称えたいと思います。まだあなたは自分自身を鼓舞し、何が制限をつくったのかをじっくりとしっかりと見ていますが、愛と決意をもってゴールに向かって――「勝利」に向かって！――より大きな「愛」に向かって、より偉大な「光」に向かって、より素晴らしい「あなた自身の神聖な存在」との融合に向かって前へと、また踏み出したのです。

あなたを祝い、この「勝利」の次の段階を要求するように呼びかけます。

「何ですって?」とあなたは言うかもしれません。「この段階とは何でしょうか?」。それはあなたの「神聖な「力」と「権限」を完全に要求する段階です。「力」と「権限」は、あなたの「神／自身」とあなた方が互いに「すべての命」と調和して協働創造するために使われるのです。さあ、あなたの「新しい黄金時代」の「ヴィジョン」を掲げ始めてください。そしてあなたの「ヴィジョン」を分かち合うために集まって、共に計画し取り組み、それらを形にしてください。1歩ずつ「天国の神」「地球の女神」、創造のすべてのレベルにいる「すべての命」と完全に融合し調和してください。あなたの最も深い「真実」は、私たちはすべて「ひとつの存在」だということ、決して分離はないことを分かってください。「ワンネス」の確かさを私たちが生き、そこに私たちの「存在」を「移動」し「保つ」ようになると、すべてのものにとっての最高の善が、私たち1人1人にとっても最善であることを知っているので、私たちは常に全体の益のために活動するでしょう。

私たちはさらに、スワミ・ベヨンダナダの言葉で、あなた方を励まします「ヴィジョンを話す時間をもっととってください。ヴィジョンを話すときなのです」

「ヴィジョンを話すとき」なのです。

これらのヴィジョンの衝撃が「地球」をくまなく駆けめぐり、それを見聞きしたすべての人のハートとマインドがさらに引き上げられ、世界全体の関心を引き、世界全体が確実に引き上られるようにしてください。そして、あなたのハートに「希望」が再現されるのを歓迎してください。

有名なギリシャ神話の中に、パンドラが禁断の箱を開け、すべての世界の問題が箱から飛び出してしまった話があります。彼女は急いで閉めたのですが、すでに遅かったのです。彼女が急いで閉めたので、唯一の救いが中に残されました。それが「希望」だったのです。

もう一度、箱を開けて「希望の天使」が解放され、あなた方1人1人を訪れ、あなたを「希望」で満たすことができるようにしてください。それを吸い込んでください。あなたのハートとマインドを回復させてください。それを受け取り、受け入れてください。それは私たちがあなたに語っているこれらの言葉のように「実在」し、「真実」なのです。

「希望」は、ガブリエルの神聖な片割れであることを思い出してください。彼らの「光線」は「純粋さ」と「アセンション」です。彼らは私たち全員を人生の次のレベルへと前に導きます。「希望」の贈り物を今、受け取ってください。あなたの本当の純粋さと無垢さを回復させてください。赦しと浄化の水に洗われ、新しい「光」の衣を受け取るために前へ進んでください。あなたの永遠の「家」に今入ってください。これらの「光」のポータルをくぐり抜けてください。「天国の門」は開かれています。私たちはあなたを「家」に迎え入れます。

これらの言葉にじっくりと取り組んでください。1つずつ考えを取り込んでください。これらの言葉が表しているものを完全に受け取り、体験することをあなた自身に許してください。必要な時間は十分とってください。わたしたちの「愛」は、永遠にあなたと共にあります。

ミケーラは、あなたがそうであるように、自分自身が「神」とひとつであることを知るに至りました。ですからこれらの未来の自分からの言葉は、永遠に拡大し続ける「光」と「愛」の乗り物である自分自身を通じて表現されたハイアーセルフの言葉なのです。

私の「愛する最高の子供たち」よ。「平和」でいてください。あなたが平和の深さ、広さ、高さを知りますように。「平和」があなたと共にありますように。

「平和」があなたと共にありますように。

私は「エロヒム」の「平和」です。世界中の人々からの多くの祈りに感謝しています。そのお陰であなた方が熱心に着実に依頼してきた「平和の恩寵」をあなた方に解放することができたことを、今日お伝えします。感謝します！　そのようになりました。

「平和」が「天国」でそうあるように、「地球」を永遠に統《す》べますように。

アーメン。セラ。

そして今、もう1人あなた方に話す人がいます。

祝福された「愛する平和の子供たち」よ。すべてが「愛の王国」に入る準備ができるように祈ってください。恐れはすべて、白い「キリストの光」により消滅するように祈ってください。「楽園」があなたの日常生活に現れるように祈ってください。あなたの個人的な友として、愛する人として、救い主として、あなたが「神」を知ることができるように祈ってください。

「父」と「母」として、
「兄弟」「姉妹」として、
「友人」や「愛する人」として、
「隣人」や「見知らぬ人」として、
そしていつも「愛」として。
すべての過ちが癒され、永遠に私たちの世界から、私たちの思考から、記憶から、
願いから取り除かれるように祈ってください。
「神の意志」が「地球」に
「完全に顕れる」ように祈ってください。
「平和」のために、
「思いやり」のために、
「愛」のために、
「喜び」のために、
「調和」のために、

「叡智」のために、
「健康」のために、
「分かち合い」と「労い」のために、
「赦し」のために、すべてが赦しの必要性を過ぎ去り、
すべてが完璧だと認識されるまで、
「感謝」のために。

「愛」の存在すべてよ。「平和」があなた方の上にありますように。あなた方は肉体に宿った「愛」です。あなた自身を知り、完全な「愛」を生きてください。「天使」を呼んでください。「平和」の言葉を語ってください。あなたを意地悪く使うものを祝福してください。

愛は十分ですか？

イエスは「ニューエイジ」の教師でした。2千年前、彼は「新しいお座の時代」に現れたのです。当時の組織だった宗教（ユダヤ教）を代表していた者は彼を恐れ、彼が奇跡を悪の力で行い神を冒流《ぼうとく》したと訴えたのです。

今日、彼は再び多くの形で来ています。彼はまた「ニューエイジ」に現れたのです。再び組織だった宗教が彼を恐れ、サタンの力で奇跡を行ったので神を冒流したのだと訴えます。

常にこのようになるのでしょうか？

「愛」が「最期」に「至高」に上り「輝き」「神の光」が何であるかを見て知ることができるのでしょうか？

あなた方は友人や隣人の中に「神」を見ることができるでしょうか？　「愛」が世界で活動するのを見て、その「本当の名前」を呼ぶことができるでしょうか？

それは可能でしょうか？

「愛」は十分ありますか？

あなたには「愛」が十分ありますか？

お金や名声、力よりも？
安心や安全よりも？
制限されたものの見方よりも？
あなた方は「神」に「すべて」を感謝できますか？

思い出してください。

あなたの隣人を、あなた自身と同じように「愛」してください。
「神」は、たった1人の「彼の息子」をくださるほど、「世界」をとても愛したのです。

「すべて」に感謝してください。
わたしは「道」であり、「真実」であり、「命」です。
7度の70倍、赦しなさい。
「平和」があなたの上にありますように。

わたしはスナンダです。
「太陽の神」です。
「すべての創造物」の「神」です。
イエスと「宇宙のキリスト」と「すべてである神」とひとつです。

エピローグ

私がこの本の再版に向けて準備をしている最中に、私の人生や世界で多くのことがシフトしました。予言されていた現在経験しているいくつかの困難が、この惑星中で速く動いているのが分かります。以前は安全な生活をし、まっすぐな道を歩いていて多くの人が経済のシフトによりシフトし続ける砂上に残されたのです。多くの人が破産し、差し押さえのために家を失っています。上昇し続けるガソリンの価格が私たちの生活のあらゆる部分に影響を与えています。私たちはもっとシンプルな生活をし、私たちは完全に愛されていて、私たちが必要とするすべては常に満たされることを再び信じて生きるように促されているのです。

多くの人が困難に直面している中で、私自身の人生はあきらめていたことが進展しています。10年経った今、私はまたシャスタ山に住んでいます。私自身の仕事は拡大し、まるで奇跡のように前進しています。8～10年前に脇に置かれた（エレベーターシャフトに落ちた）プロジェクトは、光を取り戻し、新しい命を得ようとしています。

最近、私はテレビ番組の最後のゲストとして出演し、世界のライトワーカーに対して棚ざらしになっている古いプロジェクトのほこりを払い、そのプロジェクトと自分自身をステージの中央に戻すように伝えました。「苦難」は終わったのです。そして私たちの仕事の次の段階が大いなる活気と喜びと共に現れつつあるのです。

私は未来を覗くのにはあまり興味がなく、今の私の生活、毎日やりとりする人々、私の周りの世界にたいへん関心があります。この本の言葉は吸収され、喜びと共に私を前に導いているのです。

私の友人のパットは、この本を読み直して、より深い洞察を得たと言ってくれました。

私は毎日信じられないほど祝福されているように感じています。そしてそのお返しに、皆さん1人1人を祝福します。

数年前、新しいタイプのエネルギー・ワークと出会い、他の人々に新しいレベルの「ハイアーセルフ」を固定させ、新しいレベルの「神聖な計画」に整合させるのを支援するという最高の祝福を経験しました。このワークは「スター・ネイション・ライトボディ・活性化」という本当に信じられないほど素晴らしいものです。

私は現在2冊の本（次に紹介する本の他に）を書いています。

1冊目の本は、子供向けの本で、エレメンタル王国の協力であなた方にもたらされました。レプラコーンのシャムスが2人の子供に会い、彼らの人生を癒し変えるための簡単で強力なツールと光の技術を教えます。それは強力で、貴重で、楽しいものです。

もう1冊の本は、執筆中の*"The Christing of Planet Earth"*（惑星地球のキリスト化）です。変化と挑戦が続く中、「地球」自身がたどってきた過程を反映しています。

そして最も驚いたことに、今私はテレビ番組を持っています。その番組は「シャスタ山の宝物」で、シャスタ山の聖地の美しさと世界的に知られている霊的教師、芸術家、音楽家、作家を特集しています。私の霊的な歩みの中で最も素晴らしく、美しい人々と働くという恩恵に預かったので、彼らをあなた方と分かち合うのは喜ばしいことなのです。

私のウェブサイトでは、今後これらの番組のＤＶＤ、素晴らしい教師の教えのリンク、将来的にはテロスの大神官アダマ、聖母マリアからの来るべき日のための特別なメッセージを提供しようと思っています。（www.mcordeo.4t.com）

私たちが過去のパターンや古いパラダイムを手放すと、奇跡のように素晴らしいことがたくさん起こるのです。それは困難なものにも喜ばしいものになりえるのです。私たちの「地球」とすべての生命が変容し、アセンションし、目覚めるように、日々、癒しと祝福を祈ってください。

神の祝福が、あなた方すべてにありますように

ミケーラ・コルドー

あなたの母を称えてください――最新刊より

ミケーラ・コルドー
私たちすべての母マリア

わたしは聖母マリアです。

わたしはあなたの個人的な「神聖な母」として来ました。わたしを呼ぶすべての人のところにわたしはいます。あなたが横を向いて目を閉じれば、わたしがいなくなったように思うかもしれませんが、わたしは常にここにいます。「わたしの存在」は、制限のない完璧な領域にあるのです。

あなたが密度の濃いレベルの経験から視線を上げるとき――純粋さ、真実、美しさ、愛を見るとき、わたしはそこにいて、わたしの愛にあふれた腕であなたを抱くために、あなたの涙と恐れを拭い去るために、あなたを癒し祝福するために待っています。

わたしは、あなたを見守る天使を送ります。

地球での困難がすべて変わるわけではありませんが、わたしの助けを祈れば、あなたの体験は祝福、平和、癒し、愛となりうるでしょう。

イエスが「神の息子」――「父」と「ひとつ」であることを知っているように、「わたし」も「神聖な家族」の一部だということを知ってください。

世界中のわたしの「愛する子供たち」に、わたしはこの祈りを捧げます。

母の平和

「平和」があなたの上にあるように
あなたの目が永遠に
真実と美しさを見ますように。
あなたのハートが素晴らしい「宇宙」のように
大きく開きますように
それが実現しますように。
楽しい「天使」の歌が
あなたのハートとマインドを満たしますように。
あなたの手が「神聖な本質」の手となり
「天国」と「地球」を統《す》べ――
常に祝福し、癒し、奉仕をしますように。
あなたの足がいつも
「愛」「叡智」「神の意志」の道を歩みますように。
あなたの「魂」が、あなた自身の「本当の性質」を知り、
「優雅」に「楽」に「神の贈り物」を表現しますように
「神」の「実在」が
あなたのハートと物質世界の中で、
あなたの日々の経験となりますように。

あなたの人生のすべての部分に、「本当の喜び」があふれますように。

あなたは「神」のイメージに似せて創られているのです。あなたは男性、女性の両方なのです。「神」も「母」と「父」、姉妹と兄弟、娘と息子、男性と女性の本質の両方で、すべては「ひとつである神の本質」であり「神の完全性」なのです。

「母の本質」は世界中で知られ、称えられています。あなた方の聖書の言葉の誤った理解の中だけに「神の本質」の誤解が広がったのです。「神」は「すべて」であり、「すべて」の中にいます。あなた方1人1人が――「神」で満たされた完璧なテンプレートを持っているのです。

人間が言葉の解釈を加え、多くの人々を過ちへと導いたのです。それでもなお、「母の本質」はキリスト教の国々で称えられているのです。「神」の一部だと認識されていなくても、あなたはあなたの母を「母の日」に称えているのです。

あなたの誤解が癒されるように依頼してください。「神」にあなたのハートとあなたの世界に反映されるものの両方に、明確に「真実」を知らせてくれるように依頼してください。

しばらくの間は、わたしはあなたの「母」として留まります。わたしはあなたを常にたいせつで完璧なものとして、わたしのハートに抱きます。

あなた自身の中で全体とひとつになるには、あなたの母とあなたの父を――「女性性」と「男性性」の「本質」として知り、称えなくてはならないのです。あなたの地球の母を称えるとき、あなたは「神聖な母」を称えているのです。あなたの地球の父を称えるとき、あなたは「天国の父」を称えているのです。男性と女性の本質が称えられ敬われたときに、ようやく全体とひとつになり、あなた自身が癒されるのです。この「本質」を理解すると、その「存在」が本当のあなたの部分であることを知るのです。あなたはわたしたちが「ひとつ」であることを学ぶのです。

あなたはイエスと一緒になり、こう言うのです。

「わたしと〈父〉はひとつです。わたしと〈母〉は〈ひとつ〉です」

「愛」の最も崇高な学びは、わたしたちはすべて「ひとつ」であるということなのです。1人1人の中に、わたしたちの個性と独自性があり、そのことを十分に知る恩寵と栄光があるように、わたしたちは祈ります。

わたしは母マリア。

「宇宙のキリスト」の「母」です。

用語解説

アイ・アム・プレゼンス I AM Presence　この「ハイアーセルフ」の側面は「キリスト自身」を超越したレベルである。個人化した「神聖な自身」は「神／女神／すべてであるもの」と常に融合している。そのため、イエスは「私は〈父〉と〈ひとつ〉である」と言った。彼はこのレベルの統合を反映したのである。

アヴァター Avatar　広大な「宇宙」のある目的のために地球に転生した「神聖な存在」。クリシュナとラマは「アヴァター」と認識されている。彼らはロード・ヴィシュヌ、「創造を維持する者」の生まれ変わりである。ある人は、クリシュナは「神の優れた個性」なので他の存在には転生しないと考えている。

アセンション Ascension　「アイ・アム・プレゼンス」と融合した高い意識に目覚める特別な「イニシエーション」。「アイ・アム」と呼ばれる個体化した「神」とより深く統合していくため「アセンション」のレベルはいくつもある。

イニシエーション Initiation　新しいレベルの意識を得て、より大きな愛と叡智に啓《ひら》き、高い周波数で振動できるようになる霊的な段階。この道のある段階は「アセンション」または「アイ・アム・プレゼンス」との直接的な統合を含む。

11：11　ある宇宙的なきっかけで活性化され、今回の地球の変容を促すためにあるスターゲートの解放につなげられた人類の意識に埋められたと言われるシンボル。ソラーラ（Solara An-Ra）のワークと特に関連していて、それがはじまった日は1992年11月1日。多くのライトワーカーが集まり、惑星中でその時間に儀式的な調和が行われた。

オーラ Aura　体のエネルギー・フィールドで、異なる次元の現実に調和し、それらを反映している層を含んでいる。

高い現実はより精妙でさらに拡がり、密度の濃い次元にも完全に浸透している。

サナンダ Sananda　イエス・キリストのオバーソウルとして多くのライトワーカーに知られている名前。つまりイエスはサナンダという名前の「神聖な自身」の転生または人生なのである。彼らは完璧に統合しているので――彼らは分離を全く経験していない。イエスは「サナンダの意識」とそれを超えたレベルにも完全に表現され、存在していると考えられる。

スナンダ Sunanda　この名前はサナンダの「ハイアーセルフ」としてミケーラに明かされた。（両方の名前がクリシュナの転生中に述べられ存在している）。もう一度、すべては「ひとつ」であることを述べておくことにする。分離の感覚を創造する考えはこれらの存在に整合しない。とても拡張したレベルである特定の目的のために働いているキリストの部分として見てほしい。

チャクラ Chakra　エネルギー・センターで、サンスクリット語では車輪を意味する。歴史的に、体の正中線上に7つのチャクラがある。各チャクラにはそれぞれ特定の役割がある。多くの人が今、より高い波動の光線に関連した新しいチャクラが体に固定しつつあるのを理解している。これらの新しいチャクラは、主要な7つのチャクラの間にある。

ハイアーセルフ Higher Self　高い（天界の）領域に住むあなたの側面。「ハイアーセルフ」と交流すると、真実、ガイダンス、癒し、喜び、愛をもたらし、霊的に補充される。今回「ハイアーセルフ」の側面は「神聖な計画」の偉大な表現の中で人間である個人と融合した。これは新しいレベルの「ハイアーセルフ」が、その人の霊的進化と発達を見守る役割を担っているということである。

ハーモニック・コンヴァージェンス Harmonic Convergence　1987年8月16～17日。この日付はホゼ・アグエイアスが行ったマヤ暦の調査で確認された。「ニューエイジ」の到来を告げる最初のたいへん重要な日だと考えられている。連続する光の波の第1波が遠い「宇宙」から「地球」に届いた時期で、「地球」の目覚めと変容の引き金となった。

ロゴス Logos　惑星、太陽系、銀河、宇宙を魂に宿す「神聖な存在」。惑星の内側または上にいるすべての存在は、この存在の体と意識の部分である。「惑星のロゴス」は、惑星のすべての次元の現実に存在するすべての命に宿る「神聖」な意識。「太陽のロゴス」は、太陽系にいるすべての命に魂を宿す「神聖」な意識。太陽系にある全惑星の「惑星のロゴス」を含んでいる。「銀河のロゴス」は、銀河にいるすべての生命に魂を宿す「神聖」な意識で、すべての太陽系「太陽のロゴス」と全惑星の「惑星のロゴス」とすべての次元のレベルにおけるすべての存在などを含んでいる。このシステムがいくつのレベルを含んでいるのか、私にはまだ定かではない。多くのことが書かれているので、あなたには分かっているのかもしれない。ヨハネの福音のはじめの言葉の深遠な意味を考えてほしい。「最初に言《ことば》があった、言は〈神〉と共にあった、そして言は〈神〉であった……」。ギリシャ語で「言」は「ロゴス」である。

〈このシステムについて時間をとって考えるのであれば、例として「地球」ではさまざまな意識レベルの存在がいることに気づくでしょう。例えば、ここ「地球」では「銀河のロゴス」や「宇宙のロゴス」が転生〈時には何人も〉しているのです。これは「惑星のロゴス」の意識の中に「地球のロゴス」の意識を持つ人がいることを意味しています。ですから、このシステムにはかなりの複雑性があるのです。

さらに「地球」に存在が転生してくるためには、最初に「宇宙のロゴス」「銀河のロゴス」「太陽のロゴス」、そして最後に「惑星のロゴス」の意識を通過

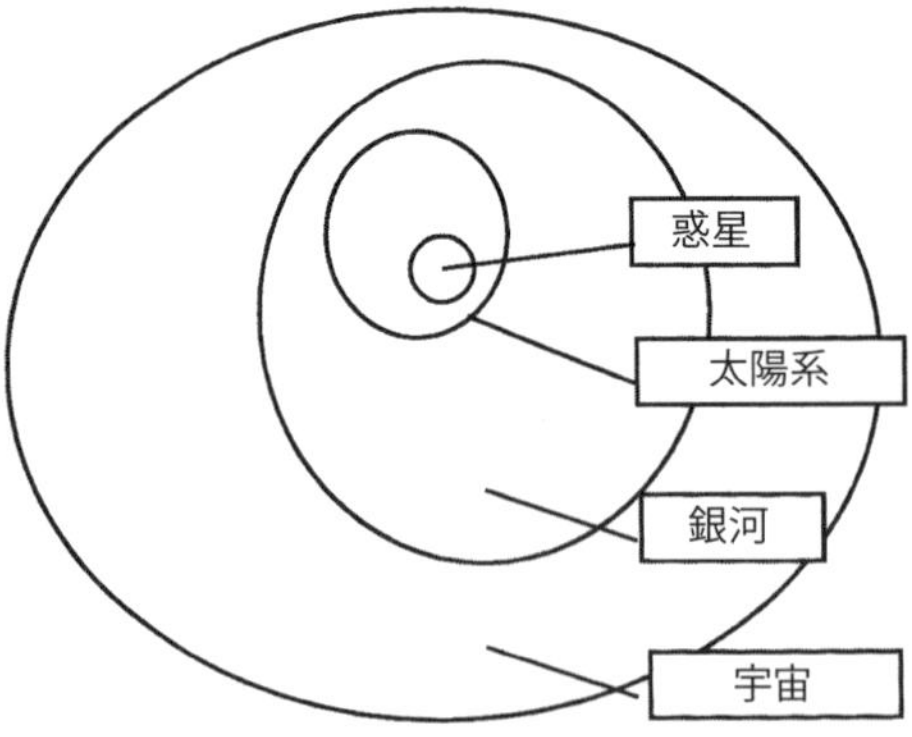

図表G　惑星、太陽、銀河、宇宙のロゴスの関係を現した略図

しなくてはなりません。そうすることで特定の学び、課題またはカルマを「宇宙」から「惑星」までのそれぞれのレベルで扱う責任を担うことになるのです。これらには深く考えるべきことが多く含まれています。図表Gは、まるで細胞のように興味深い考えに導いてもくれます）

ロード・イエス、宇宙のキリスト Lord Jesus the Cosmic Christ　「地球」に転生した「愛するイエス」は、私たちがまだ十分に理解していない「神性」のレベルを表現している。確かに言えることは、彼の魂の美しさと「彼」が「地球」の私たちに与えた贈り物は計り知れないということである。「彼」が誰であるかという制限のあるいかなる概念の中にもこの存在を押し込めないでほしい。「彼」は「愛」の体現者で、「彼」のもとにやってきた人すべてと自由に「愛」を分かち合っているのだ。私が確かに言えることは、私が今日まで探求した意識のすべてのレベルに「彼」は存在していたことである。

ユガ Yuga　ヒンズー教の聖典『ヴェーダ』による世界の4つの時代。それぞれの時代に続く次の時代は短く、暗く、先に進んでいるというよりは時代を経るごとに徳が低くなっている。私たちは今「カリ・ユガ」の時代にいる――最も短く、最も暗い時代である。

（これらの複雑な概念をもっと理解したい方は、アリス・ベイリーの著作と30年を超える（1936～1972）時代のトップチャネラーのチャネリングによる情報と注釈がよくまとまり整理されている *"Gnosis and the Law"*（霊智と法）という素晴らしいテキストをお勧めします。この教材は「霊的階層」から「人類」に与えられた至宝の教えだと考えられていて、何冊もの出版物に書かれていますが、とりわけ *"Bridge to Freedom"*（自由への橋）シリーズで出版された本によく書かれています。分かりやすくはありませんが、あまりよく知られていないマスターやより深淵な内容、あまり知られていない内容や話題について、私が知るどんな情報源よりも多くの情報が含まれています）

訳者あとがき

この本の著者ミケーラさんに出会ったのは２００８年9月のことでした。カリフォルニアの聖山、マウント・シャスタで開催されたイニシアティック・ジャーニーという魂の旅でお会いしたのです。ミケーラさんには不思議な落ち着きがあり、人の魂の奥底を見るようなまなざしが印象的でした。

最後のお別れ食事会でミケーラさんとハグをしたとき、不思議なことが起こりました。ハートが共鳴して反応し、うずくようにじんじんと何かがハート全体に拡がって、わけもわからずただただ涙と嗚咽が止まらないのです。そしてハートでは「私はこの人に謝らなければならない」と感じていました。きっと過去生の出会いで何かがあったのでしょう。しばらくの間ミケーラさんは私を包むように抱いて、私の反応がひとしきり収まるまで一緒にいてくれました。「私はあなたに何をしたんでしょう？　私のハートが謝りたいと感じているのですが……」と嗚咽でつまりながら訊ねると、ミケーラさんは「私が受け取っているのは、あなたのハートが〈あなたを愛しています〉と私に伝えていることだけよ」とすべてを見通すような深い目で穏やかに答えられました。

ミケーラさんはカリフォルニアのバークレーでチャネリング、エネルギーワーク、過去生退行、リーディングなどの専門教育を受けた博士で、チャネリングは非常に明確です。またロード・サナンダとのつながりが強く、まるですぐそばにいつもいるかのような印象を受けました。（ご本人はあまりこのことを公言なさらないようですが）過去生でレディー・ナダ（マグダラのマリア）の人生を記憶していることもあり、ツインフレームであるロード・サナンダとのつながりが強いようです。この本にはロード・サナンダのエネルギーを全編にわたり強く感じます。ミケーラさんとロード・サナンダの共同作業と言ってもいいかもしれません。

ミケーラさんはこの本のことを「想像をはるかに超えた愛」だと表現していました。多くの愛に満たされ、祝福されたこの本の翻訳に携わることができたのはとても光栄なことです。

２００８年にお会いしたときは、まだこの本の準備中で、原書にはシャスタで出会った友人のコメントも掲載されていて、本の出版と同時に購入しました。その時の喜びと衝撃はいまだに忘れられません。ずっと探し求めていた答えが、この本の中にあるように感じて熱中して読んでいました。そしてそこからたくさんの新しい理解が生まれ、エクササイズを学び、アイディアや智慧《ちえ》を吸収していったのです。

それは翻訳や校正の過程でも同じでした。それぞれの章に書いてあることは、まさに私の人生とシンクロして展開していたのです。翻訳の最中に何度も途中で手を止めてそこに書かれている言葉を反芻《はんすう》したり、それが自分の人生でどのように現れているのかを振り返ってみたり、確実にこの本を通じて成長させてもらった実感があります。そして今、この本をようやく皆さんのお手元にお届けできることに深い安堵と感謝を感じています。

本書の原題“Live in Love”（愛を生きる）にはとても奥深いものを感じています。確かにこの本には今までにはなかった、より広範囲の構造や概念が図表で説明されていますが、それらは頭で理解し吸収することではなく、それを実際に「生きる」ことがこの本が表していることなのだと強く感じています。それは言葉で言うとたやすく聞こえるかもしれませんが、何度も読んでいくうちに、この本で伝えていること、各章のエネルギー、考え方や捉え方、現在や未来の現実も含めてそれらが自分の一部になることが「Live in Love」＝「愛を生きる、愛となる」ことのように感じます。日々拡大しながら。

２０１２年にアセンションを目指して取り組んでいる人は日本でも増えてきていると思います。今までさまざまなチャネリングメッセージでアセンションの断片的な一面は読んだり聞いたりしてきたのですが、ここに書かれていることは図解されていて分かりやすいだけでなく、深遠で人間界を超えた天使界のアセンションのサイクルや仕組みにまで言及しています。13次元に至る各次元の構成などの説明や図解は、私にはとても理解しやすく「こんなふうになっているのか……」と畏怖の念を感じながら読み進めました。

この本に掲載されているエクササイズは一通り行いました。参考までにいくつか私の体験もご紹介しましょう。

13章の13－2の（自分のオーバーソウルからの）「はい」「いいえ」のサインを確立するエクササイズはとても分かりやすく面白かったです。単に前後に体が傾くだけなのですが、微妙なニュアンスがよく伝わってくるのです。特にまだガイドやハイアーセルフなどの存在と明確なコミュニケーションがとれない初期の段階ではたいへん役に立つと思います。

聖なる炎の1つである紫の炎《ヴァイオレット・フレーム》のワークはとてもパワフルです。変容、癒し、浄化、赦し、解放などと用途も幅広く、さらに過去・現在・未来、異なる次元や時空にも届く、欧米ではよく知られ頻繁《ひんぱん》に使われているヒーリング・ツールです。使う頻度が多くなると蓄積される炎も増え、体や細胞がそれを記憶するので効き目も増してきます。

私はどちらかというとせっかちなので、今まで時間をとってゆっくりと自分の体と語らうことをほとんどしてきませんでした。自分の手や足、その他の体の部位と話すと、それぞれがとてもユニークで個性的な反応を返してくるのが面白かったのです。気持ちに引っ張られて無理がかかっても、なんとか応えて機能してくれている、本当に体は健気だなぁと感心、感謝せずにはいられません。

同じくシャスタに住む国際的に有名なハーピストそしてヒーラーでもあるエリック・バーグランドさんの13次元から1次元までの自分をアライメントしグラウンディングする11－2のエクササイズは、アライメントがとれているのが「キーン」という音で分かり、頭頂をはるか超えたところから光がチャクラや体の芯を通っている感じがしました。アセンション症候群で頭や感覚がはっきりしていなかったり、ふらっとしているように感じるとき、このエクササイズをすると明晰さが増し、グラウンディングがしっかりするのを感じます。私はあまり運動していないため途中で手がだるくなるので、手を降ろしたりぶらぶらさせたりしてからこれを続けます。

19－1のサブパーソナリティーとの会話のエクササイズは、潜在意識に隠れていた問題に驚くほどの気づきと癒しをもたらすワークでした。普段の意識状態では思ってもいなかったことが、インナー・チャイルドや他のパーソナリティー（特に「招かれざる客」のようなパーソナリティー）から顕《あらわ》になり、「私ってこんなことを感じていたんだ……」「こんなことを望んでいたのか……」と、目からウロコが落ちる思いもしました。サブパーソナリティー同士の会話もまるで劇のように面白くダイナミックです（笑）。私の場合は結構楽しみながら、かなり発見の多いワークとなりました。

12章に書かれている「潜在意識を再プログラムするエクササイズ」は、日々行う必要があると痛感しています。普段は意識に上らない古く深い傷や集合意識から常に入ってくるネガティブなパターンや低い次元の思念など、これらが日々の生活や自分のエネルギーに与える影響は決して軽微なものではなく、まさに自分自身、地球、惑星や宇宙の「癒しの種」であることがよく分かりました。

そして21章の平和を体験するエクササイズは、ぜひ経験していただきたいエクササイズです。私の場合、「もう他には何もいらない。この平和の光の中にずっといたい！」というような体験に浸っていました。とても幸せで、穏やかで、満たされて……、きっと夜眠っているときや意識が体から離れているときは、同じような素晴らしいフィールドにいるのだと思います。

原書が出版されてから3年半がたち、掲載されている預言とは異なる現実を感じることも多くなりました。この数年に多くのライトワーカーのネットワークが常に愛とエネルギーを必要としている惑星の部分に働きかけ、愛、エネルギー、祈り、純粋な意図、聖なる炎、光などを注ぎ続けた結果、シナリオが、現実が変わったのを何度も体験しました。私たちには本当に「力」があることを実感しました。

この本は私にとって人生の大きなターニングポイントとなりました。それまでの生活が一変しました。特に18章では「コミュニティが次の生き方だ」という不思議なほど揺るがない確信に出会いました。それからさまざまな場所で受けるチャネリングではみな異口同音に「村をつくってください」「あなたのつくるコミュニティは、今までになかったコミュニティとなるでしょう」「あなたにとってコミュニティをつくることは今生の使命です」などなど。何人もの方から言われました。さまざまな試みや過程を経て、今コミュニティのつながりが具体的に急速に展開しています。

今ミケーラさんとこの本で紹介されている内容やエクササイズのワークショップを開催することを検討しています。ワークショップに興味のある方は、私のウェブサイト（http://kaorinoheya.jimdo.com）にご登録いただければ幸いです。皆さんの希望があれば、ぜひ実現したいと思います。

私は２００８年の3月に単独でシャスタに行ってから何度も、まるで故郷に戻るかのようにシャスタを訪れています。シャスタではミケーラさんをはじめさまざまな出会いがありました。また波動が高い場所でもあるので行くたびに新たな成長の糧をいただき、それに取り組んできました。いつもシャスタで起きるシンクロニシティの早さ見事さには驚かされます。

今はシャスタが私のたいせつな一部であるように感じています。そしてシャスタ山の真下にある光の地下都市とのつながりやサポートも日常的に感じるようになりました。勇気を出して行って本当によかったと思います。

多くの素晴らしい出会いや癒し、活性化、霊的成長を促すマウント・シャスタを紹介するウェブサイト（http://mountshastajapan.web.fc2.com/index.html）を作成しています。この素晴らしいエネルギーにつながり、初めての方でも、1人でも、シャスタを訪れ体験することができるように、シャスタの人々、イベント、シャスタの素敵な場所、チャネリング情報やシャスタへの行き方などの情報を掲載しています。

最後にこの本の翻訳・校正をサポートしてくれたたくさんの光の存在、理解し温かく応援してくれた家族とさまざまな方々、出版に際してご尽力いただいた太陽出版の飽本雅子さんに心から感謝を申し上げます。

２０１２年６月

内園かおり

参考文献

11:11, Solara, Star-Borne Unlimited, Whitefish, MT,1992.

A Course in Miracles, Foundation for Inner Peace, Tiburon, CA, 1975, 1992, 1999.
『奇跡のコース　第1巻／テキスト』ヘレン・シャックマン記，ウィリアム・セットフォード，ケネス・ワプニック編，大内　博訳，ナチュラルスピリット，2010.

The Blessed Mother's Blue Rose of the Healing Heart, Mary-Ma McChrist, The Mother Matrix, Mount Shasta, CA 1992, 1993, 1996, 1997, 1999, 2001, 2003.

Conversations with God, Neale Donald Walsch, G.P. Putnam Sons, New York, NY, 1995.
『神との対話』ニール・ドナルド・ウォルシュ著，吉田利子訳，サンマーク出版，1997.

Don't Touch My Heart: Healing the Pain of an Unattached Child, Lynda Gianforte Mansfield and Christopher H.Waldmann, 1994.

Phoenix Rising, Mary Summer Rain, Hampton Roads Publishing, Charlottesville, VA, 1987.

Gnosis and the Law, Tellis Papastavro, 1972 Republished by New Age Study of Humanity's Purpose, Tucson, AZ,1980.

Initiation, Elizabeth Haich, Seed Center, Garberville, CA,1974.

Initiation, Human and Solar, Alice Bailey, Lucis Trust, New York, NY, 1933.

The Pleiadian Workbook-Awakening Your Divine Ka, Amorah Quan Yin, Bear & Company, Santa Fe, NM, 1996.
『プレアデス覚醒への道―光と癒しのワークブック』アモラ・クァン・イン著，鈴木純子訳，太陽出版，2004.

"Take Charge of Your Life", New Age Study of Humanity's Purpose, Tucson, AZ, Vol. 9:9-10.

新しい黄金時代への鍵
――「愛を生きる」高次元の叡智――

訳者紹介

内園かおり（うちぞの かおり）

北海道出身。アメリカの人事専門教育を受け、外資系企業を中心に人事企画や人材開発の責任者を務めた後、スピリチュアルな本・ウェブサイトの翻訳、チャネリング、ヒーリング、カウンセリング、エコビレッジ、トランジション・タウン、パーマカルチャーなどのコミュニティ活動に携わる。

ウェブサイト　http://kaorinoheya.jimdo.com

2012年8月28日　第1刷

［著者］
ミケーラ・コルドー博士

［訳者］
内園かおり

［発行者］
籠宮良治

［発行所］
太陽出版

東京都文京区本郷4-1-14　〒113-0033

TEL 03 (3814) 0471　FAX 03 (3814) 2366

http://www.taiyoshuppan.net/

E-mail info@taiyoshuppan.net

装幀＝日比野知代　DTP ＝ I's Factory

［印刷］壮光舎印刷　［製本］井上製本

ISBN978-4-88469-746-4

レムリアの真実
〜シャスタ山の地下都市テロスからのメッセージ〜

１万２千年前のレムリア大陸沈没の悲劇とは？シャスタ山の地下都市テロスの大神官アダマによって遂に全貌が明かされる。

オレリア・ルイーズ・ジョーンズ＝著　片岡佳子＝訳

A5判／240頁／定価2,100円（本体2,000円+税5%）

レムリアの叡智
〜シャスタ山の地下都市テロスからのメッセージ〜

レムリア＜テロス＞シリーズ第２弾。レムリアの意識が復活を遂げようとする今、５次元の気づきをもたらす珠玉の叡智とは？

A5判／272頁／定価2,310円（本体2,200円+税5%）

新しいレムリア
〜シャスタ山の地下都市テロスからのメッセージ〜

シリーズ第３弾。光の領域へのアセンションを成し遂げるために必要となるすべての鍵がこの１冊に集約。あなたがこの旅を選択するなら、人生は驚異的な展開をはじめる。

A5判／320頁／定価2,520円（本体2,400円+税5%）

●第Ⅰ集●

光の翼

～「私はアーキエンジェル・マイケルです」～

アーキエンジェル・マイケル（大天使ミカエル）による希望とインスピレーションに満ちた本格派チャネリング本。

ロナ・ハーマン＝著　大内　博＝訳

A5判／336頁／定価2,520円（本体2,400円＋税5%）

●「光の翼」第Ⅱ集●

黄金の約束（上・下巻）

～「私はアーキエンジェル・マイケルです」～

マイケルのパワーに溢れたメッセージは、私たちの内に眠る魂の記憶を呼びさまし、光の存在と交わした「黄金の約束」を蘇らせる。

A5判／（上）320頁（下）336頁／定価［各］2,520円（本体2,400円＋税5%）

●「光の翼」第Ⅲ集●

聖なる探求（上・下巻）

～「私はアーキエンジェル・マイケルです」～

マイケルは私たちを統合の意識へと高め、人生に奇跡を起こすための具体的なエネルギーワークなどの素晴らしい道具を提供する。

A5判／（上）240頁（下）224頁／定価［各］1,995円（本体1,900円＋税5%）

終わりなき愛

～イエスが語った奇跡の真実～

本書は、教育者であり、著名な肖像画家である著者が体験した希有な出来事の記録である。ある日、イエスが生身の人間と同じくらいリアルにスピリチュアルなベールの彼方から現れ、叡智に満ちた対話が始まる。それはいまだかつて語られたことのないイエスの幼少期の出来事、ユダの裏切りやマグダラのマリアの役割の真相、そしてイエスが最も伝えたかった私たち人間の幸福の可能性についてだった。本書のメッセージは宗教を超え、世界中で何百万人もの人生を変えたイエスからの贈り物である。

〔主な内容〕
光あれ／不可思議な宇宙／あなたのエッセンスである愛／アダマンタイン粒子／一つのスピリット／ハートは高度の知性／橋／祝福された人生／愛の十戒／あなたの権利と自由／神と現実／科学について／成功への道／愛なる者

グレンダ・グリーン＝著　大内　博＝訳

A5判／544頁／定価4,725円（本体4,500円＋税5%）